# 老湖南的趣闻传说

《趣闻圣经》编辑部 ◎ 主编

北京·旅游教育出版社

# 编委会

**主　编：** 徒步天涯
**副主编：** 王　威　丁海秀
**编　委：** （排名不分先后）

| | | | |
|---|---|---|---|
| 孙　沛 | 祝世超 | 马　静 | 杜蒙蒙 |
| 罗凤琴 | 陈雪姣 | 杨晓东 | 赵一文 |
| 李　然 | 王军锋 | 周鸣敏 | 江　飞 |
| 王　欢 | 谌立军 | 陈代明 | 邓　阳 |
| 邓益香 | 谌雨霞 | 邓幸妮 | 洪　武 |
| 程　倩 | 邓琴书 | 王　超 | 梁　慧 |
| 夏鸥云 | 唐　璐 | 刘小波 | 闵颖慧 |
| 黄　玉 | 霍庆冬 | 罗　垠 | 潘吉钜 |
| 彭赠忠 | 杨成芳 | 雒岩卫 | 张　娟 |
| 曹昌虹 | 秦玉虎 | 张冬霞 | 赵东瑾 |
| 王雷鸣 | 宗　静 | 徐丽丽 | 李瑶瑶 |
| 宫　烁 | 江鑫淼 | 杜　慧 | |

# 前言

"惟楚有才,于斯为盛"。作为著名的鱼米之乡,湖南物产富饶、人文荟萃、名人辈出,有着悠久的历史和人文精神,众多的文物古迹、美丽的风景名胜、多彩的民族风情以及神奇的掌故传说……岁月留给它的是挥散不去的古韵幽幽。老湖南本身就是一本读不尽、品不够的厚书;本身就是一座丰厚的文化宝库,积淀了丰厚的文化内涵,造就了灿烂辉煌的文明,值得我们今人去挖掘,去探寻,去解读:

李自成是否归隐于夹山寺?为何说马王堆是西汉文明的缩影?苗族姑娘出嫁为何要携带一把雨伞?"凤雏"庞统是如何醉理耒阳的?左宗棠为何被誉为"晚清中兴四大名臣"之首……

这些一个个有趣的话题,都可以在《老湖南的趣闻传说》里一一找到答案。

湖南实在是有太多可以说道的话题了。湖南文化就像一部卷帙浩繁的史书,凝聚着历史的烟云,刻画着岁月的沧桑,展现出民族的魂魄,给我们今天留下了多少鲜活的记忆。在本书中,我们从历史、地名、古迹、地理、山水、宗教、陵墓祠堂、饮食、购物、娱乐、民居、乡俗、名人故居等多角度对老湖南进行了全方位的精彩解读,力求将老湖南的故事精彩而有趣味地呈现在您的面前,为您介绍一个充满传奇的文化圣地。

《老湖南的趣闻传说》内容浅显易懂,向您介绍的各种掌故传说有着特殊的魅力。我们尽量选取那些最具代表性、最容易引起人们兴趣的老湖南的趣闻逸事,选取那些最能体现老湖南特色,典故丰富、可读性强的知识点,逐一呈现给渴求精神财富的读者。这些内容不但是您茶余饭后消遣的谈资,更是了解湖南、了解湖南人的绝佳窗口。另外,书中还精心挑选了数百张精美图片,尤其是大量弥足珍贵的老照片,让您在趣味阅读中充分感受到老湖南的底蕴。

今天,新湖南的发展虽然是日新月异,但老湖南的湘味余韵仍散发着独特的魅力。湖南的趣闻、传说不计其数,限于篇幅和编者能力,我们不可能将其一网打尽,但愿书中所选能增加您的知识,增长您的愉悦。这样,我们的目的也就算达到了。由于时间仓促,书中如有谬误,还望广大读者不吝赐教,以资修正。

《趣闻圣经》编辑部

# 总目录

老湖南的历史 …………………………… 1
老湖南的地名 …………………………… 15
老湖南的古迹 …………………………… 35
老湖南的地理 …………………………… 71
老湖南的山水 …………………………… 97
老湖南的宗教 …………………………… 127
老湖南的陵墓祠堂 ……………………… 151
老湖南的饮食 …………………………… 169
老湖南的购物 …………………………… 181
老湖南的娱乐 …………………………… 195
老湖南的民居 …………………………… 211
老湖南的乡俗 …………………………… 221
老湖南的名人故居 ……………………… 251

# 目录

## 老湖南的历史

| | |
|---|---|
| 湖南为何别称"吴楚大地" | 1 |
| 蚩尤故里位于何处 | 2 |
| 炎帝神农迁避南荒有何传说 | 3 |
| 女书之谜知多少 | 3 |
| 里耶古井里有何秦王朝秘密 | 5 |
| 为何君山会有秦始皇的封山印 | 5 |
| 大秦黔中郡有何秘密 | 6 |
| 朱元璋之子岷王是在哪里封侯的 | 8 |
| 明惠帝朱允炆落难湖南何地 | 9 |
| 为何说湘阴是块福地 | 9 |
| 中国第一个县级红色政权是在哪里诞生的 | 10 |
| 为何说秋收起义、浏阳文家市会师是中国革命的转折点 | 11 |
| 文夕大火惨案是如何发生的 | 11 |
| 抗日战争胜利的受降仪式是在哪里举行的 | 12 |
| 湖南"毛公"之谜 | 13 |

## 老湖南的地名

| | |
|---|---|
| 湖南一名有何来历 | 15 |
| 湖南为何又称"三湘"、"芙蓉国" | 17 |
| 长沙一名有何来历 | 18 |
| 岳阳之名有何由来 | 19 |
| 岳阳为何古称巴陵 | 20 |
| 湘潭因何得名 | 21 |
| 常德之名有何由来 | 22 |
| 常德为何又称朗州 | 24 |
| 张家界之名有何由来 | 24 |
| 株洲为何又称槠州 | 26 |
| 衡阳之名有何来历 | 27 |
| 邵阳为何又称宝庆 | 29 |
| 永州之名有何由来 | 30 |
| 郴州之名有何来历 | 32 |
| 益阳之名有何来历 | 33 |

## 老湖南的古迹

| | |
|---|---|
| "潇湘八景"指哪些地方 | 35 |
| 衡山禹王碑之谜 | 37 |
| 苗疆边城有何特色 | 40 |
| 黄丝桥古城为何被誉为全国仅有的袖珍古城 | 41 |
| 古黔城为何被誉为"楚南上游第一胜地" | 41 |
| 洪江古商城为何自古就有"小南京"之称 | 43 |
| 岳阳楼建造者之谜 | 44 |
| 岳阳楼为何会有真假两组《岳阳楼记》雕屏 | 46 |
| 走马楼吴简的出土有何重大价值 | 48 |
| 岳麓书院为何被誉为"千年学府" | 49 |
| 爱晚亭与杜牧有何渊源 | 50 |
| 中国瑶族的第一殿盘王殿有何建筑特色 | 51 |
| 长沙窑有何来历及特色 | 52 |
| 天心阁有何来历及特色 | 53 |
| 白沙井为何被誉为"长沙第一泉" | 54 |
| 长沙定王台为何又称"望母台" | 55 |
| 药王街之名有何来历 | 57 |
| 宋代石头城南宋古城有何特色 | 58 |
| 土司故都老司城有何特色 | 59 |
| 溪州铜柱为何被誉为"千古名胜" | 61 |
| 常德铁经幢有何特色 | 61 |
| 南浦铁犀牛有何美丽传说 | 62 |
| 鬼崽岭阴兵之谜知多少 | 63 |
| 怀甫亭因何而建 | 65 |
| 湖南省立第一师范为何被誉为"千年学府,百年师范" | 66 |
| 新民学会旧址位于哪里 | 67 |
| 长沙清水塘22号因何著名 | 68 |

## 老湖南的地理

| | |
|---|---|
| 橘子洲因何得名 | 71 |
| 张家界为何被誉为"深闺佳人" | 72 |
| 张家界的神奇峰林景观是如何形成的 | 73 |
| 为何说"不登黄石寨,枉到张家界" | 74 |
| 张家界有哪"四怪" | 74 |
| 洞庭湖为何会名满天下 | 75 |
| 凤凰古城为何被称为"梦里的故乡,远去的家园" | 76 |
| 凤凰古城走出多少名人大家 | 77 |
| 武陵源有哪"五绝" | 78 |
| 黄龙洞为何堪称"中华最佳洞府" | 79 |
| 波月洞有哪些世界之最 | 80 |
| 桃花源究竟在何处 | 81 |
| 韶山滴水洞为何有名 | 83 |
| 九天洞有哪四绝 | 84 |
| 杨家界与杨家将有何渊源 | 86 |
| 德夯有何神奇之处 | 86 |
| 梅山龙宫为何被誉为"溶洞极品,洞穴奇葩" | 88 |
| 为何说玉琯岩富有"仙气" | 89 |
| 红石林景区有何特色 | 90 |
| 为何说紫鹊界高山梯田为"旷世奇观" | 91 |
| 苏仙岭与张学良有何渊源 | 92 |
| 汝城为何被称为"热水之乡" | 94 |
| 十里画廊有何绝佳美景 | 95 |
| 花岩溪为何被誉为"江南山水大观,武陵郊野公园" | 96 |

## 老湖南的山水

| | |
|---|---|
| 岳麓山为何被称为"湖湘第一山" | 97 |
| 南岳衡山为何有"五岳独秀"的美誉 | 98 |
| 祝融峰因何得名 | 99 |

| | |
|---|---|
| 神奇的"香地"之谜 | 100 |
| 神堂湾深谷之谜 | 103 |
| 桃花江因何得名 | 105 |
| 君山因何得名 | 106 |
| 壶瓶山为何有"湖南的屋脊"之称 | 107 |
| 天书宝匣位于何处 | 109 |
| 天子山为何被誉为"峰林之王" | 110 |
| 天门山为何被誉为"武陵之魂" | 111 |
| 赤松子为何隐居天门山 | 112 |
| 舜帝归处——九嶷山有何美丽传说 | 113 |
| 二酉山为何有名 | 114 |
| 捞刀河是如何得名的 | 115 |
| "天下第一漂"位于何处 | 116 |
| 为何金鞭溪被誉为"世界上最美的峡谷" | 117 |
| 宝峰湖为何被称为"世界湖泊经典" | 118 |
| 不二门为何被誉为"天下第一门" | 119 |
| 飞天山为何被誉为"丹霞奇境,寿仙佛地" | 120 |
| 妙高峰有何奇妙之处 | 122 |
| 城头山为何有"中国第一城"之称 | 123 |
| 南国翡翠崀山因何得名 | 124 |
| 南山为何被誉为"南方呼伦贝尔草原" | 124 |
| 嘉山之名有何来历 | 125 |

## 老湖南的宗教

| | |
|---|---|
| 为何说"先有开福,后有长沙" | 127 |
| 龙兴寺神秘脚步声之谜 | 128 |
| 密印寺有何传奇 | 130 |
| 李自成是否归隐于夹山寺 | 131 |
| 为何说"不去千佛洞,不算长沙人" | 132 |
| 南岳大庙有何特色 | 133 |
| 南岳为何有"千蛟护岳"之说 | 134 |
| 魏夫人——湖南道教第一人 | 134 |
| 福神阳城的故里在何处 | 135 |
| 朱陵大帝的居所水帘洞知多少 | 136 |

| | |
|---|---|
| 福严寺为何被称为"六朝古刹"、"七祖道场" | 137 |
| 玉皇洞石窟为何被称为"湖湘第一窟" | 138 |
| "洞天福地"五雷山为何雅称"南武当" | 139 |
| 普光禅寺有何建筑特色 | 140 |
| 为何贾太傅祠被誉为"潇湘文化的源头" | 142 |
| 唐太宗为何敕建龙兴讲寺 | 143 |
| 南台寺与石头和尚有何传说 | 144 |
| 为何说芷江天后宫是我国内陆最大、保存最完好的妈祖庙 | 145 |
| 祝圣寺有何来历及特色 | 146 |
| 苏耽与苏仙观有何传说 | 148 |
| 磨镜台典出何处 | 149 |

## 老湖南的陵墓祠堂

| | |
|---|---|
| 为何说马王堆是西汉文明的缩影 | 151 |
| 马王堆女尸不腐之谜 | 152 |
| 马王堆出土的素纱禅衣究竟是如何"薄如蝉翼"的 | 154 |
| 春申君墓位于何处 | 155 |
| 炎帝陵位于何处,有何特色 | 156 |
| 舜帝二妃葬于何处 | 158 |
| 义帝葬于何处 | 159 |
| 望城蚂蚁山明墓有何神秘之处 | 159 |
| 沅陵古墓为何被称为"第二马王堆" | 160 |
| 屈子祠有何建筑风格 | 161 |
| 南岳忠烈祠为何被称为"小中山陵" | 163 |
| 柳子庙与柳宗元有何渊源 | 164 |
| 周昭王魂归何处 | 165 |
| 为何小乔之墓建于岳阳城墙上 | 166 |
| 红拂女墓位于何处 | 166 |
| 湖南烈士公园因何而建 | 167 |

## 老湖南的饮食

| | |
|---|---|
| 湘菜是如何形成的,有何特色及代表菜 | 169 |
| 火宫殿为何享誉中外 | 170 |
| 龙脂猪血因何得名,有何美味 | 171 |
| 令长沙人"疯狂"的口味虾知多少 | 172 |
| 火宫殿臭豆腐是如何制作的,有何来历 | 173 |
| 湖南米粉是如何制作的,有何来历 | 173 |
| 八宝龟羊汤有何来历及特色 | 174 |
| 姐妹团子有何来历及特色 | 175 |
| 毛家红烧肉为何有名 | 176 |
| 土家人为何要吃"耳朵粑粑" | 176 |
| 土家血豆腐有何特色 | 177 |
| 土家的四季萝卜酸是如何做的 | 178 |
| 德园包子有何来历及特色 | 179 |
| 刮凉粉有何来历 | 179 |

## 老湖南的购物

| | |
|---|---|
| 湘绣有何特色 | 181 |
| 西兰姑娘与西兰卡普(织锦)有何传说 | 182 |
| 浏阳为何被誉为"花炮之乡" | 183 |
| 滩头年画有何特色 | 184 |
| 捞刀河刀剪有何特色 | 186 |
| 浏阳菊花石雕为何被誉为"全球第一" | 186 |
| 醴陵红瓷有何来历及特色 | 187 |
| 岳州扇有何特色 | 188 |
| 湘潭槟榔有何来历 | 189 |
| 江永三香指哪"三香" | 190 |
| 擂茶为何又称"三生汤" | 191 |
| 安化黑茶为何被誉为"茶中极品" | 192 |
| 君山银针茶为何有名 | 193 |

## 老湖南的娱乐

| | |
|---|---|
| 湖南有哪些重大节日活动 | 195 |
| 湘剧有何特点 | 197 |
| 湖南木偶戏有何特点 | 199 |
| 湖南花鼓戏有何来历及特色 | 200 |
| 长沙第一家戏院、电影院位于何处 | 202 |
| 土家族的茅古斯舞知多少 | 203 |
| 土家族摆手舞知多少 | 204 |
| 苗族芦笙舞有何魅力 | 206 |
| 苗家跳鼓有何美丽传说 | 207 |
| 苗鼓舞有何震撼力 | 209 |

## 老湖南的民居

| | |
|---|---|
| 湘西吊脚楼有何建筑特色 | 211 |
| 侗族建筑三宝知多少 | 213 |
| 秦人村的建筑有何独特风格 | 214 |
| 高椅古村为何被誉为"古民居博物馆" | 215 |
| 张谷英村为何被称为"江南第一村" | 216 |
| 茶峒古镇有何风情 | 217 |
| 王村民居有何特色 | 218 |
| 侗族的居室有何特点 | 219 |

## 老湖南的乡俗

| | |
|---|---|
| 为何说湖南人"敢为天下先,铁肩能担待" | 221 |
| 湘西的竹编背篓有何特色 | 222 |
| 出自沅陵的成语典故有哪些 | 223 |
| 柳毅传书的典故知多少 | 224 |
| 瑶家婚俗知多少 | 225 |
| 湘西苗族的石姓氏族为何不吃狗肉 | 226 |
| 苗族后生追姑娘有何由来 | 227 |
| 苗族姑娘出嫁为何要携带一把雨伞 | 228 |
| 湘西的覃姓人家为何不吃团鱼 | 229 |
| 土家的吃郎女酒习俗知多少 | 230 |
| 土家姑娘出嫁为何要"哭嫁" | 230 |
| 土家姑娘为何喜欢做鞋 | 231 |

| | |
|---|---|
| 土家族的"猪尾巴信"有何寓意 | 232 |
| 何谓土家族的"赶仗" | 233 |
| 崇山人为何不吃黄鳝 | 234 |
| 湘西保靖土家族为何一年要过四个年 | 235 |
| 苗族的上刀梯有何传说及特色 | 236 |
| 苗家三脚架为何如此神圣 | 237 |
| 苗族的"椎牛"祭祀知多少 | 238 |
| 土家族有哪些敬奉祖先的习俗 | 239 |
| 苗家"接龙"习俗知多少 | 241 |
| 苗寨迎贵宾有哪些传统仪式 | 242 |
| 大、小龙洞有何传说 | 243 |
| 苗族人的服饰有何特点 | 244 |
| 瑶族人的服饰有何特点 | 246 |
| 土家族人的服饰有何特点 | 247 |
| 侗族人的服饰有何特点 | 249 |

## 老湖南的名人故居

| | |
|---|---|
| "神农创耒"的传说知多少 | 251 |
| "囊萤夜读"的典故出自何处 | 253 |
| 张飞在耒阳的故事知多少 | 254 |
| "凤雏"庞统是如何醉理耒阳的 | 255 |
| 造纸术的发明者蔡伦知多少 | 256 |
| 柳宗元与永州有何渊源 | 258 |
| 吕洞宾三醉岳阳楼的传奇故事知多少 | 259 |
| "人心不足蛇吞象"出自谁人之手 | 260 |
| 王船山的湘西草堂有何特色 | 261 |
| 长沙板仓因谁闻名 | 262 |
| 魏源为何被誉为"睁眼看世界的第一人" | 264 |
| 曾国藩故居位于何处 | 266 |
| 左宗棠为何被誉为"晚清中兴四大名臣"之首 | 267 |
| 中国近代第一位公使是谁 | 269 |
| 中国变法流血的第一人是谁 | 271 |
| 谭嗣同故居、谭嗣同祠位于何处 | 272 |
| 黄兴对近代革命有何突出贡献 | 273 |
| 宋教仁为何被孙中山称为"宪法流血的第一人" | 275 |
| 熊希龄有何传奇 | 277 |
| 黄公略为何被誉为"飞将军" | 278 |
| 何叔衡的故居位于何处 | 280 |
| 雷锋故里位于何处 | 281 |
| 齐白石有何杰出艺术贡献 | 282 |
| 任弼时故居位于何处 | 284 |
| "两把菜刀闹革命"说的是谁 | 286 |
| 林伯渠祖籍何处 | 287 |
| 刘少奇的故居在哪里 | 289 |
| 彭德怀故居有何特色 | 289 |
| 毛泽东故居位于何处 | 291 |

# 老湖南的历史

 **湖南为何别称"吴楚大地"**

湖南,简称"湘",而在文学或古装影视作品中它又常被称作"吴楚大地"。其实,这个别称涵盖了湖南悠久的历史文化。

东汉末年,烽火连天,军阀割据。随着各方势力的不断发展,到三国时,天下形成了三足鼎立的局势。东吴经过孙策父辈几代人的经营,稳居江南,成为一方强大的势力。215年,蜀吴达成以湘江为界划分湖南的协议;219年,东吴大将吕蒙夺取湖南全境,此后孙吴在湖南统治达60年之久。

实际上,自春秋战国以来,湖南一直是楚的属地。直到五代十国时期,894年楚国淮南节度使孙儒的部将马殷率部西进湖南,陷潭州,继而进一步夺取郴、连诸州,消灭兼并了湖南其他

楚国妇女服饰

地方割据势力,控制了湖南全境及广西东北部广大地区,楚国才成为南方的一大割据势力。

马殷占据湖南后,开始在湖南修宫殿,置百官,开天策府。唐和后梁都相继封他为武安军节度使和楚王,等于承认了他对湖南的统治。到927年,后唐政权封他为楚的国王,马楚正式成为一个独立王国。

由此来看,"吴楚大地"之说,与湖南的历史有着深厚的渊源。

##  蚩尤故里位于何处

上古时代,蚩尤是东方九黎族的首领。据《史记·张守节正义》载:"蚩尤有兄弟八十一人,并铜头铁额,食沙石子,创立兵杖刀戟大弩,威行天下。"蚩尤上知天文,下知地理,故用兵之时能呼风唤雨,常稳操胜券。他曾与黄帝作战,取得了九战九胜的奇迹。后来,黄帝联合炎帝,与蚩尤战于涿鹿,并请天女相助,止风息雨,遂擒杀蚩尤。尔后,蚩尤余部南徙同土著苗蛮杂居融合。南方苗裔自古就把蚩尤奉为始祖,并尊奉为神。

蚩　尤

蚩尤故里在今湖南安化乐安镇蚩尤村。20世纪末,我国史学界终于为蚩尤恢复名誉,将其定位为"和炎黄同为中华民族形成之初的人文三祖",并在涿鹿距黄帝城、蚩尤寨不远处建起了庄严、肃穆的"中华三祖堂"。蚩尤与炎帝、黄帝平坐于圣殿之中。从此,蚩尤故里之争方兴未艾,河北涿鹿、山西盐湖,湖南的安化、新化、隆回、新邵等均在此列。

最后,湖南安化思游乡(现为乐安镇思游管区)以其丰富的蚩尤遗址、亘古的蚩尤崇拜、罕见的蚩尤民俗、激昂的蚩尤精神向世人昭示这里就是名副其实的蚩尤故里,各种文化现象共系于"思尤"之中。

这里山水多留蚩尤遗迹,民间尽现思尤风情。无论是箱底、房梁间的手抄本、二神龛屋顶的老法器,还是男女老幼的口头禅,甚至生活起居的每一细节,生老病死的每一过程等各种文化符号、文化信息、民风民俗、崇拜信仰……世代情思,万千气象,无不魂系蚩尤,从而彰显了他独特的人文魅力。

##  炎帝神农迁避南荒有何传说

史料记载,炎帝神农氏一族在传到帝榆罔时,内部发生了分裂,并开始走向衰落。当时,为了争夺氏族领导权,蚩尤挑起了内战,并打败了帝榆罔。本来是正统炎帝氏族的帝榆罔,被迫交出了炎帝的称号。作为新一代炎帝的蚩尤,居住于涿鹿一带。

这时,黄帝氏族也在黄河流域兴起了。后来,黄帝联合帝榆罔,在涿鹿战胜了蚩尤,史称涿鹿之战。其后,黄帝取代了炎帝蚩尤,成为黄河中下游的部落首领。对于真正的炎帝——帝榆罔来说,虽然名义上是借助黄帝平息了蚩尤的叛乱,但实际上却丧失了首领地位。

新兴的部落首领黄帝轩辕氏,为了巩固自己的势力,对过去的同盟帝榆罔不断排挤和打击。帝榆罔被逼无奈,不得不率领全族迁徙至南荒一带,第一次来到了江汉流域。随着中原

神农炎帝

先进生产技术的传播和应用,江汉地区迅速繁盛起来,帝榆罔也顺理成章地成了江汉一带的联盟首领。

周朝初年,周国的姬姓氏族壮大了起来,并且将势力扩展到了江汉地区。帝榆罔领导的炎帝氏族再次受到了威胁,于是继续开始了新的迁徙。他们一路向南,最终来到了湖南境内。这就是炎帝一族迁避南荒的传说。

##  女书之谜知多少

女书文字是世界上唯一的女性文字,但其在正史、方志、族谱中未见记载,在出土文物上也无蛛丝马迹。据1931年出版的《湖南各县调查笔记》记载:"每岁五月,各乡妇女焚香膜拜,持歌扇同声歌唱,以追悼之。其歌扇所书蝇头细字,似蒙古文。全县男子能识此种文字者,余未之见。"这是关于女书文字的唯一文字资料。

女书字体被当地人称作"蚊形字",字体修长圆润,呈长菱形,右上角高,左下角低,笔画有斜、弧、横、竖、点。关于女字的起源,由于缺乏材料,学界尚无定论,至今仍是未解之谜。

江永女书园

女书的传承是母女世代传袭，上辈传下辈，传女不传男。女书被发现于20世纪80年代。随后，这一消息公之于世，立即引起了中外的震惊。因为这是世界上迄今为止唯一的女性文字，被人们称誉为神奇、独特的文化现象，属于稀世文物。

早在20世纪50年代，女书就已经第一次进入学者视野。当时，湖南邵阳的一个妇女被火车轧断了一条腿，她挣扎着爬到医院，但因说的话别人听不懂，写下的文字别人也看不懂，便被当做特务"请"到公安部门接受调查。她写下的文字形如"蚂蚁""蚊子"，不仅公安部门的鉴定人员闻所未闻，就连当时在中央民族学院（现中央民族大学）从事少数民族语言文字研究的张公瑾、陈其光等人也无法辨识。

这次的邵阳女子事件，虽然使女书得以走进国家级研究机构，但却没有引起专家学者的注意。20世纪60年代，由于"文革"中的"破四旧"做法，女书从妇女们的生活中消失，处于濒危状态。直到1982年，中南民族学院的宫哲兵偶然发现女书，深入调查后于1983年发表了《关于一种特殊文字的调查报告——湘南瑶山采风记》一文，女书的生命才得以延续。

女书作为一种独特的文化现象，迄今为止只在江永县上江圩镇及其周围方圆不到百里的范围流传。究其原因，目前仍无确凿的答案。也许这里的风土人情和社会环境为这种特殊文字的生成提供了便利。

江永地处湘桂粤边界，人口以瑶族为主。这里盛行出嫁姑娘不落夫家的习俗，男女异性交往在婚前受到限制，婚后，只要女方没生子女，便不能与丈夫真正组建家庭，而是住在娘家与同性伙伴一起纺纱织布。所以这里的妇女对娘家女性伙伴的感情远远超过对丈夫的感情。江永一带广为流传这样一句话："姐妹面前不讲假话，丈夫面前不讲真话。"这种习俗不仅促成了结拜姊妹风俗的延续，也使得已结拜了姊妹的女性更严密地把自己封闭在女性社会里。

古代江永女书残卷

如今，现存世的只有近代的少数女书作品。由于近百名日本、加拿大、德国等国学者先后赴女书流传区考察，并以高价从当地群众手中购买女书作品，因此一部分珍贵的女书作品流失到海外。海外一些学者的"掠夺性研究"导致本来遗存极少的女书原件大量流失，目前流失到海外的女书原作及文化遗物至少达百件，其中有不少是珍本，甚至是孤本。

## 里耶古井里有何秦王朝秘密

1985年，在湖南湘西龙山县里耶镇的一个河滩上，考古队员发现了一口巨大的古代水井。通过清理，从里耶古井当中运上地面的简牍数量竟然达到近3万枚。根据简牍上的文字判定，出土的这些简牍全部来自于2200多年前的秦王朝。而在此之前，全国发现的所有秦简牍加起来也不过4000枚。

里耶镇位于湖南偏远的西部山区，由于大山的阻隔，交通极其不便，非常的闭塞。为什么在偏僻的大山深处，会出土如此众多的秦简？承载秦简的古城又会在哪里呢？这些问题都是关于秦王朝的秘密。

原来，战国时的楚国和后来的秦王朝，都曾在这里设立过县衙。从出土的多枚秦简的文字上来看，当时的里耶被称为"迁陵"。生活在里耶镇里的人们过着纯朴、安逸、平和的生活，也丝毫显示不出这里曾是金戈铁马的秦楚大战的重要战场。

里耶秦简

这些出土的里耶秦简大部分是秦统一中国15年间的官方档案。此前，史书中有关秦朝行政制度的记载仅寥寥数语，里耶秦简的出土，更清晰地呈现了秦王朝的历史。所以，里耶秦简的发现被认为是继秦始皇兵马俑之后，中国考古界的又一重大发现。

## 为何君山会有秦始皇的封山印

君山位于洞庭湖中，美丽而又神奇，是千古游览胜地，被誉为"水环千里萃万景，天下奇观唯君山"。晋代以来，君山又成了佛家和道家名山。而关于秦始皇"封山印"的传说，更让此地远近闻名。

秦始皇

所谓"封山印",其实是两块摩崖石刻,二者一大一小,相距约4米。关于石刻上的字及其字体,开始时人们众说纷纭,莫衷一是。有人说是篆体"永封"二字,也有人说是篆体"封山"二字,还有人说是道家符咒……其中最奇怪的一种说法是,君山石刻为秦始皇的"封山印",相关传说是这样的:

据传有一次,秦始皇南巡经过洞庭湖时,湖面上突然狂风大作,一时之间波翻浪涌。迫于无奈,船队只好在君山靠岸。其后,秦始皇召来随从问:"为什么洞庭湖会突然之间风浪大作?"随从解释说:"君山上住着湘君女神,她每次外出返回时,都会有各路神仙前来迎接。因为神仙人多势众,且行色匆匆,所以导致湖面掀起了风浪。"当时,随行官员还建议秦始皇前去祭拜湘君。

秦始皇听后,不由怒从中来,遂厉色道:"我身为天下皇帝,经过洞庭湖时,神仙们不来欢迎我,反而去迎接湘君女神。况且,神仙们还用这么大的排场惊动了洞庭湖水,让我的船队受挫。这成何体统?"

接着,秦始皇下令派3000人去放火烧山。可想而知,君山在一片火海中毁于一旦。之后,秦始皇还让人在石壁上留下了四方阴刻大印,以此来达到"封山"的目的。这样,香民们也无法登山烧香了,鬼神也无法在此出没了。

当然,传说归传说,毕竟没有真凭实据。1999年,巫白慧、孙宝纲、温玉成、熊传薪教授等人展开了"君山摩崖石刻鉴定会",最终揭开了"封山印"的神秘面纱:君山石刻为古印度"悉昙体""天城体"梵字,凿刻于唐朝。

传为"封山印"的两字,其中一字音译为"唵",意为"极赞""极至",代表宇宙;一字音译为"吽",意为"强调""肯定",表示"俱足万法"。"唵""吽"是古印度婆罗门教、佛教的通用咒语,所以在君山刻此二字的人,肯定是佛教徒,也肯定是精通佛家密咒和梵语的学者。

##  大秦黔中郡有何秘密

大秦黔中郡,位于湖南省沅陵县城西10千米处的窑头村。据考古发现,这里的古城遗址占地面积达11万平方米,曾相继出土了大量的秦砖汉瓦和鬲、钵、豆、罐壶及铜戈、铜剑、铜箭镞等兵器。

沅 陵

据中科院长沙大地构造研究所和湖南省考古研究所联合组成的专家组采用地质雷达等国际先进的科技手段初步查明，在黔中郡古城遗址东南面山顶聚集有40余座巨型战国至汉代墓。这里的每一座墓就是一座山，有半数以上超过长沙马王堆汉墓，最大墓面积相当于马王堆汉墓的5倍！此外，四周还有大大小小战国、汉代的平民墓1000多座。

这一浩大的秦代城池和千余座古墓葬，一直吸引着人们的关注。同时，关于黔中郡郡治问题也一直是楚文化专家们关注的焦点。

大多数专家认为湖南沅陵就是楚之黔中郡郡治。其主要原因有以下四个方面。

第一，在窑头发掘了长11米、宽8米的高规格战国墓。这是只有拥有郡王地位的人才相匹配的规格。同时，考古发现的文化属性应该属于楚之黔中郡，从年代上看为战国时期，和历史相符合；试掘的建筑物规格比较大，排水管道也比较大，非一般建筑物，只有郡治才与之相匹配。

第二，从战略地位看，窑头三面环水，背靠大山，易于防御，是楚国与秦、巴进行军事抗衡的要塞。

第三，从交通位置看，沅陵位于沅水、酉水两江之口，控制了楚国的经济命脉。沅陵辰砂（为丹砂最好的一种）是制雄黄的主要原料。当时湘西山重嶂叠、多蚊虫，人被叮咬后易患疟疾，古人主要靠雄黄酒驱蚊虫。当时，楚国只有两个铜矿，其中麻阳铜矿离沅陵不远。铜在战国时期十分重要，是打造兵器的命根子。酉水与产盐的清水江和产锡的云南相通，楚国可通过酉水开发经济。沅陵还产金。人们曾在窑头发掘出过用来称黄金的砝码。湖南省考古所研究员何介钧说，战国时期的砝码目前全国只发掘出两套。

第四，大量文献明确记载，黔中郡故址在今沅陵。

## 朱元璋之子岷王是在哪里封侯的

岷王朱楩(1379—1450年)是朱元璋的第十八子,明太祖洪武二十四年(1391年)始封为岷王,国都在岷州(今甘肃岷县)。明成祖永乐二十一年(1423年),朱楩迁至湖南武冈。明代宗景泰元年(1450年),朱楩去世,谥庄,称岷庄王。

湖南武冈市,历史悠久,文化底蕴深厚,是一座千年古城。它有2200多年的建城史,历史上一直是湘西南的政治、经济、文化、军事中心。早在5000多年前,这里就已有人类先祖生息繁衍。东周时属楚,秦时属长沙郡。西汉汉文帝元年(前179年),始设武冈县,属长沙郡。

汉武帝元朔五年(前124年),长沙定王刘发之子刘遂被封为都梁侯国敬侯。元鼎六年(前111年)改设都梁县,属零陵郡。都梁侯国敬侯前后世袭达131年。三国吴宝鼎元年(266年),复设武冈县,属昭陵郡。宋徽宗崇宁五年(1106年)设武冈军,属荆州湖南路。元朝时设武冈路总管府。明洪武元年(1368年),改设武冈府。洪武九年(1376年)改为武冈州,属宝庆府。明成祖时期,岷王朱楩从云南迁至武冈州城。永乐二十二年(1424年),岷王始建王府,世袭14代,达272年。朱元璋曾为岷王谱系命名了20字,即徽、音、膺、彦、誉、定、干、企、禋、雍、崇、理、原、谘、访、宽、镕、喜、贲、从。前国务院总理朱镕基就是岷王的后代。

吕洞宾

南明永历二年、清顺治四年(1647年)四月,桂王朱由榔迁至武冈岷王府,并将王府改为皇宫,将武冈州改为奉天府。八月,永历帝战败逃走,清朝沿袭明制,复设武冈为州。中华民国二年(1913年),改为武冈县,属湘江道,后属湖南省第六行政督察区。1949年新中国成立后,武冈县属邵阳专区。1986年属邵阳市。1994年,撤县设武冈市,由邵阳市代管。

关于"武冈"得名的由来,有这样一个传说:据传宋徽宗宣和年间(1119—1125年),吕洞宾过武冈,因见此地物产丰饶,景色秀美,于是就在当地的石壁上题了"止戈"两个大字。"止""戈"二字如果组合在一块的话,就是"武"字,再加上周围起伏的山冈,就被人们称作了"武冈"。

## 明惠帝朱允炆落难湖南何地

明惠帝建文四年（1402年），燕王朱棣发动靖难之役，在叔侄争位的斗争中，建文帝失利后下落不明。有一种说法认为，建文帝落难后逃至今娄底市涟源市湄江镇，并在当地的观音崖圆通寺出家做了和尚。现在，这里还有其墓葬遗址。

湄江总面积128平方千米，1993年被列为省级风景名胜区，2009年被列为国家地质公园。这里风光绮丽，景观众多，包括一代帝陵、二湖秀水、三道岩门、四片绿洲、五座寺庙、六大飞瀑、七里峡谷、八面险峰、九曲湄江、十处绝景、百个奇洞、千块巧石、万树蜡梅等，其特色被概括为"奇景""险境""神旅"。

湄江为低山喀斯特地貌，观音崖的"莲花涌泉"就是典型代表，其美学观赏价值、科研科普价值极高。自1992年以来，这里已开发、开放了6大景区，即观音崖、藏君洞、仙人府、塞海湖、龙泉峡、大江口等。配套设施也一应俱全，包括道路、通信、水电、宾馆、饭店及医

建文帝朱允炆

疗卫生等。这里地理位置优越，冬无严寒，夏无酷暑。目前，这里已接待过20多个国家、地区及国内游客达100多万人次。

## 为何说湘阴是块福地

湘阴县，位于岳阳市西南部，总面积1581.5平方千米。全县按地形可分为东、西两部分，东为丘陵岗地，西为滨湖平原。这里之所以被誉为"福地"，首先得益于它的自然环境条件，其次是历史人文底蕴。

**自然条件：**湘阴自然条件得天独厚，境内有湘、资二水贯穿，为发展种植业和水产养殖业提供了便利。境内总水域面积达657.3平方千米，河沟纵横，湖泊星罗棋布。其中，水产品种类达112种，如鲤鱼、青鱼、草鱼、鲫鱼、龟、鳖、蟹等；水生植物有10余种，包括湘莲、芦苇等。

这里的森林资源也十分丰富，全县共有160平方千米林木。其中，用材林、防护林有杉、旱柳、枫杨、樟树、泡桐、马尾松等树种；经济林有茶、梨、桃、李、柑

橘、油桐、棕榈等树种；绿化林有桂、圆柏、侧柏、火力楠、细叶女贞、大叶女贞、法国梧桐等树种；珍贵树种有古银杏等。

湘阴左宗棠文化园天地正气石刻

此地的水陆交通优势也比较突出，境内交通十分便捷。它既居于三市（长沙、岳阳、益阳）五县的中心，也处于"长沙市1小时经济圈"内，此外还有发达的湘江水路。

**人文历史**：湘阴历史悠久，文化灿烂，是湖湘文化的发源地之一。南朝宋元徽二年（474年），湘阴正式置县，距今已有1500多年。自古至今，这里保留下了一大批文物古迹、文化遗址，如湘阴文庙、岳州窑遗址、南泉古刹、文星塔、乌龙塔、左宗棠故居、郭照熙故居、任弼时纪念碑、陈嘉佑将军墓等。

湘阴物华天宝，人杰地灵，历史上曾出过很多名人，如周式、夏元吉、左宗棠、郭嵩焘、范源濂、范泽濂、范旭东、康濯、高建成等。其中，范源濂、范泽濂、范旭东是出自同一家族的堂兄弟，被誉为"三范"。

##  中国第一个县级红色政权是在哪里诞生的

中国工农红军在经过著名的三湾改编后，建立了全国的第一个县级红色政权，那就是茶陵县工农兵政府。1927年11月，工农革命军攻占县城后遵照毛泽东指示建立茶陵县工农兵政府，这是井冈山革命根据地第一个县级工农兵政权，由工人代表谭震林任主席。12月27日，县政府随工农革命军撤离县城。

美国著名记者、作家斯诺在《西行漫记》一书中曾援引毛泽东的原话说："在湖南东南部的茶陵县建立了全国第一个红色政权。"茶陵县工农兵政府的诞生和结束都离不开工农革命军的进驻和撤出，这启发了毛泽东"枪杆子里面出政权"理论的思想基础，同时也标志着井冈山斗争发展到建政阶段。

如今，茶陵县政府旧址

茶陵县革命纪念馆

位于城关镇前进村三角坪,这里原本是南宋至清代的县(州)署衙,占地10 521平方米,建筑面积3974平方米,1928年毁于战火。1971年,茶陵县革命委员会在遗址建有高4米的钢筋水泥结构纪念碑。

## 为何说秋收起义、浏阳文家市会师是中国革命的转折点

秋收起义是继南昌起义后又一次大规模的武装起义。南昌起义时,共产党部队沿用了"国民革命军第二方面军"番号;而在秋收起义时,中国共产党则有了第一支打出自己旗号的武装军队——工农革命军第一军第一师,并诞生了我军第一面军旗。

更为重要的是,这次起义虽然在初期是以攻占大城市为目标,但在起义遭到严重挫折后,及时地从进攻大城市转到向农村进军,在革命处于低潮的情况下,把革命的退却和革命的进攻巧妙地结合起来。

之所以说秋收起义、浏阳文家市会师是中国革命历史上的一个转折点,主要是因为它开辟了

秋收起义照片

中国工农革命前进的道路,那就是向农村进军,依靠农村建立革命根据地,借此积蓄和发展革命力量,逐渐包围城市并最后夺取城市的唯一的、正确的道路。

## 文夕大火惨案是如何发生的

文夕大火,又称长沙大火,是长沙历史上毁坏规模最大的一次全城人为性质的火灾,也让长沙与斯大林格勒、广岛和长崎一起成为第二次世界大战中毁坏最严重的城市。

1938年10月25日,武汉沦陷。武汉会战失利后,武汉的机关、工厂,以及大批难民和伤兵涌入长沙,这让当时长沙的30多万人口骤增至50多万。加上以前长沙曾作为上海、南京等会战的后方,已经积累了许多战略储备,同时商业也很繁荣。但长沙有限的铁路、公路和水路交通根本难以承载如此大量的迁入,这些都给日后的巨大损失埋下了隐患。

11月8日,日本侵略军攻入湖南北部,并轰炸了长沙和衡阳。9日、11日,

文夕大火警世钟

临湘、岳阳接连失守,中日对峙新墙河,长沙的局势十分严峻。当时,蒋介石提出"焦土抗战"的作战思想,认为即使烧毁长沙也不能让日本获得任何物资。湖南省政府主席张治中接到电报后,在会议中传达了蒋介石的思想,并组织了纵火队伍开始放火。

11月13日凌晨2时,长沙南门口外的伤兵医院失火,纵火队员以为是放火信号,便开始在全城放火。这场大火持续了整整5天5夜,古城长沙2500多年的历史财富几乎被毁灭殆尽。

这场大火造成3000多人丧生,90%以上的房屋被烧毁。大火造成经济损失10多亿元,约占长沙总值的43%。当时被烧毁的政府机关有省政府、民政厅、警察局、省市党部、高等法院、电报局、邮政局、中央通讯社、中央广播电台,以及在长沙的各家报馆等;被烧毁或大部分被烧毁的学校有湖南大学、明德中学、楚怡工业学校、第一师范、南华女中、明宪女校、省立长沙高中等31所;被烧毁的银行有湖南省银行、上海银行、交通银行、中国银行等10余家;被烧毁的工厂有40多家……

作家郭沫若当时曾亲历了长沙大火,他在《郭沫若传》中对当时情景有如下描述:"只见城中烈焰升腾而起,映红了整个夜空,来不及撤退的长沙百姓,披头散发寻找亲人的,顿足捶胸的,望着大火发呆的,扑向火丛抢救财产的……歇斯底里失望地绝叫,伴随着房倒屋塌的轰隆声……车至城郊关帝庙前,极目远望,根本不见长沙踪影,唯有冲天的火光和翻滚的浓烟,显然火势还在蔓延。"

1938年11月18日,为了平息民愤,蒋介石下令枪毙"长沙纵火案"3个"当事人",即长沙警备司令酆悌、警备二团团长徐昆和长沙市公安局局长文重孚。他们实际上成了事件的替罪羔羊。张治中被免去职务。

##  抗日战争胜利的受降仪式是在哪里举行的

1945年8月21日,举世瞩目的中国人民抗日战争胜利受降仪式在湖南芷江举行,侵华日军总司令冈村宁次派副总参谋长今井武夫在此接受了投降命令。正所谓"烽火八年起卢沟,受降一日在芷江"。抗日战争胜利受降仪式是中华民族胜利的象征,是世界反法西斯战争胜利的象征。

抗日战争胜利洽降使芷江蜚声海内外,并成为湖南乃至全国独有的历史文

芷江受降旧址

化品牌。位于芷江的血字形"受降纪念坊""受降堂"是华夏大地乃至全世界纪念第二次世界大战胜利的唯一标志性建筑。此外，芷江的"二战"遗迹有占地2.67余平方千米的当时盟军在华的第二大军用机场、中美空军联队俱乐部、盟军指挥塔及受降园。受降园会场内的陈设、题词等，记录了当年那个伟大而复杂的历史瞬间，是研究和平文化的珍贵资料。

## 湖南"毛公"之谜

**时间**：1984年的一天。

**地点**：湖南新宁县水头乡坪头村。

**起因**：两姊妹在拔白菜时，遭遇了一个野人的袭击。

**经过**：当时，两姊妹吓得哭喊着跑回家中。她们的父母在问明原委后，就找了好多乡邻去追寻野人，深夜无功而返。第二天凌晨时分，李贤德、蒋世瑜等32位村民，继续上山搜寻野人。这次，他们带着猎枪和木棍，领着11条训练有素的猎犬。功夫不负有心人，在大家的努力下，终于捕获了一个野人（湖南当地人称之为"毛公"）。令人吃惊的是，当村民发现它时，野人正在与一个13岁的穿着红花布罩衣的女孩子撒沙子玩。

毛公的整体特征如下：身高1.06米，体重25千克。其手似人手，有指甲，大脚趾与另四趾分开，有短尾。平脸，眼珠灰黑，高鼻梁，鼻下有人中沟，络腮胡子。背部有棕色长毛，胸毛为淡灰色。上肢能灵活运动，吃东西利索。它发出的声音像老人的声音。喜欢人多热闹处，也喜欢挑逗穿花衣、留长发的青年妇女。

1984年10月底，有关方面组织的"毛公"鉴定会在武汉召开。参加鉴定会的有人类学家、解剖学家、生物学家、生物化学家等专家，来自以下单位：华中师范大学、湖北医学院、湖北动物学会、上海华东

野　人

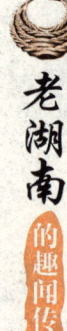

湘西印象

师范大学、上海自然博物馆、上海动物园、陕西动物研究所等。经过对这个野人的指纹、毛发、血液、粪便、体形、动态、食性等进行了综合研究后,得出了如下鉴定结论:

(1)身高106厘米,尾长5厘米,前肢长36厘米,后肢长43厘米。

(2)头顶毛较少,由中央向两边披开,体背毛呈暗灰褐色,胸毛呈淡灰色,背毛与腹毛在肋下分界明显,颊部毛长如同胡须。

(3)脸部呈灰青色,鼻孔向下,眶间距窄,头骨矢状脊明显。

(4)指、趾甲扁平,臀部有明显的胼胝。

**结果:** 通过上述特征分析,该动物是灵长目、猴科、猕猴属、短尾猴(又称红面猴、青猴)。按照医学上的测定结果,即指纹、毛发、血液等指标,"毛公"与猴类接近而不属于人类的指标范畴。确切地说,它是猕猴(短尾猴属猴科),为猴类中较高级的一种,体形和智力都较一般猴发达。据资料记载,猕猴主要分布于四川、西藏、云南、贵州、广西、广东、福建、湖南、江西、安徽、浙江等地。

在湖南捕获的这一"毛公",与已知的短尾猴有许多不同之处:它的体重比已知的短尾猴重一倍;智力特别发达;对外界事物的好奇心强;器官功能与人相近,拇指能与其他四指对握;爱吃鸡和泥鳅等肉类食物。

在湖南湘西地区,"毛公"之谜已有千年之久,但历来难以揭开其真相。这次捉到的活体野人是非常珍贵的活体资料。过去,当地的人们对"毛公"有畏惧心理,在口耳相传中把它说成是"山鬼""活鬼"或"长毛鬼"。现在,通过对"毛公"的鉴定和研究,人们知道它是短尾猴,并不是什么传说中的鬼怪。因此,它的现实意义在于:破除了当地封建迷信,消除了人们的畏惧心理,普及了人类科学知识。

我国大地上曾先后有蓝田狐猴、黄河猴、秦岭卢氏猴、猕猴、巨猿等动物生活过。现在我国各地的大山野岭之中依然有灵长目两个亚目中的懒猴科动物和类人猿亚目中的猕猴、金丝猴、长臂猿、短尾猴等生活。只是,在我国尚未发现类人猿科的猩猩、大猩猩、黑猩猩等。

# 老湖南的地名

 **湖南一名有何来历**

　　湖南位于长江中游地区,面积21.18万平方千米,辖14个地州市、122个县(市、区)。东临江西,南临两广,西接贵州、重庆,北接湖北,因境内大部分地方处于洞庭湖以南而得名湖南。

　　湖南历史悠久,文化灿烂。这里名人辈出,像屈原、魏源、谭嗣同、黄兴、蔡锷、毛泽东等,他们在中国历史、文化方面均产生了重要的影响,正如古人之言:"唯楚有才,于斯为盛。"这里还是著名的"鱼米之乡",物产十分富饶,享有"湖广熟,天下足"之美誉。此外,这里山川秀丽、古迹众多,旅游资源很丰富。全省有15个旅游区,100多处旅游景点,其中省级以上重点保护文物就有180多处。

　　早在40万年前的旧石器时代,湖南境内就已有人类生息繁衍。1万多年前,这里的先

曾国藩

老湖南的趣闻传说

韶山毛泽东同志故居

民就已经开始种植稻谷。5000年以前的新石器时代,当地人们已过上了定居生活。原始社会时,湖南属三苗、百濮与扬越(百越)地。夏、商、西周时,为荆州地。春秋、战国时属楚国。

秦始皇时,湖南设黔中、长沙两郡。汉武帝之后,为荆州刺史辖区,辖武陵、桂阳、零陵、衡阳、长沙郡。三国时为吴国荆州,辖荆南5郡。西晋时分属荆州、广州;东晋时分属荆州、湖州、江州。南朝宋、齐、梁时分属湘州、郢州、荆州,陈时分属荆州、沅州。

隋文帝开皇九年(589年),湖南设8郡,即长沙、武陵、沅陵、澧阳、巴陵、衡山、桂阳、零陵郡。唐玄宗开元二十一年(733年),分属山南东道、江南西道、黔中道、黔中道黔州都督府。唐代宗广德二年(764年),设湖南观察使于衡州,湖南之名始见于史,并沿用至今。

五代十国时期,马殷在湖南建楚国,定长沙为国都。北宋时,分属荆湖南路和荆湖北路。这时,洞庭湖区由于得到大规模的开发,湖南在全国的地位开始迅速上升。宋时全国有四大书院,即长沙岳麓书院、衡阳石鼓书院、庐山白鹿洞书院、商丘应天书院,湖南占其二。

元时,属湖广等行中书省,省会为武汉,在衡州路(今衡阳市)设湖南宣慰司。明时属湖广布政使司。清圣祖康熙三年(1664年),湖广分为湖广左布政使司和湖广右布政使司。其中,湖广右布政使司辖衡永郴桂道、长宝、岳常澧、辰沅永靖4道和衡州府、长沙、宝庆、岳州、常德、辰州、沅州、永州、永顺9府。清世宗雍正元年(1723年),湖广右布政使司改为湖南布政使司,省会迁往长沙。自此,湖南正式作为省级行政区而存在。

民国时,设道、县两级。1914年,全省设湘江、衡阳、辰沅和武陵道4道。1922年,撤销道制,存省、县两级。1937年,设行政督察专员公署,全省划为9区,后调整为10个行政监督区。至1949年,全省设2市、10行政监督区、77县,省政府驻长沙。

新中国成立以后,曾设长沙、株洲2省辖市,长沙、衡阳、郴县、常德、益阳、邵阳、永州7直属专区等。至2002年末,全省共有14个地区,包括13地级市、1自治州,以及122个县区,包括34市辖区、16县级市、65县和7自治县。

在近代史上,湖南发生了许多重要历史事件。1852年,曾国藩受命在此组建湘军。1898年戊戌变法时,湖南是唯一支持变法运动的省份。1903年,黄兴在此创立华兴会,成为同盟会、国民党的主要创始人之一。1926—1927年,国民大革命时期,湖南农民运动的声势最为浩大,农会成员曾发展到600万人。1936年,粤汉铁路在此全线通车。

## 湖南为何又称三湘、芙蓉国

三湘和芙蓉国,都是湖南的别称,这些别名的由来与当地的地理环境、历史风物密切相关。

**三湘**:据《山海经·中山径》载,"帝之二女居之,是常游于江渊。澧沅之风,交潇湘之渊。"早在六朝时期,"三湘"一词便已出现在文人的诗文中。例如,东晋著名诗人陶渊明在《赠长沙公族祖并序》中写道:"伊余云遘,在长忘同。笑言未久,逝焉西东。遥遥三湘,滔滔九江。山川阻远,行李时通。"又如,南朝宋文学家颜延之在《始安郡还都与张湘州登巴陵城楼作》一诗里写道:"江汉分楚望,衡巫奠南服。三湘沦洞庭,七泽蔼荆牧……"此外,南朝梁沈约所撰的《宋书》中,也屡见"三湘"一词。宋代以来,人们多以三湘代指湖南。但是,三湘作为湖南省的别称,关于其来历,人们众说纷纭、莫衷一是。

第一种说法认为,三湘指漓湘、潇湘和蒸湘。在湖南,湘水、漓水分流后,湘水向东北流去,漓水向西北流去,人们称为"漓湘"。湘水在湖南零陵与潇水汇合后,被称为"潇湘"。潇、湘二水流到衡阳与蒸水合流,被称为"蒸湘"。这种说法把"漓湘""潇湘""蒸湘"统称为三湘,但没有涵盖湘西北的大片土地。

第二种说法认为,湘潭、湘乡和湘阴合称三湘。由于这三湘分布在湘北、湘中,也没有概括湖南全省。

第三种说法认为,三湘是湘北、湘西、湘南三地区的总称。此说法虽涵盖的地域范围要广,但却遗漏了湘中、湘东,也不能概括湖南全境。

第四种说法认为,三湘指潇湘、资湘和沅湘。此说去掉了漓、蒸二湘,保留了潇湘。湘水北流至临资口与资水汇合,称为"资湘",其继续北流至中州与沅江汇合后称"沅湘"。这种说法真正包括了湖南全省。

**芙蓉国**:唐宋时期,因湖南湘、资、沅、澧水流域广植木芙蓉

潇湘水库

而得名芙蓉国。如五代谭用之在《秋宿湘江遇雨》一诗里写道:"湘上阴云锁梦魂,江边深夜舞刘琨。秋风万里芙蓉国,暮雨千家薜荔村。乡思不堪悲橘柚,旅游谁肯重王孙。渔人相见不相问,长笛一声归岛门。"1961年秋天,毛主席写下了《七律·答友人》一诗,其中有"我欲因之梦寥廓,芙蓉国里尽朝晖"之句。现在,木芙蓉是湖南的省花。

## 长沙一名有何来历

长沙为湖南省省会,别称星城,素有"中国工程机械之都"的美誉。其有文字可考的历史已达3000多年之久,是首批国家历史文化名城之一。

长沙之名的来历一直众说纷纭,概括起来主要有以下三种说法。

长沙湘江风帆广场

**其一,得名于长沙星**:古代天文学家创立二十八宿之说。认为天有星象,地有与之对应的"星野",二十八宿中"轸宿"有一附星名为"长沙"。古人按星象分野的理论,以长沙之地对应长沙星,故长沙又有"星沙"之称。此说在后世影响最大,流传最广。

**其二,得名于万里沙祠**:"万里沙祠"一说最早见于阚骃所著《十三州志》:"有万里沙祠,西自湘州,至东莱万里,故曰长沙也。"后有唐代李吉甫《元和郡县志》援引《东方朔记》云:"南郡有万里沙祠,自湘州至东莱可万里,故曰长沙。"至后代,各地方志多引此说作为长沙一名的来源,并加以阐释,认为长沙在古代有祭祀沙土之神的活动。据《史记·孝武本纪》记载,汉武帝曾到山东东莱祈祷"万里沙"。东汉应劭注曰:万里沙,神祠也。长沙与东莱相隔万里,后人将此事和两地联系起来,便有了"长沙者,所谓万里长沙也"的说法。

**其三,得名于"沙土之地"**:长沙的地质结构以石英砂岩、砂砾岩、粉砂岩及页岩等为主。后来,在外力作用下坍塌的岩石经风雪雨水的侵蚀冲刷,大量砂石积于地表。每当枯水时节,裸露的地面便会出现成片的沙土。在自然环境仍保持在原始状态的古代,这种"白沙如霜雪"的沙土层是格外引人注意的。故此,典籍中多称长沙为沙乡或沙土之地。

## 岳阳之名有何由来

岳阳位于洞庭湖之滨,古称巴陵、岳州,至今已有2500多年的历史,是中国著名的历史文化名城之一。这里资源丰富、区位优越、风景优美,不仅是长江中游重要的区域中心城市,也是湖南首位门户城市、湖南唯一的国际贸易口岸城市。

早在20万年前,岳阳这里就已经出现了人类活动。距今9000余年前,岳阳先民们就已在这里繁衍生息,并开始使用石制器具,创造远古文明。夏、商时,岳阳属三苗地。春秋时属楚,为糜、罗等附庸国地。战国时,属楚国黔中郡。秦朝时,分属长沙郡罗县和南郡、黔中郡。汉高祖元年(前206年),分属长沙国下隽县、罗县和南郡华容县、武陵郡孱陵县。东汉建安十五年(210年),孙权建汉昌郡,郡治在今平江县金铺观。晋武帝太康元年(280年),设巴陵县。

南朝宋元嘉十六年(439年),设巴陵郡。隋开皇九年(589年),改巴陵郡为巴州,十一年(591年)改称岳州。岳州之名始见于史,这也是"岳阳"一词的雏形。元时为岳州路,明时为岳州府。民国二年(1913年),设湖南第一行政督察区,并改巴陵县为岳阳县。岳阳之名正式见于历史,并沿用至今。

新中国成立后,岳阳分属长沙专区(后改属湘潭专区)、常德专区。1960年1月,岳阳县城关镇建岳阳市。1962年10月恢复为城关镇。1964年9月,设岳阳专区,辖岳阳、临湘等5县。1975年12月,复设岳阳市,并实行市、县分治。1981年10月,撤销岳阳县,由岳阳市管辖。1983年7月,升岳阳市为省辖市,实行地、市分设。

1992年,国务院在长江沿岸设了5个首批重点开放城市,岳阳为其中之一(其余4个是芜湖、九江、武汉和重庆),是"长株潭城市群"的唯一国际贸易口岸城市。1994年岳阳被列为国家历史文化名城。如今,岳阳市综合经济实力稳居同级地市州之首、全省第二,成为仅次于省会长沙的湖南政治、经贸、文化、交通中心,被称为"湖南省第二城"。2008年,《海峡两岸海运协议》签订,岳阳城陵矶港(松阳湖新港)成为首批获准开放的海峡两岸直航港口之一。

岳阳楼石牌坊

岳阳洞庭湖大桥

岳阳依山傍水、钟灵毓秀,是中华文化中湘楚文化的始源地,它集名山、名水、名楼、名人、名文于一身,以旅游胜地闻名于海内外。该市有被列入《国际湿地公约》的湿地 1 处、世界非物质文化遗产 1 个、国家级自然保护区 1 个、国家重点风景名胜区 2 处、国家级森林公园 3 个、国家重点文物保护单位 6 处、国家 AAAAA 级风景旅游度假区 2 个。

这里的著名景点有岳阳楼、洞庭湖、君山岛、汴河街、张谷英村、绝顶五井、五尖山森林公园、大云山国家森林公园、团湖荷花公园、祖师殿、慈氏塔、独醒亭、屈子祠、屈原碑林、杜甫墓、三战三捷石刻、汨罗江、玉笥山、宝慈观、四牌楼、禹山游览区、湖心岛、老龙潭、灵缺口、药菇山、鲁肃墓、三眼桥、华容烈士陵园、任弼时同志故居等。

##  岳阳为何古称巴陵

岳阳是荆楚文化的摇篮,古称巴陵,始设于西晋太康元年(280 年)。关于它的来历,有以下两种说法。

**第一种说法:**尧帝时,四川的巴丘(今巴山)上栖息着一条巨大无比的蛇。某次它出了三峡,一路沿江游玩下来,伤害了无数生灵。巨蛇的胃口之大,可将大象吞食,老百姓也因此深受其害。尧帝得知后,随即派遣勇士后羿去追杀此蛇。经过殊死搏斗,后羿终于在岳阳将巨蛇杀死。巨蛇死后,其骨堆集成一座小山。因巨蛇来自巴丘,故岳阳就有了这一名称。

**第二种说法:**东汉末年,大将鲁肃率万人奉命镇守岳阳,后来他在洞庭湖之滨修筑了巴丘古城。自此,岳阳便得名巴陵。西晋武帝太康元年(280 年)建巴陵县;惠帝元康元年(291 年)设巴陵郡,郡治在巴陵城。南朝宋元

岳阳巴陵胜状

嘉十年（433年）置巴陵郡。隋文帝时废巴陵郡，设巴州。

## 湘潭因何得名

湘潭，又称潭城，别称莲城，是湖南省历史文化名城和重要的科教、旅游城市，也是"长株潭城市群"的中心城市之一。它是湖南省面积最小的地级市，现辖岳塘、雨湖2区，湘乡、韶山2县级市和湘潭县。

湘潭历史悠久、文化灿烂，发祥于唐天宝八年（749年），距今已有1200余年历史。这里名人荟萃，是曾国藩、毛泽东、彭德怀、贺国强、齐白石、马英九等名人的故里。此外，它还是湖湘学派和湘军的发源地。

湘潭一名，与其地理特征相关。一种说法认为，此地处于湘江之曲，因多潭而得名为湘潭。另一说法认为，因昭山下的湘江中有湘州潭（昭潭）而得名。实际上，昭潭只是湘江中较深的一段，据说与周昭王或楚昭王有关。

早在商周时，湘潭境内的文化就已相当发达。春秋战国时，这里成为中原文化南下的重要据点之一。西汉建平四年（前3年），划出湘南西部为湘乡侯国，后为湘乡县。湘乡之名始见于史，成为湘潭一名的雏形。东汉末年，市境初属蜀汉荆州，后属孙吴政权。南朝梁天监年间（503—519年）设湘潭县，湘潭之名正式见于历史。南朝齐时，将西汉所设的湘南县分解，除部分地划给邻近各县外，主要部分划入衡阳县。

隋时，湘乡与湘西、衡山合并为衡山县。唐初恢复湘乡县。天宝八年（749年），从湘潭县划出部分地，剩余部分与衡山县北部合并，组成新的湘潭县，县治设在洛口（今易俗河）。至此，今湘潭市境大致形成了。

宋时，湘潭县治移至今市区城正街。据欧阳修《湘潭县修药师院佛殿记》载，当时湘潭的商业已相当发达。南宋时，福建人胡安国（1074—1138年）移居湘潭县，他在这里讲学、著述，开一代学风，最终形成了以"经世致用"为主导思想的"湖湘学派"，对湖南以后的思想文化产生了很大的影响。

明清时期，湘潭以米、药等为基础的转运贸易十分繁盛。明时，这里"工商十万，商贾云集"，被誉为"小南京""金湘潭"。万历四年（1576年），湘潭开始围筑县城、建衙署，城区范围东起宋家桥，西至大埠桥，商业活动集中于城

韶山毛泽东遗物馆

韶山毛泽东纪念园

外地区。至明天启年间（1621—1627年），城区街市已延伸至石嘴垴一带，长约7千米，因城市呈带状，故而被称为"扁担市"。此后，该城区结构大致延续到了20世纪40年代。

鸦片战争之前，这里还是广州进出口货物运输的中转站，也是联结西南地区和上海、汉口的商业枢纽。据记载："湘潭亦中国内地商埠之巨者，见外国运来货物，至广东上岸后，必先集湘潭，由湘潭再分运至内地，又非独进口货为然，中国丝茶之运往外国者，必先在湘潭装箱，然后再运广东放洋，以故湘潭及广州间，商务异常繁盛。"当时，这里已成为湖南最大的商业、经济中心。

鸦片战争后至清末民初时期，湘潭商业渐趋凋敝。1949年，湘潭县人民政府成立。1950年，湘潭县城关区改为湘潭市，隶属长沙专署，后改名为湘潭专署。1953年，湘潭市升为省辖市。1983年8月，湘潭市、县合并，实行市管县体制，辖湘潭、湘乡2县和雨湖、岳塘、湘江、板塘、郊区5区。1992年，以湘江为界，湘潭市5个行政区调整为雨湖、岳塘2个行政区。2005年，市人民政府驻地由雨湖区迁至岳塘区。

## 常德之名有何由来

常德，古称武州、朗州、鼎州、常德军、武陵等，别称"柳城"，位于湖南省西北部，地处武陵山下、洞庭湖西侧。它是历史文化名城，素有"西楚唇齿""黔川咽喉"之称，距今已有2200多年历史。现在，这里是湖南第三大经济城市和著名的"鱼米之乡"，也是中国优秀旅游城市、国家卫生城市、国家园林城市、国际花园城市、中华诗词之市等。因为东晋著名诗人陶渊明的《桃花源记》，这里享有"世外桃源""福地洞天""桃花源里的城市"之美誉。

早在30万年前，常德地区就有原始人类生活、居住。距今9000年前，这里进入新石器时代，此地先民已掌握了石器磨制、陶器制作技术。秦昭襄王三十年（前277年），蜀守张若"伐取巫郡及江南"，在此筑城，并设立黔中郡。自此，常德开始有城。

秦时，常德属黔中郡，郡衙在临沅县。西汉高祖时，取"止戈为武，高平为陵"之意,将黔中郡改为武陵郡,属荆州刺史部。东汉建武二十六年(50年),郡治从义陵(今溆浦县)复迁至临沅县。顺帝阳嘉三年(134年),荆州刺史部移治于索县(今鼎城区城址村)。三国时,属吴国荆州管辖。西晋时,分属武陵、天门、南平3郡。唐时属江南西道。

常德柳叶湖

北宋时,属荆湖北路。宋徽宗政和七年(1117年),鼎州团练升为常德军节度使。"常德"一词取自孔颖达(574—648年)《诗经·大雅·常武疏》:"言命遣将帅,修戒兵戎,无所暴虐,民得就业,此事可常为法,是有常德也。""常德"之名始见于史,并沿用至今。

南宋乾道元年(1165年),升鼎州为常德府。元时,属湖广行中书省江南北道。明初,恢复常德府,属湖广布政司分守上荆南道。清雍正七年(1729年),澧州升为直隶州,常德府、澧州同属于岳常澧道。清末,常德府辖武陵、桃源、龙阳、沅江4县;澧州辖石门、慈利、安乡、安福、永定5县。

1914年,改岳常澧道为武陵道,道治常德。1949年8月5日,常德市成立人民政府。1955年2月16日,改常德区专员公署为常德专员公署。1979年,常德地区行政公署成立。1988年1月,常德地区撤销,建省辖常德市,实行市管县体制;4月18日,原常德县改为鼎城区;6月20日至24日,常德市人民政府正式成立。目前,常德市共辖2市辖区、6县和1县级市。

常德物产丰饶,其中产量居湖南省前列的有粮、棉、油、茶叶、柑橘,以及淡水鱼类、珍珠等。境内已探明有145种矿藏,其中,雄黄储量居亚洲第一,金刚石、石煤、芒硝储量居全国之首,磷矿、石膏矿、膨润土等的蕴藏量、产量均居全省前列。全市的主导产业,包括烟草、食品、医药、铝业、机械、电子、建材、纸业、电力、纺织等。

常德风景秀美,是中国优秀旅游城市。这里有国家级重点文物保护单位4处,国家级自然保护区2处,省级重点文物保护单位40处,省级风景(旅游度假)区3个。其中,国家AAAA级风景名胜区有桃花源、夹山寺、壶瓶山、柳叶湖,省级风景名胜区有嘉山,以及被收入《吉尼斯世界纪录》的"中国常德诗墙"等景点。此外,这里有近300家各类旅游住宿接待单位,28家旅行社,近1万间标准客房,加上便利的交通和快捷的通信,它已经成为一座真正意义上的现代化旅游城市。

## 常德为何又称朗州

常德桃花源

据《隋书·地理志》记载,隋文帝开皇十六年(596年),隋灭陈后,改嵩州为朗州,设治所于武陵县(今常德市)。另据《武陵县志》载:"沅水经青泥湾与马面溪合,折东十里,经县志南,为朗水。"由此来看,朗水即沅水。所以,朗州以水得名,即清朗的意思。后来,又称武陵城为朗江,在德山所建的书院也称"朗江书院"。

隋炀帝大业三年(607年),朗州又更名为武陵郡,辖武陵、龙阳(今汉寿)2县。唐时,辖区相当于今天的常德、桃源、汉寿、沅江等市县地。唐乾元元年(758年)复为朗州。宋真宗大中祥符五年(1012年),改称鼎州。

## 张家界之名有何由来

张家界位于湖南西北部,原名大庸市,设立于1988年,1994年更为现名。全市总面积9516平方千米,辖2区、2县,政府驻永定区;常住人口为1 476 521人,汉族占24.72%,各少数民族占75.28%。1982年,张家界国家森林公园批准成立,成为中国第一个国家森林公园;1988年,武陵源被列入国家第二批重点风景名胜区(共40处);1992年,武陵源自然风景区被联合国教科文组织列入《世界自然遗产名录》。2012年,张家界入选"2012中国特色魅力城市200强"。

早在新石器时代,张家界市境内的澧水两岸就有人类活动了。据《尚书·舜典》载,"舜放欢兜于崇山"。秦始皇二十六年(前221年),秦统一中国,并将全国划分为36郡。当时,大庸属黔中郡,是湖南境内的第一个行

张家界风光

政区。西汉时,实行郡县、封国交错体制。高祖五年(前202年),刘邦下令分黔中郡为武陵郡,并将慈姑县析为孱陵、充县2县,包括今永定、武陵源2区和桑植县。

三国时,吴景帝永安六年(263年),孙休见嵩梁山玄朗如门,于是改嵩梁山为天门山,改武陵郡为天门郡,大庸当时属天门郡管辖。南北朝时,南朝宋孝武帝孝建元年(454年),刘骏"分荆州武陵,天门属郢州刺史"。明帝秦始三年(467年),武陵、天门郡仍属荆州。

西魏恭帝二年(555年),拓跋廓罢天门郡,置澧州。北周建德四年(575年),废娄中、临澧2县,置崇义县,新置北衡州。隋文帝开皇十八年(598年),杨坚改北衡州为崇州,改零阳县为慈利县,慈利、崇义2县同属崇州。隋炀帝大业二年(606年),废崇州,改澧州郡为澧阳郡,辖6县,包括慈利、大庸地。

唐高祖武德四年(621年),李渊下令置澧州澧阳郡,属山南道,辖慈利、崇义等6县。五代十国时,今市境属楚国管辖。宋太祖乾德元年(963年),属澧阳郡,称慈利县,并在今桑植县、永定区、武陵源区分设安福寨、武口寨和索口寨。

元世祖至元十四年(1277年),置澧州路总管府,辖4县,慈利县为其中之一,包括今市境全境。元成宗元贞元年(1295年),慈利县升为慈姑州,复名慈利州,辖4县,今市境全境属慈利州。元顺帝至正二十四年(1364年),罢安定、柿溪2州,改澧州路为澧阳府,辖4县。

明洪武二年(1369年),慈利州降为大庸县,属澧州。大庸因大庸溪而得名,是张家界的前身。洪武九年(1376年),更名为大庸卫,属常德府管辖。洪武二十二年(1389年),改称永定卫。洪武二十三年(1390年),设九溪卫,与永定卫2卫同属湖广都使司管辖。洪武二十九年(1396年),属岳州府。

清雍正八年(1730年),此地实行"改土归流",澧州升为直辖州,辖慈利、安乡、石门等4县;岳常道改为岳常澧道;废永定、九溪2卫,新置安福县。雍正十三年(1735年),置桑植县、永定县,属澧州。

1916年,大庸、桑植、慈利3县属辰沅道。1922年,大庸、桑植、慈利3县属省直辖市。1935年,湘西绥靖处建立,辖慈利、大庸、桑植、临澧、石门、澧县6县,设专员办事处于慈利。1938—1949年,大庸、桑植县属湖南第

张家界武陵源

八督察区,专员办事处在永顺;慈利县属第四督察区,专员办事处在常德。

1949—1952年,大庸、桑植2县属永顺专区管辖,后属湘西苗族自治区、湘西土家族苗族自治州管辖。1949—1988年,慈利县属常德专区管辖。1988—1990年,大庸市成立,为地级行政区,辖永定、武陵源2区和慈利、桑植2县。1994年4月4日,大庸市更名为张家界市,仍辖2区、2县。

## 株洲为何又称槠州

株洲位于湖南东北部,古称建宁,总面积11 262平方千米,总人口391万。南宋绍熙元年(1190年),正式定名为株洲,此后沿用至今。它是湖南第二大城市、综合实力第二强市;也是中国最重要的铁路枢纽之一,与郑州并称为"北郑南株"。

据说古代时,株洲这里槠树成林,植被茂盛,于是便有了槠州一名。南宋诗人范成大在《醴陵驿》一诗中写道:"绿水桥通县,门前柳已黄。人稀山木寿,土瘦水泉香。乍脱泥中滑,还嗟崾子长。槠州何日到?鼓枻上沧浪。"后来,槠州一词演变成了同音名株洲。另一种说法认为,株洲之名可能取自株田之株,因为株洲、株田相距数里,而株田在五代时就已比较著名。

早在远古时期,株洲地区就有人类生息繁衍。距今6000年前,这里已有大溪文化;距今4000多年前,出现了龙山文化。春秋战国时,属楚国黔中郡。公元前223年,秦灭楚,属秦国黔中郡。公元前202年,建长沙国,这里为长沙国领地。214年,三国东吴在此设建宁县,属长沙郡,这是株洲建县之始。当时,建宁县城商业发达,后一度毁于战火。据《水经注》记载:"建宁有新旧二城:旧城在槠州,吴所立;其新城则朱亭、淦田间有古城基地是也。"

隋文帝开皇九年(589年),废建宁县。唐高祖武德四年(621年),复设建宁县,属南云州。唐太宗贞观元年(627年),建宁并入湘潭。清顺治七年(1650年),江西商人在此修建宁码头,商业又得以发展。其中,木材、茶叶、稻米、肉、蛋、瓷器、鞭炮、夏布、土纸等贸易居湘潭集镇之首。清末民初,粤汉、株萍铁路修筑后,与湘江形成了水陆交通优势。

1949年8月3日,株洲解放,湘潭县株洲区人民政府于12

株洲风景

日成立。1951年5月，从湘潭县划出株洲成立专辖市，属长沙专署管辖。1953年6月，株洲升为省辖市，属湘潭专署管辖。"一五"计划期间（1953—1957年），株洲被列为全国重点建设的8个工业城市之一，相继建立了株洲硬质合金厂、株洲电厂、株洲洗煤厂、南方动力机械公司等重点项

株洲天元大桥

目，以及株洲冶炼厂、株洲化工厂、株洲电力机车厂、株洲车辆厂等20多个中央、省属企业。

1956年3月，株洲升为地级市，直属省委领导，成为湖南除省会长沙外的第一个地级市。1965年4月，设立县级株洲县，由市管辖。1983年5月，原属湘潭地区的醴陵县（市）、攸县、茶陵县、酃县（今炎陵县）划归株洲市。1992年，在市区湘江西岸设株洲国家级高新技术产业开发区。1997年，株洲市划为天元、芦淞、荷塘、石峰4区。

2008年12月22日，株洲云龙示范区、天易示范区被确定为"长株潭城市群"建设"两型社会"的五大示范区之二。2009年3月11日，株洲云龙示范区行使市级管理权限。截至目前，株洲市共辖天元、芦淞、荷塘、石峰、云龙5区，醴陵1县级市，株洲、攸、茶陵、炎陵4县。

##  衡阳之名有何来历

衡阳地处南岳衡山之南，因山南水北为"阳"，故名衡阳；又因"北雁南飞，至此歇翅停回"于回雁峰，故被雅称为雁城。衡阳总面积158平方千米，常住人口714万多（2010年）。它历来为中南重镇，也是区域性军事、工业、交通、商贸、科教中心城市，同时还是中国抗战纪念城、中国优秀旅游城市、国家承接产业转移示范区和全国加工贸易重点承接地等。

衡阳历史悠久，是湖湘文化发源地、湘军发祥地。早在五六千年前，这里的先民就已开始定居生活，并使用石器等原始工具，种植水稻、饲养猪牛等。三皇五帝时，祝融平定共工，封于楚地，成为楚人始祖，死后葬于衡山祝融峰。夏商周时，为衡湘国地。战国初，改称庞邑，为楚南重镇，有2500余年的建城史。

公元前202年（西汉高祖五年），始建酃县（今珠晖区酃湖乡）。西汉末年，

衡阳广场

酃县西部设钟武侯国。220年，孙吴在长沙郡东南设湘东郡，郡治在酃县；在长沙郡西部设衡阳郡，下辖蒸阳（今衡阳县）、重安（今衡南县）、湘南、湘西（今衡山、衡东、南岳区）、湘乡、益阳等县。衡阳之名始见于史，此后沿用至今。这是历史上最早出现的以衡阳命名的郡。

西晋时，设衡州，治所在衡阳。东晋、南北朝时，先后设湘东郡、衡阳王国、湘东王国，首府在衡阳。589年，隋朝改郡为州，湘东、衡阳2郡合并为衡州总管府，临蒸改为衡阳县。这是历史上首次出现以衡阳命名的县。757年，设衡州防御使，领衡、涪、岳、潭、郴、邵、永、道8州。764年，置湖南观察使，驻衡州。

五代十国时，马殷在湖南建楚国，衡阳为陪都，他死后葬在了衡阳县。宋时，属衡州衡阳郡。元时，改置衡州路总管府，并设湖南宣慰司，属湖广行省。1295年，在衡州设行枢密院。明时置衡州府，属湖广行省，下辖衡阳县、衡山县、耒阳县、常宁县、茶陵州、桂阳州。明朝中后期设雍王、桂王藩国，治所在衡阳。

清时置衡永郴道，驻衡州府，辖衡州府、永州府、郴州。1732年增领桂阳州，并更名为衡永郴桂道。1676年，吴三桂起兵造反后在衡阳称帝，定国号为周，国都衡阳称应天府。1852年，曾国藩、彭玉麟在衡阳创建湘军。1914年，改衡永郴桂道为衡阳道，治衡阳，道尹为俞寿璋，直辖湘南34县。1937年，湖南分为10个行政督察区，第二行政督察区专员公署驻衡阳，辖衡阳、衡山、常宁、耒阳、攸县、安仁、酃县、茶陵。

1942年1月1日，设衡阳市，属省辖，市长为朱玖莹。1943年，衡阳成为国民政府第二大工商业城市。1944年，衡阳保卫战爆发，全城被毁，仅剩三栋建筑。1949年10月8日，衡阳解放，设衡阳铁路局，辖河南、湖南、湖北、广东、广西、江西中南6省铁路。同年设衡阳专区，驻衡阳市，辖衡阳市及衡阳、衡山等8县。1950年，衡阳市改

衡阳火车站

为省辖。

1952年，衡阳专区撤销，设湘南行署，驻衡阳市，辖1市、26县。1983年7月，合并衡阳地区与衡阳市，实行市管县体制。衡阳市辖衡阳、衡南、衡山、衡东、祁东等7县，代管耒阳市、常宁市2县级市和江东、城北、城南、郊区、南岳5县。2001年，江东、城北、城南、郊区4区分别更名为珠晖、石鼓、雁峰、蒸湘县级区。

##  邵阳为何又称宝庆

邵阳市位于湖南省西南部，总面积20 829平方千米，常住人口707万（2010年）。全市辖3区、7县、1自治县，代管1县级市，市政府驻大祥区。这里的名特产有雪峰蜜橘、宝庆三辣（辣椒、黄姜、大蒜）、新宁脐橙等，名胜有崀山风景区、北塔、水府庙、昭阳侯国故城址、武冈法相岩等。因为南宋时，太子赵昀曾被封为邵州防御使，他做皇帝后定年号为宝庆（1225年），为了纪念潜龙之地，于是就把邵州升为宝庆府。所以，邵阳又称宝庆，前后沿袭了700余年。

早在新石器时代，邵阳地区便有先民生息繁衍。周时地属荆州，春秋战国时属楚。相传鲁哀公时（前494—前477年），楚族白公善在今市区西部地带筑城，人称白公城。秦时，分属长沙郡、黔中郡。西汉初，设昭陵县，县治在今市西区，属长沙国零陵郡，这是境内有建县制之始。

三国初属汉。吴宝鼎元年（266年），吴国置昭陵郡，辖昭陵、昭阳、夫夷、都梁、高平、新城6县；其后又相继建立都梁、夫夷、昭阳3个侯国。西晋太康元年（280年），武帝司马炎为避其父司马昭之讳，将昭陵郡改为邵陵郡，改昭陵县、昭阳县为邵陵县、邵阳县，并把郡治移至资江北岸的北塔湾，改隶湘州。邵阳之名始见于史，并沿用至今。

隋时废邵陵郡，单设邵阳1县。唐时设邵州，辖邵阳、武冈2县。宋崇宁五年（1106年），置武冈军。南宋时，邵州升为宝庆府。元时，设宝庆、武冈2路。明初设宝庆、武冈2府，后降武冈为州，所以宝庆辖武冈1州和邵阳、新化、城步、新宁4县。此后一直沿袭至民国初年。

1913年，废宝庆府，设宝庆

邵阳古城墙

邵阳风光

县,属湘江道;1922年,废道制,直隶于湖南省。1928年,复称邵阳县。1937年,属湖南省第六行政督察专员公署,衙署驻于邵阳,辖邵阳、武冈、城步、新化、新宁5县。1947年,增设隆回县,仍属第六督察区。

1949年新中国成立后,设邵阳专区,驻邵阳县,辖邵阳、新宁、城步、武冈、隆回、新化6县。1950年置邵阳市,邵阳专区辖1市、6县。1952年,邵阳专区辖1市、12县。

1953年,邵阳市改为省辖市,邵阳专区辖12县。1956年,邵阳专区辖11县、1自治县。1958年,邵阳市改由邵阳专署领导,邵阳专区辖1市、12县、1自治县;1965年辖1市、11县、1自治县。

1970年,邵阳专区改称邵阳地区,驻邵阳市,辖邵阳、冷水江2市及邵阳、新邵、涟源、双峰、邵东、新宁、武冈、绥宁、洞口、隆回、新化11县和城步苗族自治县。1977年,邵阳市改由省直辖,邵阳地区辖6县、1自治县。1980年,由邵阳地区代管的邵阳市改由省直辖。1983年,撤销邵阳地区,邵阳市辖邵阳、隆回、洞口、武冈、新宁、绥宁6县和麻步苗族自治县。截至目前,邵阳市辖双清区、大祥区、北塔区3区,邵东、新邵、邵阳、隆回、洞口、绥宁、新宁7县,城步苗族自治县1自治县,代管武冈市1县级市。

##  永州之名有何由来

永州,古称零陵,别称竹城,位于湖南省西南部,是"湖南省四大历史文化名城"(长沙、衡阳、岳阳、永州)之一。总面积22 441平方千米,常住人口518.02万,辖零陵、冷水滩2区,双牌、祁阳、东安、道、宁远、新田、蓝山、江永8县和江华瑶族自治县。

永州历史悠久、文化灿烂,是中国瑶族文化、楚文化的发祥地之一。早在新石器晚期,永州这里已有人类活动。距今约5000年前,今零陵境域属炎帝势力范围。据《史记·五帝本纪》记载:"(舜)南巡狩,崩于苍梧之野,葬于江南九嶷,是为零陵。"零陵自此得名,并沿用至今。夏以前的古地名,我国现有34个,零陵便是其中之一。据《零陵地区志》载,零陵是全国唯一出现最早并沿用至今的地市级行政区名称。

原始社会末期,今永州地区属三苗国地。夏、商、西周时,属荆州;春秋战国时，属楚国。秦始皇二十六年（前221年），设长沙郡，始置零陵县，治所在今全州县。西汉汉武帝元朔五年（前124年），长沙王刘发之子刘贤被封为泉陵侯，置县级

永州新城风光

泉陵侯国，治所在今永州市零陵区。汉武帝元鼎六年（前111年），始置零陵郡，隶荆州。

新莽王朝时，改零陵郡为九嶷郡，隶荆州。东汉光武帝建武元年（25年），复称零陵郡，并改泉陵侯国为泉陵县，郡治移至泉陵县，隶荆州。三国东吴时，仍为零陵郡，隶荆州。西晋永嘉元年（307年）改隶湘州；东晋安帝义熙十三年（417年）复隶于荆州；南朝梁天监十四年（515年）又改隶于湘州。

隋文帝开皇九年（589年），废零陵郡、永阳郡，设永州总管府，府治在泉陵县，后更名为零陵县，隶湘州。隋炀帝大业三年（607年），复称零陵郡，郡治零陵县。唐高祖武德四年（621年），废零陵郡，分设为永州、营州2州。永州得名于郡西南有"永山永水"，这里的"永山永水"是指现在的双牌县永江乡一带的山水。自此，永州之名始见于史，并沿用至今。武德五年（622年），营州改为南营州。

唐太宗贞观八年（634年），南营州改为道州；贞观十七年（643年），道州并入永州。唐肃宗上元二年（675年），复置道州。唐玄宗天宝元年（742年），永州改称永州零陵郡，道州改称道州江华郡。唐肃宗乾元元年（758年），复称永州、道州。唐代宗广德二年（764年），置湖南观察使，永州、道州属之。

五代后唐明宗天成二年（927年），属江南西道。宋太祖建隆元年（960年），属荆湖南路。元世祖至元十三年（1276年），改称永州路，属湖南道宣慰司。明洪武元年（1368年），改为永州府，府治零陵县（今永州市零陵区），属湖广行省。洪武九年（1376年），降道州府为道州，属永州府，属湖广承宣布政使司。

清顺治元年（1644年），湖广承宣布政使司分为湖广左承宣布政使司、湖广右承宣布政使司，永州府属湖广右承宣布政使司。康

永州火车站

熙三年(1664年),湖广右承宣布政使司改为湖南省,永州府属湖南省衡永郴桂道。1913年,道州改为道县。1914年,衡永郴桂道改称衡阳道,永州属之。1937年,永州各县属湖南省第九行政督察区,县治零陵。1940年,改属第七行政督察区。

　　1949年,永州专区正式成立,公署驻零陵县芝城镇,辖零陵、东安、祁阳、新田、宁远、江华、道、永明8县。1966年,零陵县驻地芝城镇改名为东风镇。1979年,东风镇改名永州镇。1982年,永州镇升为县级永州市。1995年,撤销县级永州市,设地级永州市。

 **郴州之名有何来历**

　　郴州市,别名福城,位于湖南省东南部,总面积1.94万平方千米,是国家级湘南承接产业转移示范区、中国温泉之乡,也是湖南对接粤港澳的"南大门"。

郴州全景图

　　郴州历史悠久,早在1万多年前,这里就有原始人类繁衍生息。秦时,置郴县,后置临武邑、鄙邑、耒县。这是郴州建县的开始,也是郴州之名的雏形。"郴"字则最早见于司马迁的《史记》,其中有"乃使使徙义帝长沙郴县"一句。作为篆书的"郴"字,由"林""邑"组合而成,意为"林中之城"。

　　西汉元鼎四年(前113年),郴县属桂阳郡辖地。新莽建国元年(9年),桂阳郡改为南平郡,郴县改为宣凤县。东汉建武十一年(35年),恢复郴县之名;永和元年(136年),分郴县地置汉宁县。三国吴建兴元年(252年),汉宁改为阳安;甘露元年(265年),置始兴郡,桂阳郡余6县。

　　晋太康元年(280年),阳安更名为晋宁;建兴三年(315年),分郴县地立平阳郡,领平阳县。桂阳郡开始一分为二;升平二年(358年),由晋宁县析置汝城县。南朝陈天嘉元年(560年),置卢阳郡,桂阳郡一分为三。隋开皇九年(589年),桂阳郡、平阳郡、卢阳郡3郡合为郴州。郴州之名始见于史,并沿用至今。

唐开元十三年(725年),分郴州北部一地置安陵县。开元二十三年(735年),改桂阳郡为郴州。天宝元年(742年)始称郴州桂阳郡。乾元元年(758年)移治于平阳县。元和十五年(820年)还治于郴县。后晋天福元年(936年),郴州改为敦州,郴县改为敦化。后汉乾祐三年(950年),复名郴州、郴县。

郴州市区风光

宋乾德元年(963年)设郴州军。嘉定四年(1211年),郴州军辖6县。元至元十三年(1276年),郴州军改为郴州路,郴县改为郴阳。明洪武元年(1368年),郴州路改为郴州府,辖7县。洪武九年(1376年),撤郴州府,设直隶州,并郴阳县入郴州,辖5县。清雍正十年(1732年),桂阳州改为直隶州,与郴州并列。

1912年,郴州直隶州改为郴县。1940年,辖郴、资兴、永兴等10县。新中国成立后的1949年,成立郴县专区;1950年更名为郴州专区,辖10县。1952年,郴州、零陵、衡阳3个专区合为湘南行政区。1954年,撤销湘南行政区,改设衡阳、郴县2专区,郴县专区辖14县。

1959年11月,设县级郴州市。1994年12月17日,撤销郴州地区,设地级郴州市。截至目前,全市辖北湖区、苏仙区2区、资兴市1县级市,桂阳、永兴、宜章、嘉禾、临武、汝城、安仁、桂东8县。

##  益阳之名有何来历

益阳位于湘北洞庭湖区域,总面积1.2万平方千米,自古为"鱼米之乡"。益阳因在益水之阳而得名,清人周树荣《益阳赋》云:"益水所经,水北曰阳,县以此名。"益阳之名,自出现便一直沿用至今,几千年来从没改过。

据文献记载,早在新石器时代,益阳地区就有先民繁衍生息。东周以前,区境属荆州管辖。战国时属楚国黔中郡。公元前221年,秦置长沙郡,下设益阳等9县。这是益阳建县的开始。此时的益阳县,包括今益阳市、冷水江市的全部,益阳、桃江、安化、新化各县等,范围广达1.8万平方千米。西汉时,郡县、封国两制并行,今益阳地区分属长沙国、武陵郡。

东汉时,废长沙国为郡,沿袭县制。三国时,属荆州,后属衡阳郡。当时,益阳城垣为东吴鲁肃屯兵于此时所建。280年,晋灭吴,全国分为20州,益阳属荆州。南朝宋时(420年),益阳属衡阳国。南朝齐时(479年)复名衡阳郡。隋时

分属潭州、岳州、朗州和澧州。

益阳奥林匹克公园

五代后梁时属潭州，后唐时属长沙府，后周时属潭州府。北宋太祖建隆元年（960年），属湖南路潭州长沙郡。元成宗元贞元年（1295年），升益阳县为益阳州，属潭州路。天历二年（1329年）改属天临路。明初，益阳州降为益阳县，属湖广布政使司长沙府。清时，属湖南省长宝道长沙郡。

1852年，洪秀全率太平军转战益阳，改益阳县为得胜县。这是益阳在历史上仅有的一次短暂性更名。1914年，长宝道改为湘江道，益阳属之。1922年废道，属省管辖。1938年属湖南省第一行政督察区。1940年，湖南省调整为10个行政督察区，益阳为第五行政督察区，公署驻益阳县城。这是益阳建立地区一级行政区的开始。

1949年8月，益阳专区成立，驻益阳县城关区，辖益阳、安化等6县。1950年9月，建益阳市，由益阳专署领导。1952年11月，撤销益阳专区，1953年4月改为省辖市。1962年12月，恢复益阳专区，驻益阳市桃花仑，辖益阳市和南、沅江等7县。1968年，益阳专区改称益阳地区。

1983年7月，全区辖益阳市和益阳、桃江、安化、南县、沅江4县。1994年3月，撤销益阳地区，设地级益阳市。全境辖赫山、资阳2区，沅江市1县级市，南县、桃江、安化3县，大通湖、北洲子、金盘、千山红、茶盘洲5个国营农场和大通湖渔场。截至2009年，市境辖资阳、赫山、大通湖区3区，沅江市1县级市，安化、南县、桃江3县和益阳国家高新技术产业开发区。

益阳市博物馆

# 老湖南的古迹

## "潇湘八景"指哪些地方

据北宋沈括《梦溪笔谈》载,"潇湘八景"原为宋人宋迪创作的8幅山水画,题目分别为《平沙落雁》《远浦帆归》《山市晴岚》《江天暮雪》《洞庭秋月》《潇湘夜雨》《烟寺晚钟》《渔村夕照》。2006年,湖南省旅游学会评选出了"新潇湘八景"3大类,即山水文化、人文景观和生态休闲类。

古代的"潇湘八景",即宋迪画作中的题名,分别如下。

**平沙落雁:** 指的是衡阳市回雁峰。该峰为"南岳七十二峰"之首,被誉为"南岳第一峰",而古人由于科技条件不发达,误认为雁到衡阳将不再南飞,故而命名曰"回雁峰"。清人毛会建诗云:"山到衡阳尽,峰回雁影稀。应怜归路远,不忍更南飞。"其时北方转冷,秋高气爽,雁阵南行时

橘子洲头毛泽东塑像

常在旷野平沙处栖宿,景致独具特色。

**远浦归帆:** 在湘阴县城江边,黄昏时分,暮色十分温馨。点点归帆唱着渔歌从江面缓缓驶来,等待的渔妇和青楼女子立于晚风、斜阳,美景之中透着一丝惆怅。

**山市晴岚:** 指的是湘潭、长沙交界处的昭山,北距衡山150余千米。若是晴天的话,山上紫气缭绕,岚烟袭人,云蒸霞蔚。一峰独立江边,秀美如刚出浴的仙子。

**江天暮雪:** 橘子洲自古为长沙名胜,每逢大雪纷飞之际,这里的景色很是迷人,特别是暮色中的雪光,清凉而悠闲。

**洞庭秋月:** 洞庭湖湖面八百里,碧水如镜,天空和湖面交相辉映,如果在有月亮的秋夜,可泛舟湖上,体会另一番情趣。

**潇湘夜雨:** 在永州境内,潇水、湘水汇合后称潇湘。夜雨落潇湘是古代文人抒怀寄情的著名景致。元人揭傒斯诗云:"岑岑湘江树,荒荒楚天路。稳系渡头船,莫教流下去。"

**烟寺晚钟:** 指衡山县的清凉寺。晚风轻抚,寺内钟声洪亮,也是一种美妙的体验。

**渔村夕照:** 指武陵桃花源。当渔村中的渔人打鱼归来时,夕阳正美,渔歌唱晚,其乐融融。

"新潇湘八景"分为以下3大类。

### (一)山水文化类

**张家仙界:** 包括袁家界、黄狮寨、金鞭溪、天子山、天门山、黄龙洞、宝峰湖。

**崀山丹霞:** 崀山,位于邵阳市。

**衡岳灵秀:** 位于衡阳市,包括南岳衡山、南岳大庙、蔡侯祠、曾国藩故居。

**巴陵胜状:** 位于岳阳市,包括岳阳楼、君山岛、屈子祠、张谷英村。

**紫鹊衔梅:** 位于娄底市,包括梅山龙宫、紫鹊界梯田。

崀山丹霞风景

**莽山碧海:** 莽山,位于郴州市。

**酉水画廊:** 位于湘西州和怀化市,包括红石林、猛洞河、五溪湖。

**壶瓶飞瀑:** 指壶瓶山,位于常德市。

### (二)人文景观类

**伟人故里:** 位于湘潭市和长

沙市,包括韶山毛泽东故居、花明楼刘少奇故居。

**炎陵觐祖**:指炎帝陵园,位于株洲市。

**边城栖凤**:指凤凰古城,位于湘西州。

**星沙访古**:位于长沙市,包括马王堆西汉王室墓陈列馆、岳麓山、岳麓书院、天心阁。

**九嶷文脉**:位于永州市,包括舜帝陵、浯溪碑林、江永女书园。

**五溪情韵**:位于怀化市,包括洪江古商城、溆水思蒙、通道侗民俗风情景观。

**龙回花瑶**:位于邵阳市,包括花瑶古寨、魏源故居。

**桃源寻梦**:位于常德市,包括桃花源、柳叶湖、常德诗墙。

### (三)生态休闲类

**湘流诗卷**:位于长沙市,包括长沙湘江风光带、橘子洲。

**东江击浪**:指资兴东江湖,位于郴州市。

**灰汤漱玉**:指灰汤电力温泉,位于长沙宁乡县。

**千龙乐水**:指长沙千龙湖,位于长沙望城区。

**苏仙涌泉**:位于郴州市,包括苏仙岭、天堂温泉。

**阳明映日**:指双牌阳明山公园,位于永州市。

**梓湖逸兴**:指益阳梓山湖健身休闲度假区,位于益阳市。

**水府醉月**:指湘乡水府庙旅游度假区,位于湘潭市。

## 衡山禹王碑之谜

"岣嵝山前神禹碑,字青石赤形朴奇。蝌蚪拳身薤叶披,鸾飘凤泊拿蛟螭。事严迹秘鬼莫窥,道人独上偶见之。我来咨嗟涕涟洏,千搜万索何处有?"此诗出自唐朝大文学家韩愈之手,所描述的对象正是禹王碑。

禹王碑,位于岳麓山云麓峰左侧的苍紫色石壁上,面东而立。因为最早发现于衡山岣嵝峰,故又称岣嵝碑。黄帝陵、炎帝陵和禹王碑,被文物保护界誉为"中华民族的三大瑰宝"。据传,石碑是大禹治水成功后亲自撰写并镌刻的。今人所见石碑,是宋人何致所摹刻的。

石碑镌刻在崖壁上,高1.7米,宽1.4米。碑上刻着奇特的古文字,字分9行,共77字。字形像蝌蚪,不同于甲

衡山禹王碑所在地

骨文、钟鼎文，也不同于籀文蝌蚪，总之，很难辨识。有人说是蝌蚪文，有人说是鸟篆，也有人说是道士们伪造的一种符箓（古文字专家郭沫若曾花三年时间解读，但仅识得其中三字）。碑文末行空处，有楷书"古帝禹刻"4字。1935年建石亭加以保护，亭侧是清欧阳正焕（1709—1760年）书写的"大观"石刻。现为湖南省重点文物保护单位。

关于禹王碑，最早的文字记录出现在晋人罗含的《湘中记》："岣嵝山有玉碟，禹按其文以治水，上有禹碑。"后来，南朝宋人徐灵期在《南岳记》中如此写道："云密峰有禹治水碑，皆蝌蚪文字。"这二人对石碑所在位置的描述，存在分歧。但至少可以推断出，西晋时期就已经有禹王碑的传闻了。

唐代大文豪韩愈在一首诗中"透漏"了禹王碑在岣嵝峰的信息，其诗曰："岣嵝山前神禹碑，字青石赤形朴奇。蝌蚪拳身薤叶披，鸾飘凤泊拿蛟螭。事严迹秘鬼莫窥，道人独上偶见之。我来咨嗟涕涟洏，千搜万索何处有？"

南宋史家张世南在《游宦纪闻》中详细地记述了这样的事实：南宋嘉定五年（1212年），何致过长沙，游历至南岳，始摹碑文，刻碑于岳麓山峰。

"明朝三大才子"之一的杨慎在《禹碑歌》一文中对禹王碑进行了释读，企图揭开其"身世之谜"——

承帝日咨，翼辅佐卿。洲诸与登，鸟兽之门。参身洪流，而明发尔兴。久旅忘家，宿岳麓庭。智营形折，心罔弗辰。往求平定，华岳泰衡。宗疏事裒，劳余神堙。郁塞昏徒。南渎愆亨。衣制食备，万国其宁，窜舞永奔。

杨慎可以说是破译禹王碑的第一人，由于时代的局限性，它的释文也存在着一些漏洞。仁者见仁，智者见智，不管杨慎的释文是否符合原碑的含义，一切还有赖于考古专家的进一步发掘。禹王碑是一块瑰宝，它的光芒永远闪耀在历史长河中。

历史上，大禹治水之时，"七年闻乐不听，三过家门不入"，早已成为千古美谈。禹王碑的碑文，记述和歌颂的正是大禹治水的丰功伟绩。关于这块石碑，流传着这样的故事。

据传，大禹的父亲鲧（黄帝的后代，姓姬，字熙。昌意之孙，颛顼之子）曾被尧选中治水。他治水时采用的是造堤绳坝的办法，在长达9年的艰辛努力后，非但没有解除水患，

衡山禹王碑碑文

反而使水患扩大。因为鲧治水不力,舜继位后,就把鲧杀于羽山(今山东郯城东北)。舜又根据四方部落推举,用鲧的儿子禹治水。

子承父业,大禹开始挑起了治水的重担。头7年,他也没有取得什么成效,但他没有放弃,一边与老百姓一起凿山挑土,一边寻找着治水良方。当他听说黄帝曾把一部以金简为页、青玉为字的治水宝书藏在了衡山后,就马不停蹄地赶到了衡山,开始寻找。由于治水心切,他就杀了一匹白马,祷告天地,接着便睡在山峰上一直不起。

破译禹王碑的第一人——杨慎

到了第七天晚上,他梦见一位自称是"苍水使者"的长胡子仙人,授予他金简玉书的藏密地图。醒来后,他按照梦中密图所示,果然找到了这部宝书。接着,他日夜钻研,精心求解,终于找到了开渠排水、疏通河道的好方法。于是,他开始率领百姓凿山开石、疏通河道,将洪水引入江河,最终汇进大海。大功告成后,禹就把金简玉书送回到原来的地方,仍用磐石压盖起来,并在岣嵝峰上刻了一块石碑。

后来,人们就把大禹杀白马进行祭祀的山峰叫做白马峰,把掘出宝书的山峰叫做金简峰,把那块石碑叫做禹王碑。这在东汉赵晔所著的《吴越春秋》一书里即有记载:"禹登衡山,梦苍水使者,投金简玉字之书,得治水之要,刻石山之高处。"

关于禹王碑的碑文,也有这样一个传奇故事。大禹将洪水治好后,当地的长沙百姓欢呼雀跃,对其感激万分,于是纷纷要求在岳麓山顶立碑,以此来纪念大禹的治水功绩。大禹十分谦虚,开始时不肯答应,但长沙先民执意为之,否则就不放他回北方。盛情难却,大禹只得答应百姓的请求,但同时提出了一个条件:碑文要刻得如天文一般奇古难认,百姓概不能相识。接着,长沙先民就指派最好的石匠,将大禹提供的77个字样,全部镌刻在岳麓山顶的石壁上。

此外,还有另一个美丽的传说。大禹治水几百年之后的某天早晨,一位老道士云游至岳麓山。当老道士发现石壁下有奇特的碑文后,就一个字一个字地仔细辨认了起来。从早晨一直到傍晚,老道士总共认出了76个字,开始兴奋不已。待他正要考证最后一个字时,突然感到脚下一股冰凉,好像浸在了水中一般。于是低头看了一下,果然发现自己正站在水中。等他回身一望,只见洪水正齐天而来。当时,他吓得面如菜色,瞬间就把所有考证出的碑文字样全忘记了。奇怪的是,洪水也随着他记忆的消失而一下子全退了。望着退去的洪水,老道士心有余悸,但又恍然大悟:碑文一定是天书,百姓不能辨识。下山后,老道士就通告全城说,禹王碑上所写的是天书,百姓不得相认,否则就会招致洪水。

当然,传说终归是传说,但"大禹治水"确实是历史事实,这在《国语》《韩非子》和《史记》等典籍中都有记载。

## 苗疆边城有何特色

苗疆边城,即湖南湘西的凤凰古城,它"西托云贵,东控辰沅,北制川鄂,南扼桂边",始建于清康熙四十三年(1704年),距今已有300多年的历史。凤凰古城曾被新西兰作家路易·艾黎誉为"中国最美丽的小城",现在是中国历史文化名城、首批中国旅游强县和国家AAAA级景区。古城融自然风景和人文特质为一体,是一颗名副其实的"湘西明珠"。

凤凰古城容貌依旧,现仍存东门、北门古城楼。城内既有古朴的青石板街道,江边也有独具特色的木结构吊脚楼,以及朝阳宫、万寿宫、天王庙、大成殿、杨家祠堂、古城博物馆、沈从文故居、熊希龄故居等建筑,古色古香气十足。

古城的中轴线为回龙阁古街,它连接起了无数小巷,沟通了全城。它分为新旧两个城区,老城依山傍水,沱江穿城而过,古老的城楼矗立在岸边。北门城楼本名碧辉门,以红砂条石砌成,同时具有军事防御功能和防洪功能。

虹桥,原名卧虹桥,是古城的标志性建筑之一,历史悠久。回龙阁古街则是一条纵横交错的青石板路,自古以来就是热闹的集市。古街两边的各种建筑飞檐斗拱,古意古韵甚浓,在街上的店铺中还可购买到琳琅满目的民族工艺品。

一般而言,一年四季都适合去湘西旅游,但最佳时间在7月或9月,因为这时能赶上苗族的大型歌会(农历六月初六)或立秋节,届时可深刻体验到少数民族的特色活动。

凤凰自古以来就是苗族、土家族聚居区。早在春秋战国时,凤凰为"五溪苗蛮之地",属楚国。秦时属黔中郡。汉时为辰阳县地,属武陵郡。两晋时分别为镡城县和舞阳县地,属武陵郡。隋时为辰溪县

凤凰古城

地,属沅陵郡。

唐初先后属锦州、麻阳县。唐垂拱四年(688年),设渭阳县,属锦州卢阳郡。宋太宗太平兴国七年(982年),渭阳县改为招谕县。宋神宗熙宁八年(1075年),复置麻阳县。

元时设五寨司,明时承元制,设五寨长官司、竿子坪长官司,属保靖宣慰司。明隆庆三年(1569年),设凤凰营,其名来源于境内的凤凰山。清时置凤凰厅。1913年更名为凤凰县。1949年新中国成立后,属沅陵专区,1955年划归湘西州,直至今天。

##  黄丝桥古城为何被誉为全国仅有的袖珍古城

黄丝桥古城,古称渭阳城,位于凤凰县城西24千米处,始建于唐垂拱二年(686年),至今已有1300多年。1983年10月,黄丝桥古城被列为省级重点文物保护单位。黄丝桥古城里有一座御花园,据说为武则天当年下令所建。

古城是国内目前保存得最好的一座城堡,被国家旅游局领导誉为全国仅有的袖珍古城。古城坐西朝东,为青石结构,总面积2.9万平方米。城墙高5.6米、厚2.9米,周长686米,上面的走道宽2.4米,大小箭垛共300个。砌筑城墙时,曾以糯米稀饭、石灰拌和成砌浆灌缝,所以城墙非常坚固。

古城开有和育门、实成门和日光门3个城门,其上均建有10余米高的清式城楼。3个城

黄丝桥古长城

楼均为歇山式,飞檐翘角,上覆青瓦,下覆腰檐,蔚为壮观。城墙用料为石灰岩青光巨石,最大的重约1000千克,小的500余千克,不仅石面平整,工艺也很考究。

##  古黔城为何被誉为"楚南上游第一胜地"

黔城自古为楚南军镇,距今已有2200多年,是全国保存最完好的明清古城之一,享有"滇黔门户""湘西第一古镇"之美名。历史上,它曾先后作为镡城、舞阳、龙标、巫州、沅州、潭阳、叙州蛮、黔阳等治地,现为洪江市市治,因为此地

洪江黔城的芙蓉楼

有芙蓉楼而被誉为"楚南上游第一胜迹"。2003年，黔城被列为湖南省历史文化名城，并辟出了6大旅游功能区，即文化博物展示、南正街传统商业、西正街传统商业和传统居住、芙蓉楼滨水景观、沅水观光休闲、新街旅游服务。

古城位于盆地之中，四周被青山环抱，江水绕城而过，风景如诗如画，如同仙境一般。古城原有城楼5座，城墙周长2500米，现存城楼只有中正门，城墙也是1500米的遗基。城内为青石板街，且街巷布局有序；民宅鳞次栉比，且风格统一；再加上遗存的几百年前的商街、祠堂、寺庙、宅院、会馆、吊井、门坊等，足以令人发出思古之幽情。

黔城最著名的建筑，主要为以下几处。

**芙蓉楼**：建筑风格为江南园林式，占地面积1万余平方米，现为湖南省重点文物保护单位、国家AA级旅游景区。主楼矗立于舞水河畔，因诗闻名，即唐代大诗人王昌龄的《芙蓉楼送辛渐》："寒雨连江夜入吴，平明送客楚山孤。洛阳亲友如相问，一片冰心在玉壶。"

园林内不仅亭台楼阁建筑群落有致，包括送客亭、玉壶亭、三角亭、半月亭、耸翠楼、古碑廊、龙标胜迹门等，还有参天古树，以及历代名家书法碑刻和古城记事碑刻200余方，是研究该地区历史和文化的重要资料。

**赤峰塔**：位于小镇东北1000米的赤宝山上，始建于清代，传说当年是为了镇住沅水河中的妖怪青鱼精所建，历史上曾一度作为"镇河之宝"而被人们顶礼膜拜。它是古镇名胜之一，"古塔遗韵""雪中云梯"还被列入了"古镇八景"。

塔身全部由青砖垒砌而成；塔高28米，塔围29米，直径（内圆）4.6米，厚2米；风格为7层8角，塔层相接处用花纹角砖砌成，每层均有彩绘的小窗、漏窗。塔门开向沅江。塔内原有梯子，以青砖砌成，可旋转而上至塔顶。塔顶的八方翘角上，原有铜铃，声音清脆悦耳。可惜的是，旋梯和铜铃如今已不复存在。登临古塔便能真切体验到大自然的魅力，蓝天、白云、青山、

洪江黔城古城门

绿水、花草、树木等交相辉映,景色异常秀美。

**南正街**:是明清时期沅州府的所在地,距今历史已近700年,无疑为古镇历史的见证。中南正街布局为丁字形,街道窄而狭长,街面以青石板铺就,古民居密集地排列于街道两侧。这里古色古香,流淌的尽是古韵,至今仍遗存有祠堂、卷棚、青石板、窨子屋、马头墙、铜钱漏、旧八字衙门门楼等古建筑。其中,窨子屋幽深曲远,为青砖封火墙形式,院中有院、门中有门。

## 洪江古商城为何自古就有"小南京"之称

洪江古商城位于怀化洪江市,起源于春秋,成形于盛唐,鼎盛于明清,文化内涵极为丰富。明末清初之际,这里以木材、鸦片、白蜡等而闻名,成为湘、黔、蜀、滇、桂5省区的商品集散地,因而自古被誉为"小南京""湘西明珠""西南大都会",堪称中国资本主义萌芽的"活化石"。据世界遗产专家组专家邓薇分析,"(洪江古商城)与明末苏州、杭州等织布业发达地区出现的资本主义萌芽是一样的原因""和洪江古商城一样,长江流域的宜宾、武汉、重庆、上海也是这样发展起来的,但它们的古建筑现在保存得没有如此集中和完整"。古建筑学家罗哲文也说:"洪江古商城是中国近代商业发展的一个标本。它的辐射面之大,建筑群保存之完好,在中国十分罕见,在世界商业史和建筑史上,也有一定的地位。"

古商城至今仍保存完好的明清古建筑共有380多栋,总面积约20万平方米,包括窨子屋、寺院、镖局、钱庄、商号、店铺、客栈、洋行、作坊、报社、青楼、烟馆等。其中,窨子屋大多建于明末清初,为斗拱造型,飞檐翘角,青瓦灰墙。古窨屋建筑群错落有致,按井字排列成"七冲、八巷、九条街"。巷内有青石板路和蜿蜒的码头,随处可见清朝、民国时的门匾、门联、石雕、石刻、题字等,以及风格各异的48个太平缸。有专家赞叹说,这不失为大西南最早、最大、最完整的古商城。

古商城的主要景点有以下几处。

**厘金局**:厘金也称"厘捐""厘金税",厘金局始建于清咸丰五年(1855年),是政府为了对从国内水陆要道中通过的货物征收捐税而设立的关卡。这是一栋木质穿斗式建筑,单进3开间,占地

洪江黔城节孝坊

洪江黔城节孝祠

面积约330平方米,建筑面积620平方米。现在,它是全国重点文物保护单位。

**绍兴班**:位于余家冲康乐门,始建于清咸丰十年(1860年),是清代"堂班"(高级妓院)之一,现为国家重点文物保护单位。建筑形式为3进3层,风格具有鲜明的行业特征:层楼走道是封闭的,具有较强的隐蔽性,且每层都单开了一条叫做"暗道"的出入道口和楼梯。从装饰来看,绍兴班楼不仅用料讲究,还且富丽堂皇。

当时,这里的妓女多为才貌俱佳的高级艺妓,其中尤以"琴、棋、诗、画"四大名妓而知名,主顾多为豪商巨贾和达官贵人。现在,这里被辟为中国青楼历史文化展室,并且每天都举办小型的古代文艺表演活动。

**汛把总署**:是清朝的基层军事组织机构,属绿营军制,始建于清雍正六年(1728年)。其主要职责为镇戍地方,并作为地方政府的差役维护当地治安。汛防兵实行的是募兵制,一般招的是世家兵籍的后代,入伍后终生服役。所以,洪江当时的汛防员大多为当地人或附近的人。汛防兵主要配备冷兵器,也用火枪等其他武器。

清雍正年间(1723—1735年),政府为巩固统治,将全国划作11个军区,并按照区、省、镇、协、营、汛、塘依次向下分级,从区到塘的军事长官依次为总督、提督(巡抚)、总兵、副将、参将(或游击、都司、守备)、千总(或把总、外委千总、外委把总)、塘长。

**忠义镖局**:古商城最重要的景点之一。当时,洪江商人运输货物的途径主要有两种:一为乘船走水路,一为人力挑运走旱路。其中,旱路主要有两条:一是经镇远到贵阳、昆明和缅甸、印度等地,一是经洞口到宝庆、长沙、汉口等地。为了运输安全,商家们通常都自发组成货帮、烟帮结队而行,少则上百担多则上千担。但是因为匪患众多,他们有时又不得不请镖局押镖护送,忠义镖局就是当时最著名的镖局之一。押镖时阵势庞大,队伍清早从城里出发,下午才能走出城外。

##  岳阳楼建造者之谜

岳阳楼位于湖南省岳阳市的西门城头。它依偎在洞庭湖畔,自古就享有"洞庭天下水,岳阳天下楼"的美誉。它与湖北武汉的黄鹤楼、江西南昌的滕王阁、山东蓬莱的蓬莱阁并称为"中国四大名楼",并与前三者合称为"江南三大名楼"。现在的岳阳楼沿袭的是清光绪六年(1880年)时的建制。1988年,岳阳楼被国务院确定为全国重点文物保护单位、国家重点风景名胜保护区;2001年,被核准为首批国家AAAA级旅游景区;2011年,岳阳楼的君山岛被确立为国家AAAAA级景点。

岳阳楼

相传,岳阳楼为三国时的东吴所建。东汉末年,孙权命令手下大将鲁肃镇守巴丘,操练水军。在洞庭湖与长江连接的险要地段,鲁肃建成了一座巴丘古城。建安二十年(215年),他又在巴陵山上修筑了阅军楼,目的是为了训练和指挥水师。阅军楼临岸而立,如果登临而上,洞庭全景可尽收眼底,气势蔚为壮观。这座阅军楼就是岳阳楼的前身。两晋和南北朝时,阅军楼被称为"巴陵城楼",唐朝时期才开始称岳阳楼。

在1700余年的历史长河中,岳阳楼屡修屡毁又屡毁屡修。

北宋庆历四年(1044年),滕子京被贬至岳州(今洞庭湖一带)任知州。当时,岳阳楼已坍塌。第二年,滕子京动员广大民众重建了岳阳楼。这件事在滕子京的朋友,即文学家、改革家范仲淹所写的《岳阳楼记》中有所记载。这篇脍炙人口、千古传诵的佳作,更使岳阳楼名扬四海,尤其是其中一句代表中国古代文人士大夫忧国忧民精神的名言,被不知多少人引用了多少次:"先天下之忧而忧,后天下之乐而乐。"

明崇祯十一年(1638年),滕子京重修的岳阳楼在战火中毁于一旦。翌年重修。清朝曾多次进行修缮。光绪六年,知府张德容对岳阳楼进行了一次大规模的整修,将楼址内迁了6丈多(约2米)。新中国成立后,政府多次拨款对岳阳楼进行了维修,重建了三醉亭、仙梅亭等古迹,还修建了怀甫亭、碑廊。

关于岳阳楼建造者之谜,还有一个美丽的传说。

唐开元四年(716年),张说(667—730年,文学家、政治家)被贬岳州。当时,他决定张榜招聘能工巧匠,在鲁肃阅兵台旧址修造一座"天下名楼"。于是,有一位名叫李鲁班的潭州青年木工应聘而来,被张说选中设计图纸。可是,谁知李鲁班摆弄了一个月时间后,设计出来的图纸只是一座过路小亭。张说很不满意,于是限李鲁班在七天之内一定要拿出楼阁图纸,并且要与洞庭湖相得益

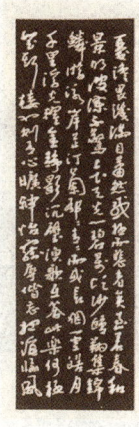 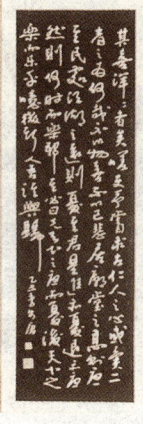  

范仲淹的《岳阳楼记》

彰、气派十足。

正当李鲁班一筹莫展之时，一位白发老人走了过来。老人问明缘由后，便把他的包袱打开，指着编有号码的木头，对李鲁班说："这些小玩意儿，你若喜欢，不妨拿去摆弄摆弄，或许会摆出一些名堂来。若是还差点什么，就到连升客栈来找我。"

李鲁班接过小木头，独自研究起来。他摆了又撤，撤了又摆，果然构思成了一座十分雄壮的楼型。听了李鲁班的传奇故事和他最终设计的图纸，大家十分高兴，都说这是祖师爷显灵，要向白发长者道谢。人们后来找到白发老翁，向他打听情况，他说自己是鲁班的徒弟，姓卢。接着，他在洞庭湖边留下了写有"鲁班尺"3字的木尺，一阵风后就消失不见了。工地上正在造楼的人群看到这一情景，便纷纷跪下，朝老者离去的方向叩头不止。不久之后，一座气势恢弘的新楼拔地而起，像一位将军耸立在洞庭湖畔。

## 岳阳楼为何会有真假两组《岳阳楼记》雕屏

岳阳楼内共有3组雕屏，一、二楼各有1组《岳阳楼记》雕屏，落款署名皆为清乾隆年间的大书法家、刑部尚书张照（1736—1796年），一般认为一楼的为赝品、二楼的为真迹；三楼毛泽东手书的杜甫《登岳阳楼》雕屏。其中关于2组《岳阳楼记》雕屏的真假，人们历来众说纷纭，莫衷一是。

《岳阳楼记》雕屏作为一件珍贵文物，流传着许多有关它的故事，如民间传说《真假雕屏》《雕屏被盗记》等，小说《巴陵大盗》，其中电影《巴陵窃贼》当年上映时曾轰动一时。但是，关于雕屏的来源，一直以来就有两种说法。

第一种说法认为，雕屏是张照途经岳阳时书写的。清乾隆八年（1743年），岳州知府黄凝道重修岳阳楼后，想效仿北宋当年的滕子京盛事，一直在琢磨请著名书法家书写《岳阳楼记》，而当他得知钦差大臣张照押运粮草时会经过岳阳，故而早就在湖边迎候了。

黄凝道请了张照入宴。席间在喝酒乘兴之际，他便请张照赐《岳阳楼记》墨宝一副，可是张照以行程紧迫为由推辞掉了。突然，洞庭湖上狂风大作，致使船只无法起航,张照不得不留宿于此。

晚上,黄凝道来到张照所住的馆驿拜见,并对他说:"岳阳楼自北宋以来无名家墨迹,确实是一大憾事,望大人赐墨宝。"张照禁不住黄凝道的软磨硬泡,于是挥毫书就了《岳阳楼记》条屏一副。第二天,黄凝道立刻命人用紫檀木刻成12块雕屏,嵌入了岳阳楼内。

《岳阳楼记》雕屏

第二种说法认为,雕屏是黄凝道上书张照书写的。据《岳阳楼志》云:"乾隆七年(1742年),黄凝道新任岳州知府。次年,在前任知府修葺的基础上,对岳阳楼进行过小规模的修葺,并遣使去京请大书法家、刑部尚书张照书写范仲淹的《岳阳楼记》,每字五寸见方,刻于十二块紫檀木匾上,即'《岳阳楼记》雕屏',成为后世珍贵文物。"

后来,《岳阳楼记》雕屏被盗。据民间传说是这样的:道光四年(1824年),新任巴陵的吴知府,在看到《岳阳楼记》雕屏后便起了盗窃之心。其间,他几乎每天都要到岳阳楼上临摹雕屏,可足足临摹了3年,还是相差甚远。接着,他的妻子孙氏出主意说:应当找个写字好的书生来临摹,就说你喜欢这块雕屏上的书法,想收藏一副范本。

再后来,吴知府果真找来一个何秀才,让他整整临摹《岳阳楼记》雕屏一年。当何秀才终于写得有些像的时候,吴知府就迫不及待地仿制了一副雕屏,而将真迹偷梁换柱。之后,他便称病还乡。没想到的是,当吴知府一家的船行至青草湖(也称巴丘湖,与洞庭湖相连)时,天色突变,湖面上狂风大作,最终落了个全家葬身鱼腹的下场。

第二天,青草湖风平浪静,一位老渔翁和他的儿子们在湖上发现了9块雕屏,便将其打捞了上来。后来,渔翁让自己的儿子复制了遗失的3块雕屏,并对"此乐何极"中受损的"乐"字进行了修补。最后,这12块雕屏重新回到了岳阳楼。

然而,雕屏后来又几遭劫难。1919年,岳阳楼驻楼军官一见张照墨迹,便起歹心,但在偷运时并未得逞。1933年,时为岳阳县参

宋代岳阳楼模型

议院秘书长的李蕙淞,也在偷运雕屏时被发现,最终未得手。1966年,"文革"时雕屏又险些与名楼一起惨遭毁坏。如今,真假两组《岳阳楼记》雕屏均嵌于岳阳楼内,见证着风雨沧桑。

## 走马楼吴简的出土有何重大价值

走马楼位于长沙市,据考证,此楼所在地曾是明朝的吉藩府故地。1996年7月到11月,长沙市文物工作队在此进行了发掘,共计发掘出60余口古井,以及3000余件各类文物,如铜、铁、木、竹、陶瓷等。其中,在编号为22号的古井里,还出土了一大批简牍,因其都是三国孙吴的纪年简牍,故被称为吴简。

走马楼吴简共有17万余片,大大超过了中国各地出土简牍数量的总和;字数达200万,超过了《吴书》《三国志》的总字数。吴简被认为是20世纪继殷商甲骨文、敦煌石窟吐蕃文书和西北屯戍汉简发现之后,我国文献档案方面的又一重要发现,其重大的文献价值体现为"填补缺失,数量惊人",并因此而被列入了"1996年中国十大考古新发现""中国二十世纪一百项考古大发现"。

众所周知,我国不仅十分缺乏三国尤其是孙吴的历史文献资料,而且考古发现的文字资料也很少。三国中,孙吴立国时间最长,有59年,魏国和蜀国分别为46年、44年。但是《三国志》中,《魏书》有30卷,《吴书》才20卷。况且,《三国志》里没有《表》和《志》,致使研究吴国的制度时缺乏足够史料。所以,吴简的发现,其意义也就不言而喻了。

走马楼吴简

走马楼22号井直径3.1~3.5米,井深512厘米处有一方形木构井圈,长、宽、高分别为93、90、58厘米,井圈四周各有一根木桩做井壁。文物堆积层厚5.6米,分为4层。第一层为褐色覆土,厚20—50厘米。第二层呈冢状堆积,厚度与第一层相同,存有简牍。第三层为黑灰土层,厚度大致与一、二层相同,含有大量竹屑、草藤、树叶、碎砖瓦和青瓷瓦片等。第四层为灰褐土层,厚310厘米,从其中出土了大量碗、碎砖瓦、完整青釉罐等。

根据以上发现可知,22号井并不是一般水井,而是仓井,是用来储藏粮食的,所以井底木构井圈的作用就是为了保持仓井的干燥。而从17万余片吴简的内容来看,大多数为田租合同等凭据。通过考古确认,简牍的总数为14万枚。

## 岳麓书院为何被誉为"千年学府"

岳麓书院位于长沙市岳麓山风景区,始建于宋太祖开宝九年(976年),距今已有1000余年,故被誉为"千年学府,弦歌不绝"。此外,岳麓书院与衡阳石鼓书院、江西白鹿洞书院和河南应天书院并称为"中国古代四大书院"。

清光绪二十九年(1903年),书院改制为湖南高等学堂,后又改为湖南高等师范学校、湖南工业专门学校,1926年正式定名为湖南大学。1988年,书院建筑群被列入第三批国家重点文物保护单位,现为国家AAAAA级风景名胜区。

现在,书院是湖南大学的人文社会科学、国学和湖湘文化研究基地,其中宋明理学、中国书院史、中国礼制史、湖湘文化史的研究水平在国内外都处于领先地位。此外,这里还建有中国书院博物馆等。

岳麓书院至今仍保存的古代建筑,主要有以下几处。

**大门:** 宋时称"中门",因江岸建有石坊,故又名"黉门",现存的是清同治七年(1868年)重建的。大门建于12级台阶之上,风格为南方将军门式,白墙青瓦,前立方形柱一对,整体显得威仪大方。书院匾额为大中祥符八年(1015年)宋真宗御书亲赐;大门两旁对联为"惟楚有材,于斯为盛",上、下联分别出自《左传》和《论语》。

**二门:** 进入大门后即至二门,宋元时为礼殿之门。明嘉靖元年(1522年),在院左扩建文庙时,改为二门。建筑形式为5间单檐悬山,门框原料为花岗石。匾额为"名山坛席"4字,撰者无考,因抗战期间被日本侵略者炸毁,于1984年进行了复制;两旁对联为"纳于大麓,藏之名山",上、下联分别出自《尚书》和《汉书》。

**讲堂:** 位于书院中心,始建时即有5间,是书院的教学重地和举行重大活动的场所。南宋乾道三年(1167年),理学家张栻、朱熹在此举行"会讲",开创了中国书院会讲的先河。匾额为"实事求是"4字并以此为校训,书写者为当时的湖南工专校长宾步程。

大厅中央悬有镏金木匾两块,一是"学达性天",原为康熙皇帝御赐,现存的是1983年重刻

长沙岳麓书院

长沙岳麓书院潇湘槐市

的;一是"道南正脉",为乾隆皇帝御赐,今存的为原物。讲堂壁上,嵌有许多碑刻文物,如"整齐严肃"碑、岳麓书院学规碑、读书法等10多方。讲堂屏壁正面则刻有《岳麓书院记》,是张栻为岳麓书院制定的培养人才的基本大纲。

**教学斋、半学斋**:讲堂两旁南北各有一斋,分别为教学斋、半学斋,是当时的师生居舍。书院始建时有52间斋舍,现存建筑为光绪二十九年改建的,教学斋和半学斋之名,分别出自《礼记》和《尚书》。

**御书楼**:创建之始为藏书楼,后宋真宗亲赐御书阁名,元明时也称尊经阁,是书院藏书的主要场所。清中期,御书楼藏书达14 130卷,现已逾5万册,大型工具书均有珍藏,如《四库全书》《四部丛刊》《古今图书集成》等。

**文庙**:位于书院左侧,包括门楼、照壁、大成门、大成殿、崇圣祠、明伦堂等建筑。文庙内塑有先师十哲像,七十二贤画。南宋时改称宣圣殿,明天启四年(1624年)重修后正式称文庙。

**濂溪祠、崇道祠**:濂溪祠专祀周敦颐,祠内有"超然会太极"匾额;崇道祠又称朱张祠,专祀朱熹和张栻。

**四箴亭**:专祀程颢、程颐"二程",亭内现存清刻程氏《视》《听》《言》《动》四箴碑。

**六君子堂**:用来祭祀6位对书院发展、建设有功的先儒,即朱洞、李允则、周式、刘珙、陈钢、杨茂元,祠内嵌有《改建六君子堂碑记》。

##  爱晚亭与杜牧有何渊源

爱晚亭,原名红叶亭,位于岳麓山风景区的清风峡中,始建于清乾隆五十七年(1792年),为当时的岳麓书院院长罗典创建。它与醉翁亭、湖心亭、陶然亭并称"中国四大名亭",现为省级文物保护单位。后来,湖广总督毕沅按唐代大诗人杜牧《山行》一诗中的"停车坐爱枫林晚"一句,将其更名为爱晚亭。

起初,关于爱晚亭由原名"红叶亭"更为今名,长期以来说是清初诗人袁牧改的。据说,袁牧当时拜访罗典时,因觉亭名"红叶"太俗,遂改作"爱晚"。而据资料记载,红叶亭的修建晚于袁牧访问岳麓山的时间8年,所以亭名不是袁牧所改,而是毕沅。

爱晚亭坐西向东,三面环山;风格为重檐8柱,琉璃碧瓦,亭角飞翘。亭中圆柱涂丹漆,外檐4石柱为花岗岩;匾额为红底镏金字,由时任湖南大学校长的李达按毛泽东手迹所制。亭前石柱所刻对联曰:"山径晚红舒,五百夭桃新种得;峡云深翠滴,一双驯鹤待笼来。"

长沙岳麓山爱晚亭

亭内还有毛泽东手书的《沁园春·长沙》碑刻诗句:"笔走龙蛇,雄浑自如,更使古亭流光溢彩。"亭中的方石上,刻有张南轩(张栻)、钱南园(钱沣)游山的七律诗,称"二南诗"。在我国的亭台建筑中,爱晚亭影响甚大,堪称经典之作。

亭前有池塘,桃树、柳树成林,尤其是四周的枫林,到了深秋时特别壮美。这里还曾是革命活动圣地,青年时代的毛泽东常与蔡和森、罗学瓒、张昆弟等人一起在爱晚亭聚会,畅谈时局和真理。抗日战争时期,亭子被毁,1952年重建,1987年大修。

##  中国瑶族的第一殿盘王殿有何建筑特色

盘王殿位于永州市江华县的平头岩公园内,占地面积14 007平方米,总建筑面积1300多平方米,被誉为"中国瑶族第一殿"。1995年11月20日,该殿对外开放。

盘王殿坐北朝南,依地势而建,长、宽、高分别为26.2、17.8、20.23米,建筑面积466.36平方米。它为混凝土仿古式建筑,整座建筑错落有致,红墙琉瓦,雕梁画栋,古色古香,具有浓郁的民族特色。主体建筑为中殿。正门上方悬有"盘王殿"3个金色大字匾额,厅内有"盘王始祖随身带,木本水源不可忘"题词,均为著名社会学家费孝通书写。

厅内塑有盘王坐像,高4.5米,形象和蔼可亲。两旁设有弩箭、神鼓。墙上还有4幅大型壁画,东为《盘王狩猎图》,西为《漂洋过海图》,北为《瑶族长鼓舞》《度曼尼》,它们反映了瑶族的历史和丰富多彩的文化。

盘王殿内的梁上还有许多彩绘,画面赏心悦目。彩绘内容丰富,题材来源于《千家洞》《南京十宝洞》这两个瑶族传说故事,以及瑶山的秀丽风光。彩绘

永州盘王殿

面积约为 1200 平方米,其中有苏式彩绘 346 幅,民族服饰 232 幅,瑶家山水 78 幅;图案也很多样,有龙 930 条、凤 608 只,以及花草、鸟兽等。

殿内厢房为吊脚楼建筑形式,内中陈列有瑶族历史文化的实物和照片,包括生产生活用具、文化活动、典祀、婚俗、军事等各个方面;此外还陈列有各级领导的题词。

盘王是瑶族人的始祖,盘王节(也叫还盘王愿、跳盘王)则是瑶族人民祭祀盘王的节日。关于盘王节的来历,人们说法不一,流传较广的说法如下。

远古时期,大地上有两座一样高的宝山。有一天,天空突然爆发一声惊雷,两座大山同时裂开一条缝,并且从中走出一个高大的男人和一个壮实的女人。男人和女人分别叫布洛西、密洛陀,后来结成了夫妻,被视为创造天地万物的第一对父母。

再后来,布洛西和密洛陀生了 3 个女儿。大女儿成了现在的汉族,二女儿成了现在的壮族,小女儿成了现在的瑶族。布洛西老了后,就把他的 3 个女儿都叫了回来,并对她们说,要在十月十六日那天给他过生日。就这样,瑶族人民有了盘王节,节期 3 天,从十五号到十七号。

## 长沙窑有何来历及特色

铜官窑遗址,也称长沙窑,位于长沙市望城县铜官镇,遗址面积 30 万平方米,是中国唐朝彩瓷的发源地,现为省级重点文物保护单位,是湖南省古遗址中唯一的文物保护单位。

铜官窑起源于初唐,盛行于中唐,鼎盛于晚唐,衰落于五代末年,包括铜官镇、石渚湖两个窑区。沿湘江东岸,从铜官镇至石渚湖一带,目前已发现的唐代烧窑遗址就有 19 处,面积最小的为 300 多平方米,最大的达万余平方米,堆积层厚度为 0.4~4 米。

铜官镇窑区残存有多处窑场,出土文物以碗为最多。石渚湖窑区占地 100 多万平方米,现存面积 20 多万平方米,有窑包 13 处。在这里,人们发掘出了不少珍贵文物,如唐元和三年(808 年)的纪年铭文、釉下彩绘画和题字诗文的瓷器。尤其在 1978 年的一次发掘中,共获得 2223 件遗物,款式、规格在 100 种以上，按器形可分为 44 类。

出土文物中，釉下彩绘、釉下彩饰有 413 件，所占比例很大。瓷器胎多灰白，瓷化程度高；釉色有青、黄、白等，主要是青瓷；纹饰丰富、美观、大方，包括人物、山水、花草、鸟兽等。实用器物、窑具、工具，以轮制为主。其中，当时的彩绘装饰技法是我国瓷器的首创，也就是用褐色、绿色斑点在青釉下组成几何图案，用笔在白釉、青黄釉下绘云彩和几何纹，以及其他装饰如模塑贴花、印花、刻花、堆花等。

铜官窑的产品造型丰富多彩，包括壶、瓶、灯、杯、盘、碗等用具，以及狮、猪、鸟、鱼、青蛙等玩具。明代以后，该窑开始生产大缸、酒瓮、广钵、茶壶等陶器日用品；新中国成立初期则主要生产绿釉、黄釉陶器，如水罐、壶等。成型方法采用印坯、拉坯法，并和印花一次完成。1966 年后，釉色新增了枣红、黑红等。1976 年创制了炻瓷成套餐、茶具，釉色有咖啡、谷黄、米白、紫金、浅蓝等，并饰有各种花边，以及丝网贴花、印花、釉下复色彩绘等。

长沙窑遗址出土的白釉红绿彩瓷壶

##  天心阁有何来历及特色

天心阁位于长沙市中心，始建于明代，建筑面积 846 平方米，是古城长沙的标志性建筑，被誉为"潇湘古阁，秦汉名城"。它原名天星阁，据说此名来源于当时盛行的星野之说，因对应天上的长沙星而得名，曾是古人观测星象和祭祀天神的地方。

天心阁的阁名，则最早见于明末俞仪的《天心阁眺望》一诗。清乾隆年间（1736—1795 年），天心阁得以重修，并按《尚书》中的"咸有一德，克享天心"一句正式为其命名。1938 年毁于大火，1983 年重建。

天心阁总高 17.5 米，共 3 层，为仿木结构，由 60 根木柱支撑、碧瓦飞檐、朱梁画栋，不仅造型别致，而且还古色古香。阁檐之下悬有两块匾额，南为"天心阁"，北为"楚天一览"。楼牌上共有对联两副，一为"气吞胡羯，勇卫山河"，一为"犯难而忘其死，所欲有甚于生"。登阁远眺的话，古城风景可尽收眼底。此外，阁楼与古城墙及其他建筑巧妙地融为一体，构成了有机和谐的图画。其中，古城墙始建于西汉，距今已有 2200 多年。

长沙天心阁

天心阁地势险要,历来为兵家必据之地。太平天国运动时,西王萧朝贵攻打长沙时就是先从天心阁开始进攻的。1905年,陈家鼎在湖南组织的同盟会秘密机关曾一度设于此。1930年,彭德怀率红军攻入长沙时,也曾在此向部队作过报告。

民间一直流传着一副关于天心阁的趣味对联:"水陆洲,洲系舟,舟动洲不动;天心阁,阁栖鸽,鸽飞阁不飞。"据说,此联的上联出自橘子洲水陆寺的一位老僧,下联出自明代茶陵籍大诗人李东阳。

## 白沙井为何被誉为"长沙第一泉"

白沙古井,简称白沙井,因泉水是从沙石中渗出后汇集成井故而得名。它位于长沙市城南白沙街,自古为江南名泉之一,被誉为"长沙第一泉"。据考证,古井始建于东周时期,最早只有一口泉眼,明末时分为二泉眼,后又增加二泉眼,现有四口泉眼。明清时期,白沙井边还有一座龙王庙,庙上对联曰:"常德德山山有德;长沙沙水水无沙。"井口由花岗石砌成,东侧立着"白沙古井"碑石。1964年,该井被列为长沙市文物保护单位。

白沙井水,也称沙水、长沙水,水质纯清、味道甘美,且不溢不竭,用泉水冲茶则芳香甘醇。古往今来,有很多文人墨客都曾对白沙井吟咏和赞美过。南朝宋文学家谢惠连称赞说,"饮湘美之醇酽";唐代"诗圣"杜甫吟诵道,"夜醉长沙酒,晓行湘水春"。清乾隆年间(1736—1795年),旷敏本、张九思曾分别作《白沙井记》《白沙泉记》,赞美道:"清香甘美,夏凉而冬温";"流而不盈,挹而不匮"。毛泽东也曾写出了"才饮长沙水,又食武昌鱼"的词句。

明清以来,长沙当地人世代饮用白沙井水,"竟日暮而不一息"。长沙著名的"白沙液"酒,

长沙白沙古井牌坊

就是用这里的井水酿制的。据清人黄本骥《湖南方物志》载："长沙之酒,自古有名。"清末后,以挑卖沙水为生的人多居于井旁,渐渐地,这里就形成了白沙街。现在,已于白沙古井旁建成了白沙公园。

由上来看,白沙井不仅年代悠久,而且水质优良,所以自古就享有"长沙第一泉"的美名。此外,关于白沙井,还有这样一个传说故事。

长沙白沙古井雪景

很久以前,当地无山无井,人们平时饮用的水来自一口水塘。后来,一条黑龙飞到水塘中,并成天在里面瞎搅和,导致人、畜喝了水后常常闹病。某天早晨,一位老农路过水塘时,看见边上躺着一只丹顶鹤,并且双眼紧闭。老农心想,鹤一定是喝了塘里的水之后中毒了。他连忙把鹤抱回家中,并熬了草药,给它喂食。没想到的是,白鹤果然醒了过来。为表达谢意,丹顶鹤向老农点了点头,然后飞走了。

过了几天,这里开了一家小面铺,主人是一位名叫白沙的漂亮姑娘。住在水塘里的黑龙得知后,变成一个黑汉子来到小面铺里。当时,黑汉子假装着喝醉了酒,一心想调戏白沙姑娘,可白沙姑娘微笑着招呼他坐了下来,并给他端来一碗面条。那黑汉子什么都没想,就美滋滋地往肚子里吞。

正在此时,白沙姑娘拿起了掸尘在黑汉子的面碗前只轻轻一扬,那些面条顿时就变成了一串铁链,并牵住了黑汉子的肠肚。黑龙这才知道上当了,当即大吼一声,现出原形后飞了出来。刹那间,只见飞沙走石,昏天暗地。当黑龙盘蜷挣扎之际,一只丹顶鹤腾空而起,而后一座小山从天而降,正好压住了龙身。白鹤从空中落下后,立刻勒令黑龙不断地吐出清水。

乡亲们见此情景,十分诧异,并急忙去找丹顶鹤和白沙姑娘。但是找了半天也没有找到,只见此地刚出现的那座小山脚下,涌出了一口水井。这口井的井水又甜又凉,后来被人们称作白沙井。

##  长沙定王台为何又称"望母台"

定王台,位于长沙市芙蓉区,为西汉时的长沙定王刘发(？—公元前129年)所筑,距今已有2000多年的历史。

刘发为汉景帝与唐姬之子。唐姬原为程姬的侍女,出身十分低微。有一

定王台旧址上的湖南图书馆

次,景帝召幸程姬,恰巧程姬有月事,她于是就把自己的侍女唐儿装扮后,命其进侍景帝。景帝因醉酒而不知情,以为唐儿是程姬,就与其同床。后来,唐儿怀有身孕,景帝发觉后就将其封为唐姬,其子出生后,取名为刘发。

汉景帝前元二年(前155年),刘发受封为长沙王。当时,长沙人烟稀少,被视为"南蛮之地""卑湿贫国"。自从被封为长沙王后,刘发每年都要挑选上好大米命人运至长安,以此来孝敬母亲唐姬,而后再将长安的泥土带回京都长沙筑台。年复一年,从长安运回的泥土渐渐垒砌成了一座高台(刘发死后谥长沙定王,故此台名定王台)。这样一来,刘发每当思念母亲之时便可登台北望。因此,定王台又被后人称为"望母台"。

汉景帝后元二年(前142年),适逢景帝寿辰之际,诸王进京(长安)祝寿。当时,王子们向景帝献歌舞,场面甚是隆重,但刘发只是轻微地张袖、举手,致使王宫里的众侍臣均笑其笨拙。景帝看在眼里,于是问其缘由,刘发答道:"臣国小地狭,不足回旋。"于是,景帝又将武陵、零陵、桂阳之地增封给了他。此后,长沙王刘发的封地已涵盖今湖南全境了。

据传说,刘发将程姬、唐姬二人都当做自己的母亲。但是,程姬、唐姬是葬在长安还是长沙,人们自古以来就争论不休。据《太平寰宇记》记载:"双女墓即汉长沙王葬程、唐姬之冢,坟高七丈,在长沙县侧。"不过双女墓历来无人指定,更无人考证。若说葬在长沙附近,刘发就不会筑台北望,以此来寄托思亲之感。刘发做长沙王长达27年,政绩不为一般人知,但他的六世孙刘秀开了东汉基业,却是人尽皆知的历史大事件。

古往今来,定王台成为历朝文人墨客到长沙后抒情览胜的必去之地,甚至有人以定王城之名代称长沙城。可惜的是,定王台后来废弃了,只存遗址,称定王冈。其后冈前又建了定王庙,宋代时也废弃了,又于此建长沙学宫。元初,学宫迁走,在废址上又建廉访司衙门。明

长沙王刘发的六世孙:光武帝刘秀

时,定王台一片荒凄景象。清嘉庆十九年(1814 年),湘潭人周廷茂重修此台,使其重新恢复了生机。

此后,定王台日渐荒芜。光绪五年(1879 年),道台夏献云对此台进行了修复,并在此建了一所大楼房,楼上刻着石联一副:"炙汉太宗长沙清庙,带江千里瞰郭万家。"清末,在此设湖南图书馆,馆藏古书颇多,是中国最早的公共图书馆。1912 年,毛泽东曾在此自学半年多。1938 年,定王台及湖南图书馆毁于大火。1980 年在旧址上建了长沙市图书馆。

历代文人描写定王台的诗中,比较著名的有以下几首:

"寂寞番君后,光华帝子来。千年馀故国,万事祇空台。日月东西见,湖山表里开。从知爽鸠乐,莫作雍门哀。"(朱熹)

"黄叶纷飞弄早寒,楚山湘水隔长安。荒台蔓草凝清露,犹似思亲泪未干。"(朱有壬)

"城东百尺倚崔嵬,迢递长安载土归。一片夕阳春树绿,慈乌飞绕定王台。"(熊少牧)

##  药王街之名有何来历

药王街,位于长沙市天心区蔡锷中路,西至西牌楼,东至黄兴路。据清同治年间(1862—1874 年)的《善化县志》载,因为这里建有药王宫,故而得名。另据清刘献廷(1648—1695 年)《广阳杂记》记载:"药王宫后有竹圃小亭,幽寂可爱,集社诗联云:'身世双蓬,乾坤一草席。'"

关于"药王"这一名称,民间因风俗不同而众说纷纭,主要包括神农、扁鹊、华佗、张仲景、邱彤、孙思邈、"唐代三韦"(韦慈藏、韦善俊和韦古道)等人。而长沙药王街的"药王"来历,有两种说法,一说是张仲景,一说是孙思邈。

张仲景(约 150—154 年),东汉南阳郡涅阳县(今河南南阳一带)人,著名医学家,被后世尊称为"医圣"。张仲景的医学巨著为 16 卷的《伤寒杂病论》(又名《伤寒卒病论》),他在此书中确立了辨证论治原则,成为中医临床的基本原则。此外,《伤寒杂病论》在方剂学上也有巨大贡献,创造了大量有效方剂。

据说,张仲景曾做过长沙太守。一年夏天,湖南大面积流行瘟疫。张仲景为应对瘟疫,发

张仲景

孙思邈

明了"汗、吐、下、和、温、清、拉、补、消"9种治疗方法,在此治病救人,并治好了无数病人,也因而名声大振。后人为了纪念他,就将他曾住过的府邸所在地称为"药王街"。

孙思邈(约581—682年),京兆华原(今陕西耀县)人,隋唐时著名医学家、道士,也是中国乃至世界上最伟大的医学家、药物学家之一,世称"孙真人",后世尊其为"药王""医神"。代表作品有《千金要方》《千金翼方》等。

孙思邈一生不愿做官,立志要为广大平民百姓舍药治病。据说,唐太宗深为孙思邈的高尚品德所感动,任他去往各地的名山大川采药,为各地百姓救死扶伤,任何人不得阻拦。相传,孙思邈晚年曾隐居于长沙。于是,这里就有了一条"药王街"。

## 宋代石头城南宋古城有何特色

湖南当地民间有一句名谚这样说道:"茶陵的城墙,安仁的城隍。"现在,"安仁的城隍"已不复存在,"茶陵的城墙"基本保存完好,并且是湖南唯一保存完好的宋代石头城。2001年,古城墙被列为省级文物保护单位,2004年被列入"湖南百景"之中。

茶陵古城墙,也称"南宋古城",位于株洲市茶陵县,始建于南宋理宗绍定五年(1232年),是中国古代军事防御建筑的典范。明清时期,古城墙先后修复过数十次,其中以明洪武二十二年(1389年)和清乾隆二十九年(1764年)的两次修补规模最大。

南宋绍定五年,湘南爆发农民起义。在义军逼近茶陵之际,湖南安抚使余嵘和茶陵县令刘子迈商议后,决定筑城以作军事防御。在筑城前,刘子迈还请了多个风水先生,经过多次选址才确定了现址。城墙筑成后,依山傍水,固若金汤,且同时具备军事防御和防洪功能。

茶陵古城

后来，经过历朝历代的修补，城墙规模不断扩大，设施也逐渐完备。到了清代，城墙周长扩至353米多，高度增至6米，护城堤扩至723米多；拥有更楼22座，城门、城门楼各6座，角楼4座，景楼1座，垛堞1200多个。这样一来，楼亭相望、垛堞相连，显示出了十分恢弘的气势。

茶陵古城现存4段城墙，共计1536米；城门有2座，即迎湘门和迎薰门；其他保存基本完好建筑有马道、沿江护城堤、宋代镇堤铁犀等。登临古城，云阳山、洣水景色可尽收眼底，俨然一派独特的园林景致。明时，"明代三大才子"之一的解缙曾作《过茶陵》一诗描述这里的美景："清江一曲弄晴晖，树色山光绿染衣。正好垂纶寻酒伴，休官便买钓船归。"

进入古城紫微门，可看到一条长达500米的古街。古街两旁，至今仍分布着一些古代民居，包括南宋学宫、"四大学士祠"、青霞观、状元桥等遗迹，以及清代民居如油坊、酒肆、铁铺、棉花铺等。

##  土司故都老司城有何特色

老司城，本名福石城，位于湘西州永顺县灵溪镇司城村，东距县城19千米。土司时期，福石城是土司王朝818年统治的古都，因而该古城也被称为"司城""老司城"。五代后梁开平四年（910年），彭瑊被授为溪州刺史，溪州土司自此开始。作为溪州土司的故都，它后来历经五代、宋、元、明、清，世袭27代，土司王共计35位；其管辖范围最鼎盛时达到20个州，而且从未中断过。

南宋绍兴五年（1135年），福石城始建。明嘉靖三十四年（1555年），倭寇进犯东南沿海。为平息倭患，年仅19岁的永顺土司彭翼南赶赴沿海参战。后因其抵抗倭寇入侵有功，被赐三品服，并被封为昭毅将军等。据《明史》载，"自有倭寇以来，东南用兵未有逾此者，此其第一功云"，可见彭翼南在抗倭斗争中的显赫功勋。雍正初年，清廷对西南诸土司实行"改土归流"，永顺土司政权在延续了9个王朝后宣告结束。自此，老司城也逐渐荒芜了。

自唐宋以来，这里就逐渐保存下了众多古文化遗址，可以说文物遍布于地上地下，如千年祖师殿、彭氏宗祠、摆手堂、古墓葬、石坊、石碑等。所以，老司城被认为是土家族的"露天博物馆"，也是人们旅游观光的胜地。张忠培

湘西土司城民居

永顺老司城

（原北京故宫博物院院长）和罗哲文（古长城专家）将其誉为"西南少数民族地区保存最为完整的军事性城堡"和"全国保存完好的西南古堡式民族文化古城"。

相传，老司城分为内罗城和外罗城两部分，里面有八街十巷纵横交错，商铺林立，人烟阜盛。据史书记载，"城内三千户，城外八百家"，"五溪之巨镇，万里之边城"。清人彭施铎在其《竹枝词》中赞道："福石城中锦作窝，土王宫畔水生波，红灯万点人千叠，一片缠绵摆手歌。"2001年，古城被列为全国重点文物保护单位；2010年，被列入"第一批国家考古遗址公园名单和立项名单"。

老司城的留存遗址很多，目前已发现的核心区域有20余平方千米，主要景观有祖师殿、彭氏宗祠、翼南牌坊、土司地宫、土司古墓群、土司德政碑等。

**祖师殿**：正殿5间，共4进，建筑形式为重檐歇山顶，占地580多平方米，始建于后晋天福二年（937年），明时重建。正殿为全木材结构，屋顶由34根大柱支撑；上架木枋无斧凿痕迹；殿脊、殿檐覆陶砖陶瓦，上面有精致图案。殿中神龛上供着"祖师"神像。

**彭氏宗祠**：位于老司城中心，始建于明万历十九年（1591年），是第24代土司彭元锦任宣慰使时所建。里面供着历代土司的牌位（木雕像），造型栩栩如生，此外还藏有历代土司制定的"三纲五常"法谱。

祠堂门口设有石鼓一对，每只估计在2500千克以上，传说为古代的土家族英雄哈力嘎巴从距此地50多千米的五官坪提到这儿来的。祠堂前还有3棵古桂，据说栽植于土司时期。祠堂大门到正街，还有一条长200多米的官道，分4个平台、5段石阶梯、30余个石级，威严而气派。

**翼南牌坊**：位于老司城南面的雅草坪，上刻"子孙永享"4字，始建于明嘉靖年间（1522—1566年），是为了表彰彭翼南率兵抗倭立功而建的。

**土司德政碑**：位于老司城衙署遗址左侧，始建于清康熙五十二年（1713年），是永顺土官为宣慰使彭泓海歌功颂德而建。此碑由青石雕成，高2.74米。碑头刻有"甘棠遗爱"4字篆书，两侧对联曰："一片石铭恩德厚，千秋歌颂山河新。"

**土司古墓群**：位于老司城紫金山、雅草坪等地。其中以紫金山为最多，据考察共有土司王及贵族坟墓109座。明代的一些名土司如彭显英、彭翼南等人的坟墓,至今仍保存完好。

##  溪州铜柱为何被誉为"千古名胜"

溪州铜柱,本位于湘西州永顺县酉水河岸,1971年迁至境内的王村花果山上,现为全国重点文物保护单位。

溪州铜柱

铜柱为中空八面体,高4米,重2500千克,始建于北宋天禧元年(1017年),被誉为"千古名胜"。柱上刻楷书"复溪州钢柱记",是当时南楚王马希范、土司彭仕愁罢兵盟誓的条约,共计2000多字,对研究中国古代民族关系具有珍贵的史料价值。

唐末、五代时期,楚王马殷(852—930年)、马希范(899—947年)父子割据湖南。后来,楚王任土司彭瑊为溪州刺史,辖永顺、保靖等县。马希范继位后,彭仕愁袭任溪州刺史。

据《永顺县志》载,后晋天福四年(939年),溪州等地的少数民族起兵反抗楚王统治,彭仕愁也率兵出战。马希范迎战后,双方两败俱伤,最后罢兵言和。其后,马希范、彭仕愁镌刻盟约于钢柱上,以此来规定各自的辖地,并约定互不进犯等。

这就是溪州铜柱的由来。

##  常德铁经幢有何特色

铁经幢为古代佛教纪念性建筑物,原位于常德市国家级经济技术开发区——德山,1979年迁至市区的滨湖公园内,现在为国家重点文物保护单位。它呈圆锥塔形,底部直径90厘米,高4.33米,净重1520.8千克;石座为八方形,高1.42米;始建于北宋太祖建隆年间(960—962年)。

铁经幢幢身呈塔状,上小下大;共20层,各层之间由石灰黏

常德铁经幢

结；上刻佛名、佛经，以及释迦牟尼佛像、龙虎图案和云纹、波纹、莲花状、连珠纹等。一般而言，经幢都是凿石为柱的，但此幢用生铁铸成，并且为仿木结构，因而在我国现存的经幢中十分少见。它见证了我国古代的铸铁冶炼技术和工艺技术，也为研究佛教提供了实物资料。

铁经幢第一层刻着8尊金刚力士浮雕像。第二层上刻着莲花状纹饰，中铸10尊释迦牟尼像，下刻4龙4狮。第三到第五层，刻有阴文《般若波罗蜜多心经》全文，及捐钱者的姓名和官职。第五层上部有飞檐，为八面挑角风格。第六层中间铸有一圆拱门，窗户紧闭。第八、十一2层的上部有出檐，为八面攒尖形式。

## 南浦铁犀牛有何美丽传说

南浦铁犀牛，简称南浦铁犀，俗称茶陵铁牛，位于株洲市茶陵县城南的洣水河畔，是"茶陵八景"之一。南宋理宗绍定五年（1232年），"江水荡决南城"，时任茶陵知县的刘子迈遂"铸铁犀数千斤置岸侧压之"，距今已有近800年的历史。

茶陵铁牛高1.1米，长、宽分别为2.1、0.8米，重约3500千克。它用生铁分3次浇铸而成，造型栩栩如生，虽历数百年而不锈不斑。1953年重修铁犀卧座，"南浦铁犀"也被列为省文物保护单位；1993年重建犀亭。因此，茶陵也被称为"犀城"。

据《茶陵州志》记载，关于茶陵铁牛，还流传着这样一个民间传说。古时候，洣水里因为有一条河妖作怪，致使洣水常常泛滥，并淹没南城。一天晚上，知县刘子迈在梦中见到了奇怪的一幕：一头神犀冲入了洣水，与河妖发生争斗并将其打败，顷刻之间洪水就退去了。刘县令醒来后，从梦中得到了启示，于是下令铸造铁犀，以此来治水。此后，据说洣水再也没有发过洪水。

此外，茶陵铁牛还有"三奇"。

茶陵铁犀牛

**一奇：铁牛为独角牛。**一种观点认为，当时铸造铁犀的工匠没有见过犀牛，所以才把它铸成了独角牛。一种观点为民间传说，认为这与县令刘子迈有关。当时，洣水泛滥后导致洪水冲入城内，老百姓因此深受其害，县令也寝食不安。某晚，河神给刘县令托梦，嘱其用"万户针"铸犀牛置于江岸,这样就能镇住河妖,治好水患。此时恰逢刘子迈即将离任之际,所以前来送礼的人很多。但是,县令对礼品坚拒不收,并对送礼者说:"礼物请带回,要送就送缝衣针。"消息传出后,人们果然送来了很多针。接着,刘子迈请工匠以针铸犀,并将自家多年积蓄的银两捐出以为经费。工匠们有感于刘子迈的清正廉洁,于是铸成"独角牛",寓意为老百姓做好事的清官形象。

**二奇:洪水淹不过铁牛头。**铁犀昂头跪伏,是用来预报水位的,如果洪水淹过牛头的话,就意味着洪水要淹进城门了。此外,铁牛的颈脖下还有一个窟窿,据民间传说与铜牛有关。某次,河妖在洣水兴风作浪,铁牛与河妖拼斗一夜后打败了它。这时,铁牛肚子也饿了,于是就到河对岸的瑶里村去吃了几个萝卜。当吃完萝卜的铁牛发现铜牛在睡懒觉后,就狠狠地骂了它一顿。铜牛怀恨在心,便在瑶里颠倒是非,说河妖是它自己打败的,而铁牛不但不助战反而偷吃萝卜。瑶里人听后,便来到正在睡觉的铁牛面前,并气恼地用梭镖在它脖子上捅了一个大窟窿。铁牛得知事情原委后,就将铜牛打下了洣水河,让它被大水冲走。此后,铁牛更加警觉,从不睡觉。河妖见状,再不敢兴风作浪,洪水当然也就淹不过铁牛的头了。

**三奇:铁牛不锈不斑。**以前,铁牛的确不锈不斑,可是1982年建了铁犀亭后,铁牛底部出现了几点锈斑,人们百思不得其解。有人赋《铁牛诗》道:"铁牛生来在茶州,不知流落几千秋。狂风呼呼毛无动,细雨霏霏汗直流。青草遍地懒动口,金鞭任打不回头。牧童尽力牵不去,天地为栏夜不收。"铁牛具有钢铁品质,毛主席曾在称赞茶陵籍老红军时说:"茶陵的同志很勇敢,很会打仗,茶陵铁牛嘛!"

## 鬼崽岭阴兵之谜知多少

鬼崽岭位于永州市道县田广洞村,是一个神秘而略带阴森的小山岭。更为神秘的是,在该地还发现了大量的人物石雕群像,包括埋在地下的和露于地表的,目前考古发掘出来的数量足有上万尊,仅散落地表的石像就在5000尊以上。它被认为是我国继秦始皇兵马俑发现之后,国内石雕人物像作为随葬品形式的又一重大发现,但其庞大的数量已超过秦始皇兵马

鬼崽岭祭祀遗址

鬼崽岭石像

俑数量。有专家说,石像群数量大、工艺独特、时代久远、内涵丰富,堪称"世界奇迹"。

鬼崽岭石人像,被当地老百姓称为"鬼崽崽""阴兵"。该遗址在已发现人像石雕群体考古中,是迄今为止年代最久远的。就石像的制作时间而言,横跨了多个年代,其中史前时期的在5000年以前,比秦兵马俑早数千年;而秦汉魏晋时期的距今2000—5000年。而史前时期的石像,在全部地表石像中的比例在30%左右。此外,石刻中还有身着唐代服饰的人物造型。所以,该石雕群不仅数量庞大,并且年代也是国内最早的,堪称古代祭祀文化的大型集成。

石人身材不高,大都在30~100厘米。人物面像造型多为阳雕,而面部表情为阴刻。其中,一部分石人的五官和身形均清晰可辨,一部分已模糊了,一部分只能看出大概的轮廓。石雕群密密麻麻地散落于鬼崽岭,如此之多,也如此之神秘,它们究竟是怎么来的呢?为什么要被放置在这里呢?当地村民为何称其为"阴兵"呢?这一系列问题,构成了人们通常所说的"历史之谜"。

紧依陈家山的鬼崽岭,树林密布,郁郁葱葱,而高大的松树完全覆盖了这个小山岭,致使阳光直射不进来。附近的田广洞村,距今也有700多年,这里的人们世代都将裸露于地面的石人称为"鬼崽崽",并当做神灵一样拜奉。"鬼崽岭"也因此而得名。长期以来,当地人视这里为禁地,村里人来此祭奠,只有一种情况,那就是村里或家里遭遇了战乱或大灾难。

至于石人也叫做"阴兵",这是因为它们大都身披盔甲、手握利剑,完全是一副古代武士形象。据有的学者从石人的表面纹理推测,它们应该与舜帝的时代相吻合。此地距九嶷山舜帝陵35千米,加上民间传说和出土文物可断定,石雕人物作为随葬品,可能是为了祭祀舜帝。此外,它们还可能经历了夏、商、周几个朝代,最后逐渐形成了一种民俗。

鬼崽岭石人的制作工艺和造型也是十分独特而罕见的。石人散落面积达1.5万平方米,除武官、将军和普通士兵像以外,还有文官像和孕妇像等。这些种类繁多、造型夸张、寓意奇特的石雕群,共同营造了一种神秘的氛围。比如,孕妇像体现了古人的生殖崇拜,而骑象将军像似乎又符合远古时期有关楚粤战争的传说。此外,石像制作工艺粗犷,处理细部时并不十分讲究,所以会造成非常强烈的整体感、节奏感,给人带来巨大的震撼。

综上来看,关于鬼崽岭石雕群,世人议论纷纷,莫衷一是。有人认为,它堪与秦兵马俑相媲美;有人认为,它与舜帝有关,是祭祀之所;有人认为,它与江永女书文化有某种联系;有人认为,它是原始越族和瑶族的文化遗存,凡此种种,不一而足。不管怎么说,鬼崽岭阴兵至今仍是未解之谜,相信随着时间和科技的发展,人们总有一天会揭开它神秘的面纱。

##  怀甫亭因何而建

怀甫亭,位于岳阳市岳阳楼院内临湖的五坪台,占地 40 平方米,始建于 1962 年,是为了纪念我国唐朝伟大的诗人、被后世尊为"诗圣"的杜甫(712—770 年)诞辰 1250 周年而建的。此外,另一个重要契机是,杜甫当时被世界和平理事会推选为"世界文化名人"。所以,岳阳市就在杜甫晚年活动过的岳阳楼建了这座亭子,并取名为"怀甫亭"。

怀甫亭坐南朝北,为方形小亭,风格玲珑而典雅。沿"岳阳门"石级下去,到点将台后再往南行 100 米可到该亭。小亭高 7 米,由 4 根水泥大柱支撑,上部为木结构,翘首脊饰和藻井彩绘精美而鲜艳,四周以栏杆围之。

亭子北面檐下悬有"怀甫亭"3 字匾额,材质为樟木,字体苍劲而古朴,出自朱德大元帅之手。匾额西边的亭柱上还挂有一副对联,是 1979 年由我国著名诗人、书法家吴丈蜀撰写的。上联曰:"舟系洞庭,世上疮痍空有泪";下联曰:"魂归洛水,人间改换已无诗"。该联表达了作者对杜甫生平遭遇的同情,以及对他的无限怀念。亭中竖着一块石碑,正面刻有杜甫画像和他的《登岳阳楼》一诗,背面刻有他的主要生平事迹。

据载,杜甫晚年时曾乘舟从四川来到洞庭,在岳州流寓了一段时间。当时,他穷困潦倒,几乎一贫如洗,当他登上岳阳楼后,心中百感交集,于是写下了多首述怀之作。其中,尤以寥寥 40 字的五言律诗《登岳阳楼》最为感人肺腑,全诗如下:

昔闻洞庭水,今上岳阳楼。
吴楚东南坼,乾坤日夜浮。
亲朋无一字,老病有孤舟。
戎马关山北,凭轩涕泗流。

杜 甫

该诗现已成为千古绝唱,它不仅写出了洞庭湖和岳阳楼的雄壮景象,也表达了作者自己的苦痛经历和忧国忧民之情,读来撼人心魄。

## 湖南省立第一师范为何被誉为"千年学府,百年师范"

湖南省立第一师范学校,其前身曾先后称湖南师范馆、湖南全省师范学堂、中路师范学堂,始建于清光绪二十九年(1903 年)。它的旧址位于长沙市城南书院路妙高峰下,现为全国重点文物保护单位。因为城南书院建于南宋绍兴三十一年(1161 年),距今将近 1000 年,而湖南省立第一师范前身距今已有 100 多年,所以,它被誉为"千年学府,百年师范"。

学校坐东朝西,建筑风格为砖木结构,是仿照日本青山师范(今东芸大学)而建的。建筑群分为师范部、附属小学部两大部分,房屋形式有平房、二层楼房两种。各种建筑有机地结合在一起,且每栋之间都有走廊或亭楼相连接,完全是一套四合院落布局。

湖南省立第一师范

1911 年,湖南省立第一师范学校迁至"城南书院"旧址。1913—1918 年,毛泽东曾在该校第八班学习。大约同时,许多名人也曾在此学习或工作过,如何叔衡、徐特立、蔡和森、李维汉、任弼时、廖沫沙、周谷城、夏曦、萧三等。1938 年,该校建筑毁于一场大火。

1966—1968 年,学校复建,总占地面积约 6 万平方米,建筑面积 3.7 万平方米。此外,还对原来的第八班教室、君子亭、阅报室、工人夜校、附小主事室等 10 处纪念点,进行了复原陈列,并对外开放。

1983 年,在此专门辟出了毛泽东青年时期的革命活动陈列馆、校史陈列室,用来展出部分珍贵文物资料,如毛泽东当年所做的《讲堂录》笔记、《夜学日志》等照片,以及 1950 年为该校所写的"第一师范"题名和"要做人民的先生,先做人民的学生"题词。

## 新民学会旧址位于哪里

新民学会旧址位于长沙市新民路,最早建于清朝末年,是一座有 5 间小屋的农家院。旧址本是蔡和森故居,坐北朝南,占地约 175 平方米,里面分布着石径、香樟、菜畦等。1917 年,蔡和森为在长沙求学,便将全家迁往这里。当时,这里还很荒凉,因而房租也十分便宜,蔡和森与母亲葛健豪、姐姐蔡庆熙、妹妹蔡畅、外甥女刘昂一起居住于此。

长沙新民学会旧址

1918 年 4 月 14 日,求学于湖南省立第一师范的毛泽东、蔡和森、何叔衡等 13 人,在荣湾镇蔡和森家里开会,正式成立了新民学会。其中,"新民"二字,取义于"大学之道在新民……日日新,又日新"。

新民学会成立时,以"革新学术,砥砺品行,改良人心风俗"为宗旨,并规定会员要做到"五不":一不虚伪,二不懒惰,三不浪费,四不赌博,五不狎妓。当时,该学会有会员 20 余人,毛泽东在会上当选为干事。学会会员主要有两支,一支在国内,以湖南为主;一支在国外,以法国为主。

1919 年 5 月 4 日,五四运动爆发。其后,新民学会迅速组织和领导了湖南的反帝反封建斗争,在驱逐镇压运动的军阀张敬尧的过程中发挥了重要作用。1920 年,新民学会发展为湖南共产主义小组,并确定自己的方针为"改造中国与世界"。当时,会员也发展到了 70 多人,成为湖南革命斗争的核心组织。同时,它也是"五四"时期成立最早的以学生为主体的进步团体。

1938 年,旧址曾一度毁于战火。1983 年,旧址被列为省级文物保护单位。1985 年,邓小平和陈云分别为新民学会题写了"蔡和森故居"匾额和"新民学会成立会旧址"馆名。1986年,旧址按原貌复原复建,成为现遗址的基础。

复原后的旧址内,房屋为竹木结构形式,由木排架、竹织壁、小青瓦屋面组成。院墙为竹篱,屋外北面有槽门、水井,南面有菜地。整个旧址古朴而典雅,是典型的江南农舍。里面除了蔡和森及其家人的住房外,还有新民学会成立会会议房间,以及介绍学会史迹的辅助陈列室。

1993年,新民学会纪念馆的所在地被更名为新民路,其附近的小学、社区、生产队,也因此而冠以"新民"二字,成为新民小学、新民社区和新民生产队。2005年,新民学会纪念馆被全面维修,包括扩建陈列室,更新陈列展览,改善旧址环境等。自此,纪念馆集文物、旅游、休闲于一身,成为一处更加知名的自然、人文

新民学会发起人之一的蔡和森

景观。

新民学会旧址(蔡和森故居)现为省级文物保护单位。旧址内还有一张珍贵的照片,是毛泽东、毛泽民、毛泽覃及其母亲(文素勤,以前误称"文七妹")的合影,这也是文素勤生前留下的唯一一张照片。其来源如下:1919年,文素勤生病后,毛泽东将其接到长沙治疗,当时暂住于蔡和森家。其后,毛泽东的两个弟弟来长沙看望母亲,并在附近的照相馆留下了这张合影照。

## 长沙清水塘22号因何著名

清水塘22号是中共湘区委员会旧址,毛泽东当年正是通过在这里开展革命活动,才从一名教书匠成长为一位革命家的。这里也是毛泽东与妻儿杨开慧、毛岸英和毛岸青的家。

清水塘22号旧址是一座砖木结构建筑,2进3开间,具有典型的江南民居风格。堂屋左边的第一间屋子是客房,每次到湘区来汇报工作或参加会议的人都会在此休息或住宿,比如李立三、刘少奇等。左边的第二间屋子,曾是秘密会议室,毛泽东、何叔衡等人在这里多次策划、领导了工人运动。屋前有清水塘,毛泽东还曾写词描绘过它:"今朝霜重东门路,照横塘半天残月,凄清如许。"

1920年,毛泽东建立了长沙共产主义小组,成员包括毛泽东在内共有6人。1921年年初,清水塘这边还很荒凉,但环境也因此而十分僻静,非常有利于搞秘

密活动。当时,周围只有几间农舍和瓜棚,附近大多是菜地和稻田。现在,菜地变成了青草地,稻田早已消失无痕了。6月,毛泽东、何叔衡赴上海参加中共"一大"。10月10日,中共第一个省支部——中共湖南支部,在长沙成立。

同年秋天(农历十月),毛泽东按照中共的指示,到安源(属江西萍乡)领导工人运动。在这里,他与广大工人直接谈话,或者为他们开夜校讲课,以此来促使他们团结一致,开展罢工运动。当时,在安源路矿工人罢工运动中,毛泽东、李立三、刘少奇等人按照指示,制定策略和口号,领导17 000余名工人作斗争。他们高呼"从前是牛马,现在要做人"的口号,罢工前后仅5天时间,"未伤一人,未败一事",就实现了各项政治、经济要求,从而取得了全面胜利。

长沙中共湘区委员会旧址

1922年5月,湖南的共产党员已发展到30多人。此时,中共湘区执行委员会正式成立,毛泽东为第一任书记。湘区委是当时湖南人民革命运动的指挥部,辖区包括今湖南全境和江西萍乡,区委机关所在地为清水塘22号。此后,毛泽东一家便居住、工作于此。在这里,毛泽东先后策划和领导了10多次工人大罢工运动,像水口山铅锌矿大罢工、粤汉铁路岳州工人大罢工、长沙印刷工人罢工,等等。当时,湘区是全国工人运动发展最迅速的省区之一。

到1923年5月为止,湖南地区已建立起了10多个党支部(小组)。正是通过湘区委员会开展的活动,毛泽东的革命生涯放出了第一缕光辉。而这一切,都与清水塘22号密切相关。1925年11月,中共湘区委更名为中共湖南区执行委员会。1938年,长沙发生"文夕大火",但清水塘22号未被烧毁,成为长沙唯一保存下来的革命历史建筑物。1951年,旧址重修,室内陈设按原状恢复,并对外开放。

清水塘是毛泽东、杨开慧婚后居住时间最长的地方,屋内陈设不多,但却给

长沙中共湘区委员会旧址毛泽东卧室

人古朴、温馨之感。墙上挂着毛泽东的照片，以及杨开慧、毛岸英、毛岸青的合影照。杨开慧一生只留下了两张照片，这张合影就是其中的一张。桌上还摆着一只印着"喜"字的青瓷花瓶，见证了毛泽东、杨开慧的革命爱情。

当时，在艰苦的条件和紧张的革命形势下，杨开慧白天要帮助丈夫整理、誊写材料，为革命四处奔走；晚上有同志前来开会时，还要坐在堂屋门边站岗放哨；深夜时分，还要为工作的丈夫准备夜宵，冬天的夜里要为他准备取暖用的烘笼。两个儿子毛岸英、毛岸青出生后，杨开慧一边要投身革命事业，一边还要照顾孩子，为革命事业付出了大量的心血和汗水。

# 老湖南的地理

##  橘子洲因何得名

橘子洲位于湘江江心，西望岳麓山，东临长沙城，四面环水，绵延数十里，狭处横约40米，宽处横约140米，形状为一个长岛，是世界上最大的内陆洲，被誉为"中国第一洲"。

橘子洲生成于晋惠帝永兴二年（305年）。湘江水流平缓，河床宽阔，由于下游受洞庭湖水顶托，因而形成绿洲。西晋时，因岛上盛产橘子而有橘子洲之称。原有桔洲、织洲、誓洲、泉洲四个小岛，至清代时只有上洲、中洲、下洲三岛，"望之若带，实不相连"。如今已演变成一串长岛，上为牛头洲，中为水陆洲，下为傅家洲。橘子洲久负盛名，潇湘八景之一"江天暮雪"就在这里。1904年后，长沙辟为对外开放商埠，洲上建有英国领事馆、长

橘子洲头"指点江山"石刻

沙新关。

"荻花秋,潇湘夜,橘洲佳景如屏画。碧烟中,明月下,小艇垂纶初罢。水为乡,蓬坐舍,鱼羹稻饭常餐。酒盈杯,书盈架,名利不将心挂。"这是唐末五代前蜀李珣的诗句,描写了 1200 年前的橘子洲佳景。千百年来,橘子洲的风景依旧,在近现代更为著名。一代伟人毛泽东在湖南第一师范求学时(1913—1918年),经常畅游湘江,在橘子洲抒发书生意气。1925 年,毛泽东回到湖南开展农民运动,写下了著名诗词《沁园春·长沙》,提出:"问苍茫大地,谁主沉浮?"问鼎天下的豪情,使橘子洲更加闻名。

##  张家界为何被誉为"深闺佳人"

张家界市位于湖南省西北部,澧水中上游,是湘、鄂、川、黔四省交界地带。早在 4500 多年前,这里就有人类繁衍传承。这里居住着汉族及土家、白、苗、回等 20 多个民族。境内群山起伏,峡谷交错,风景优美,是旅游观光、避暑疗养的胜地。

张家界仙女峰

20 世纪 70 年代末以前,张家界处于原始状态,鲜为人知,犹如一块埋在沙砾中无人知晓的璞玉和养在深闺中的佳人。直到 1979 年,著名画家吴冠中和香港摄影家陈复礼来到张家界,面对如此大好河山,吴冠中兴奋不已,灵感涌动,提笔挥就《自家斧劈——张家界》的传世作品,并乘兴写下《养在深闺人未识》一文,赞美这颗"失落在深山的明珠"。从此,张家界里的奇山异水逐渐被人们发掘出来。1982 年 9 月,张家界成为中国第一个国家森林公园;1988 年 8 月,武陵源被列入国家第二批 40 处重点风景名胜区之内;1992 年,由张家界国家森林公园、索溪峪风景区、天子山风景区三大景区构成的武陵源自然风景区被联合国教科文组织列入《世界遗产名录》。经过近 30 年的建设,游客蜂拥而至,一发不可收拾,从此张家界便以其独特的旅游资源闻名于世。故而,人们戏称张家界犹如绝代美女出浴,终于从深闺中走了出来,而得以一展其天姿国色。

张家界景区共分张家界国家森林公园、杨家界自然保护区、天子山自然保护区、索溪峪自然保护区四大景区,统称为武陵源风景名胜区。景区内的异峰巧石、山泉飞瀑、深林奇树及珍禽异兽共同组成了一幅幅相映成趣、妩媚动人的自然绝景。2013年6月,张家界因"最科幻、最想象"入选中国九大梦幻之旅,名列第二位。

##  张家界的神奇峰林景观是如何形成的

张家界素以奇峰异石闻名天下,其砂岩峰林地貌被联合国教科文组织誉为"无价的地理纪念碑",是非常典型的石英砂岩峰林地貌。这种特殊的地貌造就了张家界石奇峰秀、壁险峡幽、水碧山青的壮观景色。

张家界武陵源砂岩峰林地貌代表了地球上一种独特的地貌形态和自然地理特征。峰林集中分布区面积86平方千米,它是在特定的地质构造部位、特定的新构造运动和外力作用条件下形成的一种举世罕见的独特地貌。园区内有3000多座拔地而起的石崖,其中高度超过200米的有1000多座,金鞭岩高达350米,个体形态有方山、台地、峰墙、峰丛、峰林、石门、天生桥及峡谷、嶂谷等。那么,这种特殊的峰林奇观是如何形成的呢?

张家界峰林景观既不同于云南石林,也不同于其他风景区的石林,而是一种独奇的石英砂岩峰林景观。其峰林在烈日下鲜红闪光,阴雨天则显暗红。大约在3.8亿年前,这里曾经是一片汪洋大海。大约1亿年前,由于海浪的冲击,石英砂岩在海底沉积约500米厚,加上地壳缓慢地间歇性抬升,经受流水长期侵蚀切割。石英砂岩因颗粒均匀,结构细密,具有很强的抗蚀能力,所以能昂然挺立,直插云霄。其发展演变经历了平台方山、峰墙、峰丛峰林、残林4个主要阶段。

**平台方山**:石英砂岩峰林地貌形成的最初阶段,为边缘陡峭、相对高差几十至400米,顶面是平坦的地貌类型,由坚硬的含铁石英砂岩构成,如天子山、黄石寨、鹞子寨等处的平台方山地貌。

**峰墙**:随着侵蚀作用的加剧,沿岩石共轭节理中发育规模较大的一组节理形成溪沟,两侧岩石陡峭,形成峰墙,如百丈峡。

**峰丛峰林**:流水继续侵蚀溪沟两侧的节理、裂隙,形成峰丛,当切割至一定深度时,则形成由无数挺拔峻峭的峰柱构成的峰林地貌,如十里画廊、矿洞溪等处。

张家界峰林

**残林**：峰林形成后，流水继续下切，直到基座被剥蚀切穿，柱体纷纷倒塌，只剩下若干孤立的峰柱，即形成残林地貌。随着外动力地质作用的继续，造就出石山、石墙、石柱、石峰、石门、天生桥等奇峰异石，鬼斧神工，形态各异，仿佛一座天然的艺术宫殿。

张家界石英砂岩峰林地貌不仅在科学研究上有重要意义，而且其地貌形态所造就的景观，在美学上也有极大的观赏价值。

## 为何说"不登黄石寨，枉到张家界"

俗话说"不登黄石寨，枉到张家界"，可见黄石寨在张家界风光中的地位。相传汉朝张良，看破红尘，辞官不做，隐居江湖。云游到这里时，被官兵围困。后来在师父黄石公的帮助下脱险，因而这里被称作黄石寨。

张家界黄石寨

黄石寨亦名黄狮寨，因貌似雄狮而得名。它位于张家界国家森林公园西部，为一方山台地，海拔 1080 米，是雄伟高旷的观景台。黄石寨占地面积 0.17 平方千米，为张家界森林公园最大、最集中的观景台，是张家界旅游区的精华，主要观景点有 20 余处。南北有两条步行登寨游道，还有后山车道自老磨湾通寨后卡门，为砂石铺就的路面；从南面登寨，沿途有天书宝匣、定海神针、南天门、南天一柱、摘星台、天桥遗墩、六奇阁等绝佳景点。

有人曾这样评价黄石寨：五步称奇，七步叫绝；十步之外，目瞪口呆。黄石寨的每一座岩峰都是一件古老的艺术品，它们如剑似针，像龙首或龟头，有的又如现代化都市的摩天大厦。黄石寨几乎囊括了张家界景区经典之精华，所以有"不登黄石寨，枉到张家界"的说法。

## 张家界有哪"四怪"

张家界位于湖南省西北部，以神奇美丽而著称，奇妙的"张家界四怪"就是代表之一。

**神堂湾——奇怪的响声**：坐落在天子山上的神堂湾自古以来就蒙着一层神秘的面纱。它是一个天然的半圆形天坑，三面悬崖峭壁，湾内深不见底。有时紫气腾飞、霞光万丈,有时又阴风四起、雾雨绵绵。最为奇怪的是,只要你靠近潭边,便会隐隐约约听到阵阵锣鼓齐鸣、人喊马嘶的声音,仿佛潭底有千军万马在鏖战。至今,仍没有人能到神秘莫测的潭底一探究竟。

**月亮垭——红色的月亮**:你见过圆圆的月亮,弯弯的月牙,但你见过红色的月亮吗?在张家界武陵源风景区的月亮垭就有红色的月亮出现。在春夏秋的月中旬,久雨初晴的晚上八九点钟,月亮垭上空就会出现一轮似太阳般火红的圆月,把周围的森林、山峰、天坑等地照得通亮。这种现象大约会持续一个小时。

张家界神堂湾

**金鞭溪——奇怪的影子**:金溪鞭是一条天然形成的美丽河流。它优雅静谧的气质为武陵源的千峰万谷增添了浪漫的情怀。万里无云、秋高气爽的时节,当你乘坐小船在金鞭溪从四门漂流至张家界,抬头仰望云雾中神奇的峰谷时,你不妨低头看看,会发现自己的影子由一变二、由二变三,影随人动,人动影至。

**西海——神奇的光环**:茫茫的西海是由众多千奇百怪的石峰组成的石林海洋。在神堂湾与贺龙公园的风景地段有一根高约200米的石柱。石柱顶端是两个小山峰,中间夹着一块小石头。这就是奇迹发生的地方:每年都会发一次光亮。其光亮就像电焊光一般,火花四射,把整个西海照得通透明亮。其光由小到大、由此及彼,最大的亮度大约持续三四分钟,最后由强变弱,再慢慢地消失。

关于张家界这"四怪",有很多神奇的传说。但传说终归是传说,是没有科学依据的。至今,人们仍然无法解释其发生的原因。

## 洞庭湖为何会名满天下

洞庭湖位于湖南省北部,长江荆江河段以南,面积2820平方千米,是我国第二大淡水湖。洞庭湖南纳湘、资、沅、澧四水汇入,北由东面的岳阳城陵矶注入长江,号称"八百里洞庭"。洞庭湖何以名满天下呢?

**其一,洞庭湖历史悠久,史上闻名。**洞庭湖古称云梦、九江和重湖,原是中国第一大淡水湖,但由于多年来缩水而成为中国第二大淡水湖。洞庭湖之名,始于春秋、战国时期,因湖中洞庭山(即今君山)而得名,并沿用至今。史载,洞庭湖原为古云梦泽的一部分(春秋时,梦在楚方言中为"湖泽"之意,与漭相

洞庭湖湿地

通），本为华夏第一大淡水湖。当时的云梦泽横亘于湘鄂两省间，面积曾达4万平方千米，故司马相如《子虚赋》有"云梦者八九百里"之说。后由于长江泥沙沉积，云梦泽分为南北两部分，长江以北成为沼泽地带，长江以南还保持着浩瀚的水面，称为洞庭湖。

**其二，洞庭湖地区物产丰饶，经济发达。** 洞庭湖为典型的吞吐调蓄性湖泊，同时还具有灌溉、航运、渔业生产、供水、纳水、调节气候和美化环境等多种功能。湖区土质肥沃，气候温和，雨量充沛，自然资源丰富，是我国重要的商品粮、淡水鱼、棉、麻生产基地。洞庭湖是著名的鱼米之乡，其物产极为丰富。主要经济鱼类有鲤、草、鲌、鲢、鳙、鳊、鳡、鲚、青鱼等。银鱼是它的名产。贝类资源也很丰富，达40余种。此外湖区盛产的苎麻、君山茶和湘莲，名誉中外。洞庭湖区是全国重要的商品粮基地之一，粮食产量占全省产量的六分之一，棉花产量和水产品产量均占全省产量的一半左右，对湖南省的农业生产和社会发展有着举足轻重的影响。

**其三，洞庭湖是著名的旅游胜地。** 洞庭湖是中国著名的旅游风景名胜区，湖滨的风光极为秀丽，许多景点都是国家级的风景区，如岳阳楼、君山、杜甫墓、杨么寨、铁经幢、屈子祠、跃龙塔、文庙、龙州书院等名胜古迹。洞庭湖据传为"神仙洞府"的意思，可见其风光之绮丽迷人。洞庭湖浩瀚迂回，山峦突兀，其最大的特点便是湖外有湖，湖中有山，水天一色。春秋四时之景不同，一日之中变化万千。古人描述的"潇湘八景"中的"洞庭秋月""远浦归帆""渔村夕照"等，至今都是东洞庭湖的写照。不少民间传说也源于此地。

##  凤凰古城为何被称为"梦里的故乡，远去的家园"

凤凰古城位于湖南省湘西自治州西南边，是一个以苗族、土家族为主的少数民族聚集县，因古城内有一座酷似凤凰展翅的山而得名。凤凰古城被誉为"湘西明珠"，是中国首批旅游强县，国家AAAA级景区，曾被新西兰著名作家路易·艾黎称赞为"中国最美丽的小城"。作为一座国家历史文化名城，凤凰的风景将自然的、人文的特质有机融合到一处，组成了一条绿色长廊，透视后的沉重感也许正是其吸引八方游人的魅力之精髓。

凤凰古称镇竿,春秋战国时期属楚地,秦时属黔中郡,唐设渭阳县,元、明设五寨长官司,清设厅、镇、道、府,成为湘西军事政治中心。凤凰古城始建于清康熙四十三年(1704年),历经300多年的风雨沧桑,古貌犹存。现东门和北门古城楼尚在。城内青石板街道、江边木结构吊脚楼,以及朝阳宫、古城博物馆、杨家祠堂、沈从文故居、熊希龄故居、天王庙、大成殿、万寿宫等建筑,无不显示古城特色。

凤凰古城夜景

凤凰古城以回龙阁古街为中轴,连接无数小巷,沟通全城。回龙阁古街是一条纵向随势成线、横向交错铺砌的青石板路,自古以来便是热闹的集市。凤凰古城的标志性建筑之一虹桥,原名卧虹桥,历史悠久。凤凰古城北门城楼本名碧辉门,采用红砂条石筑砌,既有军事防御作用,又有城市防洪功能,是古城一道坚固的屏障。凤凰古街两边建筑飞檐斗拱,店铺中陈设着琳琅满目的民族工艺品,浓浓的古意古韵,透出古街深厚的民族文化底蕴。

凤凰古城分为新旧两个城区,老城依山傍水,清浅的沱江穿城而过,红色砂岩砌成的城墙矗立在岸边,南华山衬着古老的城楼。城楼是清朝年间的,铁门虽已锈迹斑斑,但还看得出当年威武的模样。北城门下宽宽的河面上横着一条窄窄的木桥,以石为墩,两人对面都要侧身而过,这里曾是当年出城的唯一通道。

凤凰古城以其历史悠久、风景秀丽、名胜古迹甚多而成为中国最浪漫的城市之一,其千年古镇、人文古镇、历史名镇、度假胜地的标签,使之成为当之无愧的"梦里的故乡,远去的家园"。

##  凤凰古城走出多少名人大家

新西兰作家路易·艾黎曾称赞凤凰古城为"中国最美丽的小城"。古城虽小,但是风景秀美,名胜古迹甚多,环境清幽。也许,像凤凰般清秀宜人的小城就理应走出不同凡响的名人大家。

沈从文的《边城》向人们描绘了一个如诗如画、如梦如歌的人间仙境,向人们讲述了一段如泣如诉、如梦如幻的爱情故事。其实,这个仙境就是凤凰,这个故事就发生在凤凰,这座边城就是沈从文魂牵梦萦的故乡——凤凰古城。人们都说,是沈从文的《边城》让人们了解了凤凰。但是当人们踏进沈从文的凤凰故

熊希龄

居,就会体会到另一种凤凰情愫。不大不小的两进四合院具有浓郁的湘西明清建筑特色。沈从文就是在这座小院里出生并度过快乐的童年的。如今的小院是凤凰最有人气的景点,每天迎接着络绎不绝的游客。

凤凰不仅滋养着文人的情怀,而且还培养着凤凰人善良宽阔的胸襟。如果文坛巨匠沈从文是凤凰的骄傲,那么慈善家熊希龄必能让凤凰自豪。

在凤凰秀丽的沱江边的一个小巷里,一座充满苗族情调的小巧精致的四合院建筑就是熊希龄的家。钟灵毓秀的凤凰古城养育出了天资聪慧的"湖南神童"熊希龄。中举人、中进士、力主维新、当选第一任民国民选总理、专注慈善与教育,死后被国民政府以"国葬"葬之,这就是熊希龄不平凡的一生。

斯人已逝,古迹犹存,凤凰古城依旧美丽,而且更加动人。

## 武陵源有哪"五绝"

武陵源名胜风景区位于湖南省西北部武陵源山脉中段,隶属张家界市,由张家界国家森林公园和索溪峪、天子山自然保护区组成,总面积约500平方千米。区内森林茂密、溪涧多姿、烟云变幻、田园风光淳朴,构成了一幅立体的美丽画卷,蔚为壮观。武陵源以"奇峰、幽谷、秀水、深林、溶洞"享有盛誉,称为武陵源"五绝"。

**奇峰**:指的是武陵源独特的石英砂岩峰林,这种峰林在国内外均属罕见,在217.2平方千米的核心景区中,有石英砂岩山峰3103座,素有"奇峰三千"之称。峰体分布在海拔500米至1100米处,高度由几十米到400米不等。峰林造型若人、若神、若仙、若禽、若兽、若物,变化万千,这些突兀的岩壁峰石,连

张家界武陵源景区入口

绵万顷。这些峰林造型独特,高低参差,风格各异,构成蔚为壮观的大峰林奇观胜景,以骆驼峰、醉石峰和五指峰最为代表。或险峻高大,或淑秀清丽,阳刚之气与阴柔之姿并存,赏心悦目,美不胜收。

张家界宝峰湖风景

**幽谷:** 武陵源水绕山转,素有"秀水八百"之称。由于当地地面切割强烈,因而又形成了奇特的峡谷幽壑奇观。据统计,武陵源中2000米以上的峡谷有32条,总长达到85千米。最著名的是金鞭溪,长达十余千米,从张家界沿溪一直可以走到索溪峪,两岸峰林对峙,倒映溪间,别具风味。其他的瀑、泉、溪、潭、湖也都各呈其妙。

**秀水:** 峰林峡谷之间有大小溪流800多条,清澈明静,纤尘不染。且久旱不断流,景色宜人,美不胜收。武陵源的水景类型齐全,包括溪、泉、湖、潭、瀑等,异彩纷呈,有"秀水八百"的美称。鸳鸯瀑布从几百米的高处飞流直下,声势极大,甚为壮观。

**深林:** 武陵源森林茂盛,在众多的植物中,武陵松分布最广,数量最多,形态最奇,有"武陵源里三千峰,峰有十万八千松"之美誉。武陵源境内森林覆盖率已达74.75%,并保存着两处原始次森林,为我国重要的古老孑遗生物的生长地区。境内有高等植物3000余种,首批列入国家重点保护的珍稀濒危种子植物有珙桐等35种。

**溶洞:** 武陵源的溶洞数量多、规模大,现已探明大溶洞、落水洞40个,有中国最典型的巨大溶洞,极富特色,其中最为著名的是索溪峪的"黄龙洞"。黄龙洞全长7.5千米,洞内共分4层,石笋众多,形态各异,景观奇异,是东南亚岩溶景观的缩影。

## 黄龙洞为何堪称"中华最佳洞府"

黄龙洞是张家界武陵源风景名胜区中著名的溶洞景点,因享有"世界溶洞奇观""世界溶洞全能冠军""中国最美旅游溶洞"等顶级荣誉而名震全球。经中外地质专家考察,黄龙洞规模之大、内容之全、景色之美,包含了溶洞学的所有内容。黄龙洞以其庞大的立体结构洞穴空间、丰富的溶洞景观、水陆兼备的游览观光线路独步天下,堪称"中华最佳洞府"。

张家界黄龙洞

据专家考证,大约3.8亿年前,黄龙洞地区是一片汪洋大海,沉积了可溶性强的石灰岩和白云岩地层,洞穴经过漫长年代的孕育,直到6500万年前地壳抬升,出现了干溶洞,然后经岩溶和水流作用,便形成了今日的地下奇观。黄龙洞现已探明的洞底总面积10万平方米,全长7.5千米,洞内可分4层,水陆并进,从最低阴河至最高穹顶垂直高度差有140米。自1984年10月1日黄龙洞正式向社会开放,至今已接待中外游客逾千万人次。

黄龙洞位于索溪峪东面,洞口雾霭弥漫。洞内有一个水库(黄龙水洞)、2条阴河(响水河、水晶河)、3个地下瀑布(黄龙瀑、天水瀑、天地瀑)、四个水潭、13个厅(宫)(龙舞宫、水晶宫、迷人宫……)、96条游廊,长度约达15千米,最大的厅堂有12 000平方米,可容纳万人。除此之外,还有几十座山峰、上千个白玉池和近万根石笋。真可谓是洞中乾坤大,地下有洞天。入黄龙洞,如入人间仙境一般。

洞内由石灰质溶液凝结而成的石钟乳、石笋、石柱、石花、石幔、石枝、石管、石珍珠、石珊瑚等遍布各处,如水晶玉石,琳琅满目,无所不奇,无奇不有,异彩纷呈,美不胜收,仿佛一座神奇的地下"魔宫"。流痕、边石、倒石芽、倒锅状窝穴阶段发育良好,钙质石积物五颜六色,绚丽多姿。黄龙洞现已开放有龙舞厅、响水河、天仙瀑、天柱街、龙宫等六大游览区,主要景观有定海神针、万年雪松、龙王宝座、火箭升空、花果山、天仙瀑布、海螺吹天、双门迎宾、沧海桑田、黄土高坡等100多个。整个大洞犹如一株古木错节盘根,散发开来,各种洞穴奇观琳琅满目、美不胜收。

黄龙洞集天下溶洞之奇和天下溶洞之美,其规模与景观,在世界上也属罕见,不愧为"中华最佳溶洞"。

## 波月洞有哪些世界之最

波月洞坐落在湖南省冷水江市大乘山底下,是一个世界熔岩博物馆。洞内熔岩密布,石柱高耸,组成了各种美妙的景观。波月洞原名芙蓉洞,相传唐玄奘法师携弟子西游取经,路过此洞时发生了一些离奇的故事。此后,此洞灵气异常，每逢干旱，乡民常来求雨，且每每灵验，故又名神仙洞。后更名为波月洞，据说与《西游记》的作者吴承恩有关。波月洞有两大"世界之最"。

冷水江波月洞

**洞内拥有世界上最深的石槽：**演武厅是波月洞中最大的厅，顶部呈弧形，两端与地相接。顶部的左端是一块巨大的石灰岩，上面布满了纵横交错、深达1.68米的网络状石槽。该石槽深度居世界之首，为波月洞第一"世界之最"。石槽下面，是一池清水，石槽倒映水中，水天一色，从远处看，好像海天交接处变幻莫测的云彩，波诡云谲，气象纷呈。从近处看，滴水形成波纹，石槽的倒影随波荡漾，一起一伏，又宛如大江翻滚的波浪。在彩灯的映衬下，整个景观更加绚丽多姿。

**世界上鹅管群面积最大、密度最高的地方：**波月洞经过了大自然亿万年的营造和一系列的地质构造运动，成为一座巨大的地下博物馆。洞内钟乳丛生，石笋兀立，石柱如林，石幔如幕，悬吊垂挂，姿态万千。波月洞鹅管群面积之大、密度之高，为第二大"世界之最"。鹅管，是钟乳石的一种，似鹅的羽毛杆，中空且细小、透明，薄如纸张。波月洞的鹅管长短不一，参差错落，密密匝匝，直挂天穹，在逆光灯照下，如万千玛瑙翡翠垂吊空间，晶莹剔透，闪闪发光；观之，不得不让人赞叹大自然的鬼斧神工。

 **桃花源究竟在何处**

东晋诗人陶渊明在《桃花源记》中为我们描绘了一个没有阶级，没有剥削，人人劳作，自食其力，自给自足，和平恬静，民风淳朴，人人自得其乐的理想社会，令无数人为之魂牵梦绕。那么，这样一个桃源仙境究竟是陶渊明虚构出来的还是现实生活中确有其原型？有的话，这原型又在哪里？

陶渊明生活在晋宋易主之际，当时政治腐败，社会不安，人民赋税徭役繁重，苦不堪言，军阀连年混乱，陶渊明怀抱一腔抱负却无法施展。性格耿直的陶渊明不愿与世俗同流合污，毅然辞去了上任仅81天的彭泽县令，归隐田园。但心系国家的他虽"心远地自偏"，却仍旧关心国家大事，借写作抒发自己的情怀，在《桃花源记》中塑造了一个与现实社会截然不同的美好世界。

常德桃花源牌坊

如今在全国各地,自诩为桃花源的景点有30多处,且各有各的说法,但没有一处能够拿出足够的证据证明自己就是陶渊明笔下的桃花源。

有人说所谓的桃花源是陶渊明根据自己家乡的情况而写的。陶渊明的家乡庐山有一处山谷,风景秀美,地势平坦,和《桃花源记》中描述的景象很像,而且这里还有姓陶的人家,经证实其祖先是陶渊明。所以人们便猜测也许当初陶渊明是以这里为蓝本而描述了理想中的世外桃源。但这种说法仅限于一种猜测,目前尚无任何证据。

在陶渊明的笔下,桃花源在武陵郡,人们认为其描述景象与当时居住在武陵地区的苗族社会生活很像,而且地名也相符,于是人们认为它的原型是湖南湘西武陵苗族古代村落。相关学者在对武陵地区苗族古村落的实地考察后指出苗族人自古就有在村口路旁、房前屋后栽种桃树的习俗,这是因为他们不仅视桃子为一种鲜美可口、能充饥解渴的水果,更认为桃树是一种"神树",能避邪、治病与驱鬼。而且这里的苗族村寨布局、屋舍结构和外貌特征及人们的衣着、礼俗、习规等也都与陶渊明的描述十分相似。于是一部分人认为陶渊明笔下的桃花源并不是虚无缥缈的,而是以湘西地区武陵苗族古村落为原型的。

另一处被大多数人称为桃花源的是湖南的桃园县。这里俯临沅水,背倚青山,景色绮丽,松竹垂荫,环境优美,人们生活得怡然自得,而且历史上属武陵郡。

还有人认为,陶渊明笔下的"桃花源"在湖北省十堰市竹山县官渡镇的桃源村。据《竹山地名志》记载,桃源村名始于晋代。而且东晋时这里的堵河就叫武陵河,竹山叫武陵县。湖南的武陵比竹山晚叫了800多年,且在晋之后。武陵峡谷内至今还有桃源乡、桃源村的地名。相关学者对这里进行实地考察和认真研究后,一致认为这里的山、水、桃林、土地、环境等完全与陶渊明的描述一致。从自然环境方面来看,官渡镇桃源村的确与陶渊明笔下的桃花源最接近,但其是否为"真桃

明代张风绘《陶渊明嗅菊图》

花源"还有待于进一步的证实。

虽然陶渊明笔下的桃花源我们尚未找到其确切的原型,但相信真正的桃花源也许就在我们每个人的心中,在我们心中所保留的那片净土。

##  韶山滴水洞为何有名

韶山滴水洞位于毛泽东故居以西约4千米处的峡谷中,是一个三面环山,一面以一小山洞作为出口的狭窄谷地,长约2.8千米,宽约0.5千米。由于谷深清幽,犹似一洞,洞口朝东北而开,山上一泉水从岩石滴下,故称滴水洞,俗称吊水洞。洞中山涧流水潺潺,小溪沿岸林木繁茂,挺拔的松林中夹杂着茂密的楠竹,上百种野花漫山遍野地生长着。这里的珍贵林木有银杏、女贞、铁树等30多种,这里的花卉有映山红、蜡梅、芙蓉、月季、菊花等上百种,珍贵药材有金银花、甘草、沉香、白果等20余种,境幽景优是滴水洞幽壑的一大特点,人在景中如置身仙境。盛夏时这里的气温比谷外低3℃~5℃,是避暑疗养的好去处。

滴水洞门楼依山造势,建在水滨崖边,顶部垂着深灰色的石钟乳,中覆着紫藤、络石、乌萝,古趣盎然,上题"滴水洞天"4个朱红大字。门楼附近的韶山水库波光粼粼,岩边松柏劲拔。进入门楼,临水立着一座亭子,山风拂面;游道右侧山岩石壁上,有灵气飞动的"滴水洞"3字,正是毛泽东的手迹。道边的黑色山体上,嵌着一块块名人留言的青石碑。滴水洞景区的三大核心部分:以一号楼为中心的别墅系列;西面以毛泽东祖坟、虎雕、虎亭、滴水清音为主的虎歇坪景观系列;东面以毛泽东曾祖父母坟、龙泉三叠、奔龙泉池、观音远眺为主的龙头山景观系列。

滴水洞一号楼是一处著名景点,也是滴水洞景区的主体建筑。它是一栋青砖青瓦的平房别墅,楼内有毛泽东主席当年住在这里使用过的办公室、卧室、会客厅、会议室等。办公室内有一张大办公桌,桌上有毛笔架、砚台。卧室中主席的床极宽极

韶山滴水洞

韶山滴水洞毛泽东书房

长,卧室中还有两张书桌。会议室比办公室大,毛泽东主席曾在此开会,会议室与餐厅相连。娱乐室正中放乒乓球台,墙上有很多照片,其中有毛主席握球拍的照片。此外,这里还有防空洞,具有防震、防毒、防核爆等功能,此洞延伸进虎歇坪山岩中,长100米左右。这栋别墅很出名,还有一个原因就是1966年6月18日至6月28日,毛泽东主席曾隐居于此,住了11天。毛主席此次的行程颇为神秘,而且至今也不清楚原因。这种神秘的因素就促成了目前游客络绎而来的状况。

龙头山沟坨中葬着毛泽东的曾祖父毛四端,龙头山是位于滴水洞南侧的高山,因状似龙头而得名。滴水洞一号楼南面龙头山壁上,塑一龙首,有山泉淙淙滴下,称为龙涎。山洞西北的一个山嘴,传说过去常有老虎在此歇息,故曰虎歇坪,现有两只卧虎石雕。虎歇坪位于牛形山上,与龙头山隔滴水幽壑相对峙,此坪地势奇伟,立于坪上可远眺韶山冲百里之景。毛泽东的祖父毛恩普葬于此处,这里原名大石鼓,后更名。据说此处风水绝伦,是一块难得的宝地。虎歇坪上,毛泽东祖父的坟墓已经修葺,且其旁边已建虎亭景点。

滴水洞游人如织,江泽民、胡锦涛等党和国家领导人曾欣然前往。这颗被人们喻为湖南"山水明珠"的"西方山洞"自开放以来,先后接待国内外游客逾千万人次。洞内集造化之神秀,萃人文之盛事,加上博物馆式的展厅,因而蜚声海内外。

## 九天洞有哪四绝

九天洞位于湖南张家界市桑植县城17千米的利福塔乡,因洞内有9个自然天窗而得名。洞内空气清新,冬暖夏凉。整座洞穴分上、中、下3层,有5层不同高度的螺旋式观景台,最下层低于地表面400多米。初步探明洞内有40个大厅、3条落差悬殊的阴河、12条瀑布、5座自生桥、10余座洞中山,此外,还有不可胜数的五光十色的钟乳石群。在众多迷人的景观中尤以九星山、玉宫、水晶宫、九天玄女宫、寿星宫五大奇观最为著名。九天洞有四大特色,堪称四绝。

**第一绝：大。** 九天洞总面积250多万平方米，分上、中、下3层，最底层与地表有420米。这样一个大溶洞，比堪称世界第一洞的利川溶洞还大3倍。1988年，中国科学地质研究所岩溶与地下水研究室主任张寿越教授两次来九天洞考察，他认为该洞是亚洲第一大洞，于是他给九天洞题词：滴石铸玄女，暗河镂九天。1988年9月下旬，来自美国、英国与比利时的15位洞穴专家对九天洞作了深入研究，连续7天7夜住在洞内全面考察。通过考察，他们一致认为九天洞是世界奇迹，不仅具有很高的旅游价值，同时还有很高的科研价值。

桑植九天洞

**第二绝：奇。** 九天洞之奇，天下少有。洞内有一座"天星山"，上面有"石森林"、石龙井和石盘龙。那些一窝一窝的石蛋是洞内一宝，从这些蛋中可以提取金刚石，比黄金还要珍贵。洞穴内还发现了犀牛骨骼化石。洞内有一个900平方米的大"舞厅"，厅北有音乐柱，敲击有声，悦耳动听。厅南有雕花石柱，厅西又有涓涓流水，厅面呈黄色，厅上为地毯。洞内还有鱼和无眼蟋蟀，石钟乳造型各异，形成了一座天然的雕塑博物馆。洞内还有高达20多米的流泉飞瀑，犹如白色巨龙飞腾而下，非常壮观。

**第三绝：美。** 九天洞被誉为中国溶洞奇葩。洞中石笋、石柱林立，石帘、石幔遍布。堆珍叠玉、千姿百态。其美在于自然、古朴，美在地下溶洞各种自然造型，美在各种色彩，美在世界珍稀。简言之，九天洞胜状，主要是洞穴美与色彩美。洞底暗河的流水，河床是红色的，流水潺潺，同样美不胜收。

**第四绝：幽。** 九天洞幽得出奇，无论是潺潺流水，还是弯弯曲径，无论是寂寂山风，或是千奇百怪的石柱，都能让人产生返璞归真之感。除此之外，洞内还有许多南来北往的通幽曲径：有的去"舞厅"，有的进"城门"，有的下暗河，有的上天窗。进入九天洞如同到了一个宁静的世界，在洞内让人有挣脱樊篱，还我自然之感。九天洞这样幽静的环境，再稍加彩灯、音乐、歌舞、书画等装饰，就把一个地下迷宫扮成了人间仙境，地下天堂。

## 杨家界与杨家将有何渊源

杨家界景区位于张家界西北部,北邻天子山,面积 34 平方千米,与张家界、天子山、索溪峪同属石英砂岩峰林峡谷地貌,是武陵源风景名胜区继张家界、索溪峪、天子山之后,新发现的一片神奇景区。杨家界山清水秀,风光如画,更令人惊异的是它与杨门虎将还有一段渊源。

杨家界天波府

相传,北宋杨家将围剿向王天子,曾在天子山安营扎寨。后因战争旷日持久,杨家便在此地繁衍后代,使这里成为了杨家界。如今,杨家界还保存有《杨氏族谱》和明清时代的杨家祖墓,还有八座石峰三面排列,气势恢弘,伟岸壮观。传说杨家将驻扎杨家界时,只开过一次军事会议,此后便各奔东西作战。他们死后化作八座石峰立于此地,以纪念那次军事会议。这里的宗保峰、六郎湾、杨家界等地名、山名,是生活在这里的杨家将后裔为纪念杨家将而取的,1000 多年来,一直沿袭未改。所以,到杨家界游览,不仅可以饱览这里的原始自然风光,同时还可以探寻杨家将后裔的踪迹,继承并发扬爱国忠良的遗风。另外,这里还有数十座绝壁,参差不齐,似残垣断壁,场面壮观。相传此乃杨家天波府的遗址。

景区名称杨家界,还有天波府、宗保峰、六郎湾等都是为纪念杨家将而命名的。住在杨家界的杨氏宗族,原来都是历史上杨家将的后代,由北到南,由江西到湖南、到湘西并经过历代演变,迁移跋涉而来的。

## 德夯有何神奇之处

德夯,苗语为"美丽的峡谷"。由于这里山势跌宕,绝壁高耸,峰林重叠,形成了许多断崖、石壁、峰林、瀑布和原始森林。区内溪河交错,四季如春,气候宜人,有丰富的动植物资源,树种资源有197科、727属、1649种,森林覆盖率达90%。野生动物112种,其中禽兽32种、鸟类41种、爬行类11种、两栖类5种,列为国家二级保护动物的有娃娃鱼、黄毛灰猴、猴面鹰、穿山甲等。自然风光十分秀丽迷人,有"小张家界"之美称。在这个自成一体的德夯风景区内,溪流纵横,峡谷深壑,瀑布飞泻,群峰竞秀,有着诸多的神奇景观。

**神奇的瀑布与雷公洞：**德夯苗寨以西10千米的地方有著名的流纱瀑布,落差达216米,如白练凌空,似银纱悬壁,雄居全国之最。由于峡谷风大,使得水流左右飘舞,恰似流纱。附近有燕子峡瀑布群,位于德夯溪的尽头,由10道落差在200米左右的瀑布组成,雨季时瀑布群连成一片,宽约300米,景象十分壮观。德夯东北还有一个雷公洞,每当下大雨之前,洞口就会冒出缕缕白烟,十分神奇。

**神奇的骆驼峰：**此峰位于雷公洞对岸,高300余米,由几座巨大山峰相连接组成驼头、驼躯和驼峰,远看如同昂首长啼的巨型骆驼。相传5000多年前,苗族祖先为"九黎",居住在黄河中游,与其他族发生战争,战败后一支系向西南迁徙,另一支迁徙到楚、蜀、黔三省边界,形成了湘西苗族。由于苗族是从北方迁徙来的,所以把北方的一只骆驼带了到这里。又由于这只骆驼对苗族祖先迁徙有功,于是祖先就把它养在夯峡溪中。可是,失群的骆驼想回北方去,整天朝着北方长鸣。后来这只骆驼终于还是死了,化成了骆驼峰。

德夯流纱瀑布

**神奇的玉泉门：**在椎牛花柱两侧不远处有一座天然石门,由距今五六亿年前的巨岩构成,高350多米,名叫玉泉门。玉泉门左右绝壁千仞,绝壁上多生青松、灌木。岩壁陡峭如削,两扇石门恰似半开半掩的门扇。巨壁夹天,大有岩山压境之势,令人惊恐。玉泉门为深渊奇峡,渊谷很窄,仅十余米,宛如古关隘。玉泉溪从这关隘岩门中挤石而出,滑下石级,叮咚之声,如拨琴弦。玉泉门内藏着一汪潭池,潭边岩石上布满丝苔,绿得晶亮如羽。进入玉泉门内,别有洞天,溯玉泉溪而上,两岸巧石奇花应有尽有,一步一景,美不胜收。

**神奇的三姐妹峰与观音洞：**新寨背后的山梁上耸立着三座灰白色的石峰,人称三姐妹峰。每座峰高100多米,上小下大,形似三个穿着花罗裙的苗族少

德夯苗寨风光

女。她们立在山梁上,亭亭玉立,若有所思,神形兼备。相传这是三个苗族姑娘站在山梁上与情郎对唱情歌,她们情真意切,在这里唱了三天三夜的情歌。后来天上出现了七个太阳,把人间晒干,把她们三个人烧化为石头了。三姐妹峰背后面有一石缝似洞,洞中有一巧石形似观音,人称观音洞。每当云雾从洞门飘过,观音洞则更显神秘,好似洞中观音若隐若现,拿着玉瓶,正欲出洞。

##  梅山龙宫为何被誉为"溶洞极品,洞穴奇葩"

梅山龙宫是位于湖南新化县境内的一个大型地下溶洞群,由9层洞穴上万个溶洞组成,号称"天下第一洞"。洞府现已探明长度2876米,已开发的面积58 600平方米,目前可游览的路线长近2000米,其中包括长466米的世界罕见的神秘地下河。相传黄帝登熊山,将葱茏的九龙峰点化成九条青龙,沿九股清泉游入可通五湖四海的九龙池。九条青龙游入资水,被梅山油溪石竹湾的风光灵气所吸引,高兴得在水中游、云中飞、洞中舞,久久不愿离去,一住就是几千年。于是,梅山后人便把这个岩洞称为梅山龙宫。

梅山龙宫为层楼空间结构,洞体造型奇特,组合多样,水陆皆备,洞体安全可靠。专家考证,此洞已经过50万年的洞体本身自然平衡调整,洞顶已达到力学强度可靠的厚层岩石部位。同时洞内通风良好,空气清新。洞府分为龙宫迎宾、碧水莲宫、开天辟地、天宫仙苑、梅山风情、龙凤呈祥六大景群。洞内景观丰富多彩,绝世景观举不胜举,既有大量姿态各异的流石景观;又有美不胜收的石笋、石钟乳景观;还有千变万化的断面形态和蚀余小形态景观;更有四大世界溶洞景观之绝。

**洞府云天景观：** 洞府云天为梅山龙宫一绝，其上下高达 80 米的层楼空间结构，规模宏大、布局天成、上下映照，水路遥相呼应，各种石钟乳在五颜六色的灯光照耀下层次清晰，令人叹为观止。

**哪吒出世景观：** 这个景观由一个从中裂开的巨大的天然钟乳石莲、一叶剥落的花瓣及带有红色血团的哪吒肉身组成，天然钟乳石莲似乎可分可合，在灯光的映衬下，形象极其逼真，像极了神话故事中哪吒出世的场景，是全世界绝无仅有的，令人叫绝。

**非重力沉积物景观：** 洞内有形似雾凇的白色非重力水沉积景观，这种沉积物不是由地心重力作用形成的，而是由毛细管力作用形成，它晶莹剔透、洁白无瑕、一尘不染，梅山龙宫的这种沉积物在全世界独一无二，且具有极高的科研价值。

新化梅山龙宫

**水中金山景观：** 梅山龙宫最美丽、最动人的景点。水中金山规模气势磅礴、妙不可言、举世无双、妩媚多姿。景点顶部有数百万根洁白无瑕、美妙绝伦的鹅管和姿态各异、层次分明的钟乳石。其底端是一个巧妙天成的瑶池，池面面积 368 平方米，池底水平如镜，池的一侧是一座自然形成的拦水坝，高约 1 米，曲线优美，纹理清晰，令人惊叹。更绝的是，鹅管和钟乳石倒映在水中，上下映照、浑然一体，形成了一座五光十色的巨大金山，光芒四射、如梦似幻。

除了以上四大绝景之外，梅山龙宫内还有碧水莲宫、天宫雾凇、宝中宝、峡谷云天、玉皇天宫、远古河床、孔子游学等令人称奇的美景，这里游人如织，因此被誉为"溶洞极品，洞穴奇葩"，实不为过。

##  为何说玉琯岩富有"仙气"

玉琯岩位于湖南省永州市宁远县舜源峰南 2 千米，九嶷山古舜帝陵东南百米之内，山体小巧玲珑，独立于田桐之中，山上遍布着奇石怪树，素有"天下第一盆景"之美誉。玉琯岩原不叫此名。汉哀帝时期，零陵文学（"文学"系官名）奚璟到此祈祀舜帝时，在石岩中发现了 12 支玉琯乐器，他认为这是舜帝的遗物，不敢私自收藏，于是献给朝廷。后人为纪念舜帝，特将此岩洞更名为玉琯岩。

玉琯岩

玉琯岩自古便被认为极富"仙气"。相传尧时,有户人家姓何名真元,住在老虎岩炼丹行医。舜帝南巡到九疑山(今九嶷山),被何真元治好了病。舜帝见他医德高尚,封他为何侯,叫乐工们用12支玉琯演奏韶乐祝贺。后来,舜帝在除妖龙中负伤身亡,何侯将玉琯藏于老虎岩内。后来他升天成仙,汉代零陵文学士奚景在老虎岩发现了12支玉琯,便将此岩改为玉琯岩。因此,玉琯岩也被认为是沾染了"仙气"。

玉琯岩是典型的喀斯特地貌,山上遍布莲花、龙头、龟、牛状的嶙峋怪石,石上难见泥土,有的也仅是树上掉下的枯枝败叶。然而,这座石头山上却长满了郁郁葱葱的原始次生林,拥有黄连木、黄柳芽、黄皮树等国家二类保护树种在内的80多个种类的树木,繁衍各类藤蔓植物及寄生在树上的蕨类植物近20种,完全可以称得上种类齐全的植物园。更令人称奇的是,越是闷热干旱,山上的树木长得越是茂盛,叶片上还常常挂有水珠。原来玉琯岩下面有阴河通过,四周还分布着九口水井。干旱时,阴河水遇热透过岩石缝隙蒸发上来,树叶上就形成了水珠。初见此景,人们往往会有一种错觉,认为这些景象是由"仙气"所致。玉琯岩因舜帝葬于此而闻名,千百年来,人们流传着民族始祖舜帝的故事,述说着得道仙人何真元的逸事,加上玉琯岩上如梦似幻的景致,难怪会被人们认为富有"仙气"了。

 ## 红石林景区有何特色

红石林景区位于湘西自治州古丈县茄通和断龙乡境内,面积约30平方千米,东与沅陵县接壤,南与泸溪、吉首两县市毗邻,北和永顺县以酉水河为界,与芙蓉镇对岸。红石林目前是全球唯一在寒武纪形成的红色碳酸岩石林景区。据地质专家考证,红石林岩石形成历史约有4.5亿年,红石林地域与坐龙溪峡谷一样同属地质史上所称的扬子古海,海底沉积了大量混合泥沙的碳酸盐物质,经地壳运动和侵蚀、溶蚀作用,形成了这片美丽的地质奇观。

景区内的著名景点有蜀犬吠日、乳燕待哺、蜗牛搬家、楼兰古城、七彩迷宫,等等,另还有地下溶洞、绝壁天坑、千年古木等,整个景区融红、秀、峻、奇、绝、古于一体,堪称"武陵第一奇观"。在众多的奇观绝景中,以"巨人园""古城故宫"

"八卦奇阵"和"诸葛藏书"等景色最佳。石林东部有一尊高12.26米的石柱，巍然耸立，挺拔伟岸，其神态模样酷似领袖人物的雕像。神奇的是，再换一角度观之，又极似立于川上，抒发"逝者如斯"感叹的孔夫子。而位于另一旁的两尊高大石柱，恰如从容就义的巾帼女英雄和屈子行吟图，令人肃然起敬。因此，人们为这里的红石林起了一个响亮动听的别名——巨人园。

湘西古丈红石林

红石林属于喀斯特地貌的一种，在我国云南、贵州两省分布较多，以灰色石林为主，而像古丈红石林这样的"红皮肤"现在还是全国唯一的。古丈红石林核心区占地约20平方千米，色彩鲜艳，造型优美，最珍贵的是古丈红石林保持了原生态之美，在发现以前从来没有被人打扰过，石林中有峡谷、溪流、清泉、如织毯样的草坪、古老的紫藤花，与红石林相得益彰，整体景观秀丽、精致、清雅，宛如一个天然的园林。这里所有的石头都披着一层细密的纹格，如同珊瑚礁一般。精致优美的红石林以其典型性、稀有性、优美性、自然性及系统性、完整性赢得了各个领域专家的高度评价。古丈红石林的色彩还会因天气而变，晴天望之，一片紫红，阵雨过后，顿成褐红，宛如一幅山水画，雨过天晴，无数石峰又魔幻一般从边缘由褐红变成紫红，此时颜色鲜艳，如工笔重彩，须臾之间，变化多端，令人惊叹。

##  为何说紫鹊界高山梯田为"旷世奇观"

紫鹊界高山梯田位于湖南省娄底市新化县西部，处于雪峰山脉奉家山系的中部，海拔1000多米。梯田遍布于海拔500米至1000余米的十几个山头上，最大的不过666.67平方米，最小的只能插几十蔸禾，连绵起伏，辗转盘旋。以紫鹊界梯田为中心，这里共有梯田37平方千米，其中集中连片的梯田在13平方千米以上，主要分布于水车镇锡溪管区，从海拔500米到1100米之间，共400余级，其地势之高，规模之大，形态之美，堪称世界之最。

紫鹊界依山就势而造，集云南哈尼梯田的大气、广西龙胜梯田的壮美、菲律宾巴拉韦梯田的险峻和越南沙坝梯田的飘逸于一身，线条流畅，层次分明，气势雄伟壮观，小如碟、大如盆、长如带、弯如月，形态各异，变化万千，盘旋于群山沟

壑之间，宛如天上瑶池，人间仙境。梯田景观随四季千变万化，美不胜收，享有"梯田王国"的美誉。

紫鹊界高山梯田

紫鹊界梯田起源于先秦、盛于宋明，自形成至现时的规模，已有逾2000年的历史，是苗、瑶、侗、汉等多个民族数十代先民共同创造的物质文明的伟大成果，是南方稻作文化与苗瑶山地渔猎文化融化糅合的历史文化遗存，也是一处突出的标志性文化景观。它规模之大，数量之多，形态之美，在全省乃至全国都是罕见的，其独特的耕作方式和利用山泉天然的灌溉系统同样在稻作文化中亦很独特。紫鹊界梯田有天然自流灌溉系统，无须人工引水灌溉。国家水利专家评价其可与都江堰和灵渠相媲美，并把这种自流灌溉系统称为"世界水利灌溉工程之奇迹"。景区内有长石梯田、白水梯田、金龙梯田、石丰梯田、瑶人冲梯田等著名的梯田景观，引人入胜。

紫鹊界的背面是万亩金银花基地，还有48座瑶人寨遗址等人文景观。紫鹊界一带的文化底蕴深厚，文化资源十分丰富，山歌、民歌、情歌广泛流于民间，龙狮舞、草龙舞风格独特，苗、瑶风俗依然如故。饮食文化亦脍炙人口：绿茶、腊肉、豆腐丸子、冻鱼、糍粑、甜酒、笋干、蕨菜、薏米、天麻等久负盛名。紫鹊界梯田是中国苗、瑶、侗、汉等多民族历代先民共同劳动的结晶，是一块藏在深山人未识的旅游黄金宝库，其梯田的规模和形态令世人惊异，因此被称为"旷世奇观"。

## 苏仙岭与张学良有何渊源

苏仙岭是湖南省首批公布的省级风景名胜区之一，主峰海拔526米，自古享有"天下第十八福地""湘南胜地"的美称。苏仙岭因苏仙神奇美丽的传说而驰名海内外，岭上有白鹿洞、升仙石、望母松等"仙"迹，自然山水风光久负盛名。

苏仙岭从山麓到山顶有桃花居、白鹿洞、三绝碑、景星观、八字铭、沉香石、苏仙观等观赏游览处。桃花居是游客登山的起点，它背靠青山，面向桃花水溪，四周翠竹修茂，绿树成荫，环境幽雅别致。白鹿洞在桃花居上方。洞内宽敞，洞顶怪石狰狞，洞外藤葛披拂，丛林繁茂。传说白鹿、白鹤在此为苏耽哺乳、御寒。现洞口塑有大小两只白鹿，母子碎步相吻，形象逼真。洞前桃花流水，溪上有人工雕塑的三只白鹤，姿态各异，趣味天成。

苏仙岭缆车

从白鹿洞拾级而上，约100米，有一圆柱绿瓦，翘角飞檐的护碑亭，亭内有一块高4米多的天然石壁，上有一块摩崖石碑，这就是"三绝碑"。所谓"三绝"即秦观的词《踏莎行·郴州旅舍》，大文学家苏轼为该词写的跋，米芾亲笔书写。苏仙观立于苏仙岭绝顶，是一座宋代建筑形式的庙宇，雕梁画栋，绿瓦朱栏，宏伟肃穆，是苏仙岭的主要景点。整个建筑有正殿三间，分上、中、下三层，两边有偏殿，东北角两小间为爱国名将张学良幽禁处，现称屈将室。

"九·一八"事变后，张学良时刻不忘抗日救国，力主停止内战。1936年12月12日，他与杨虎城发动了震惊中外的"西安事变"。这一事件对于停止内战、促进国共第二次合作，实现对日作战，起到了伟大的历史转折作用。西安事变和平解决后，张学良将军亲自送蒋介石回南京，被蒋囚禁。从此，张学良将军开始了他的囚禁生涯。从1936年年底至1946年年底的10年间，张学良将军先后在中国大陆被转移了12处囚禁场所。郴州苏仙岭是第六处。在这里，张学良将军壮志难酬，有家难归，有国难报，挥笔在墙上写下了"恨天低，大鹏有翅愁难展"几个大字。字里行间无不饱含了少帅满腔爱国情怀却难展宏图的抑郁之情。曾经住过的这间厢房窗前的桂花树上，

张学良

留下了因将军忧愤难泄而拔枪怒射所形成的累累弹痕。后来，人们将曾经囚禁张学良将军的厢房开辟为爱国主义教育基地，陈列了大量历史文献资料。

1996 年，在"九·一八"事变 65 周年之际，苏仙岭风景名胜区管理处对屈将室进行了重新修复。修复工程分室内、室外两部分。室内工程由前言、展览、囚禁三部分组成。前言、展览部分做了翻新改造和内容充实调整。展室内容分张学良将军青少年时期、西安事变、幽禁岁月三部分，总计 166 件文字图片资料。对囚禁部分在保持原貌的基础上作了内容补充。室外工程新建了二层仿古建筑"少帅亭"和 40 余米长的游道。

## 汝城为何被称为"热水之乡"

汝城县位于湖南省东南部，与广东、江西两省接壤，有"毗连三省，水注三江（湘江、珠江、赣江）"之美称，是镶嵌在五岭山麓的一颗璀璨明珠。境内景色秀丽，有巍峨雄伟的文塔，风光秀丽的清风岩、白石岩、连珠岩，幽静雅致的濂溪书院、白石书院、云头书院，商代牛头岭、神仙带、汉代百园、宋代破船埂等历史、人文景观，更有令人流连忘返的天然温泉和气势磅礴的万亩竹海，是旅游观光、避暑度假和投资兴业的理想场所。

汝城属亚热带季风湿润气候区，气温宜人，素有"小昆明"之称。其主要气候特征是温暖湿润，热量丰富，雨量充沛，春暖多变，夏无酷热，冬少严寒，无霜期长。汝城日照充足，光合潜力大，全年日照时数平均为 1731 小时，年日照百分率为 39%，光能资源较充足。优越的自然条件成就了汝城丰富的地热资源和热水资源。

汝城温泉

地热是汝城一道独特的风景，县内有汝城温泉、罗泉、汤口、大汤、塘内、铜坑等地下热水资源，其中位于热水圩的汝城温泉古称灵泉，是我国中南六省最大的热田，地热异常面积达 3 平方千米，水温一般为 91.5℃，最高达 98℃，25.5℃~91.5℃的地下热水开采量为每日 5540 吨，是湖南省流量最大、水温最高、开发利用前景最好的天然热泉，其水质与陕西的"华清池"相似。经常用热泉水洗浴，对人体有独特的医疗保健作用。"内园分得温汤水，二月中旬已进瓜",数九寒天,室外冰天雪地,室内瓜果飘香,热水地热开发已被列为国家科技攻关项目。距县城10千米处的暖水罗泉,有地热面积3300多平方米,水温45℃~50℃,日流量2500吨,可饮可浴,经国家饮用天然矿泉水技术评审组鉴定,属含锶、偏硅酸、生碳酸钙型矿泉水,开发的"太乙泉"矿泉水被定为全国优质矿泉水。汝城凭借丰富的地热资源、优良的水质被誉为"热水之乡"。

## 十里画廊有何绝佳美景

十里画廊,位于张家界市索溪峪自然保护区,长约5千米,山清水秀,景色秀美。它像一幅巨大的山水画卷,显示了大自然的鬼斧神工,明代时就已有"人游山峡里,宛如画图中"的美名。这里的主要景点有10个,即采药老人、向王观书、三姐妹峰、夫妻抱子、转阁楼、寿星迎宾、两面钟等。

**采药老人**:是一座高达100米的石峰,外形像一位佝偻的老人。"老人"的具体形象表现为:身穿长衫,头上戴着一块方巾,背上的背篓中是满满一篓草药,背篓里有倒置的药锄。他两目直视对面的山峰,好像若有所思,也仿佛面露惊喜。

**向王观书**:是一座一分为二的石峰,左峰大,右峰小,像一个手捧书本读书的人。因为它的造型很像土家族起义领袖向大坤,因此当地人将其看成是向王天子的化身,并命名为向王观书。

张家界十里画廊

**三姐妹峰**:顾名思义,它是指3座石峰,因其外形瘦削如亭亭玉立的美女,故而得名三姐妹峰。其中,第三座石峰最为奇妙,因为其"胸部"有一个乳眼,直径约1米,由此可窥见山后的天光。

**夫妻抱子**:是3座紧紧相连的石峰,因为造型像一家三口抱在一起,故名夫妻抱子。夫妻相向而对,左边和右边分别是妈妈、爸爸,中间是孩子,看起来一家其乐融融。

**猴子坡**:位于十里画廊尽头。这里有嶙峋的怪石,葱茏的林木,因为成群的猴子常会集在此,故而得名猴子坡。

## 花岩溪为何被誉为"江南山水大观，武陵郊野公园"

花岩溪，位于常德市鼎城区，总面积 45 平方千米，1997 年被列为国家森林公园。它被誉为"江南山水大观，武陵郊野公园"，同时享有"常德的千岛""湖南的西湖""湖南省会长沙后花园""中国白鹭之乡""红尘中最后一方净土"等美名。

花岩溪国家森林公园

花岩溪森林资源丰富，山林面积达 26 平方千米，山清水秀，景色十分迷人。森林中有植物 326 种，以杉、梓、松为主。其中，珍稀植物有 17 种，如南方红豆杉、柏乐、银杏等；珍奇观赏竹有 10 多种，如楠竹、罗汉竹、实竹、紫竹、龟纹竹等；中药材有 300 多种，包括 10 多种珍贵药材，如杜仲、厚朴、乌药等。这里的野生动物有 100 多种，其中国家级保护动物有金钱豹、穿山甲、红腹锦鸡等 10 多种。

每年 3—10 月，花岩溪的莽莽林海、万顷翠竹之间会有数万只白鹭栖息，是一道十分独特的景观。另外，这里的夹山寺是千年佛教圣地、日本茶道之源。花岩溪以秀美著称于世，每年吸引着数万名游客前来观光旅游，是湖南的最佳旅游景点之一。

# 老湖南的山水

 **岳麓山为何被称为"湖湘第一山"**

岳麓山,也称麓山、灵麓峰,位于长沙市湘江西岸,属南岳衡山,被古人列为"南岳七十二峰"之一。据《南岳记》载:"南岳周围八百里,回雁为首,岳麓为足。"岳麓山被称为"湖湘第一山",这不仅因为它秀美的自然景色,更得益于它蕴含的湖湘文化。

岳麓山总面积6平方千米,最高峰海拔300.8米,享有"碧嶂屏开,秀如琢玉,层峦叠翠,山涧深幽"和"岳麓之胜,甲于楚湘"的美誉,现为城市山岳型风景名胜区。它自古以山清水秀著称,东临湘江,北望洞庭,周围被群峰簇拥,环绕着玉屏、天马、凤凰、橘洲、桃花、绿蛾、金盆、金牛、云母、圭峰等,可谓"人间奇观"。另外,山中植物资源丰富,有977种,其中还有苍劲

长沙岳麓山大门

挺拔的千年古树、百年古树,如晋代罗汉松、唐代银杏、宋代香樟、明清枫栗。

岳麓山还是文化名山,融儒、释、道为一体,荟萃着湖湘文化的精华。景区内有众多名胜古迹和革命圣迹,最著名的景点包括爱晚亭、麓山寺、云麓宫、白鹤泉、禹王碑、舍利塔、飞来石、自来钟、穿石坡、岳麓书院等。其中,麓山寺被誉为"汉魏最初名胜,湖湘第一道场";云麓宫是道家的二十洞真虚福地;岳麓书院是宋代"四大书院"之首;爱晚亭是我国"四大名亭"之一。

此外,岳麓山是湖南重要的文化教育区之一,一些著名大专院校和科研单位汇集于此,如湖南大学、湖南师范大学、中南矿冶学院等。

##  南岳衡山为何有"五岳独秀"的美誉

南岳衡山是中国五岳之一,位于湖南省衡阳市境内,素有"中华寿岳""五岳独秀"之美誉。衡山山势雄伟,绵延数百千米,号称有七十二峰,其中以祝融、天柱、芙蓉、紫盖、石禀五座最有名。自古以五岳独秀风光好,历史悠久名气大,佛道并存影响广,中华寿岳众人仰而著称于世。

南岳衡山,由于气候条件较其他四岳为好,处处是茂林修竹,终年翠绿;奇花异草,四季芳香,自然景色十分秀丽,因而又有"南岳独秀"的美称。清人魏源在《衡岳吟》中说:"恒山如行,岱(泰)山如坐,华山如立,嵩山如卧,惟有南岳独如飞,朱鸟展翅垂云大。"这是对衡山的赞美。

南岳之秀,在于无山不绿,无山不树。那连绵飘逸的山势和满山茂密的森林,四季常青,就像一个天然的庞大公园。林深树多,光听听树的名字,也够动人了:金钱松、红豆杉、伯乐树、银鹊树、香果、白檀及常绿的香樟、神奇的梭罗、火红的枫林、古老的藤萝。据统计,南岳现有的风景林等各种植物有 1700 多种。这是几十代人的血汗结晶,其中许多是奇珍异宝。福严寺的银杏相传受戒于南朝时的慧思禅师,树龄至少也有 1400 多年,三个大人合抱树身亦不能围拢。藏经殿后的白玉兰,亦有四五百年的历史,至今仍然逢春开花,香飘满山。半山亭的古松,也有三四百岁的年龄了。允春亭的摇钱树,无碍林的"同根生""连理枝"等,也是比较罕见的。

南岳如果只是这些树木呈现的秀色,那还不足以在天下名山中如此令人瞩目。这种秀色只是

衡阳南岳衡山牌坊

它的外在之美,而秀中有"绝",才是它的深远内涵。人们把南岳的胜景概括为"南岳八绝",即"祝融峰之高,藏经殿之秀,方广寺之深,麻姑仙境之幽,水帘洞之奇,大禹碑之古,南岳庙之雄,会仙桥之险"。正因为"南岳八绝"的出类拔萃,才使它赢得"五岳独秀"那当之无愧的美称。

衡山是南中国的宗教文化中心,中国南禅、北禅、曹洞宗和禅宗南岳、青原两系之发源地;中国南方最著名的道教圣地,有道教三十六洞天之第三洞天——朱陵洞天,道教七十二福地之青玉坛福地、光天坛福地、洞灵源福地。环山数百里,有寺、庙、庵、观等200多处。

位于南岳古镇的南岳大庙,是中国江南最大的古建筑群,占地9800多平方米,仿北京故宫形制,依次九进。大庙坐北朝南,四周围以红墙,角楼高耸。寿涧山泉,绕墙流注。庙内,东侧有8个道观,西侧有8个佛寺,以示南岳佛道平等并存。

南岳古镇还有一座佛教古寺——祝圣寺。它位于镇的东街,与山上的南台寺、福严寺、上封寺和衡山城外的清凉寺等,合称南岳六大佛教丛林。相传大禹治水时曾经来过这里,并在这里建立清冷宫供奉舜帝。清康熙年间作为皇帝的行宫进行大规模改建,并更名"祝圣寺"。其他如广浏寺、湘南寺、丹霞寺、铁佛寺、方广寺及传法院、黄庭观等,都是明代以前的古刹,规模大小虽不相同,但也各有佳趣。

##  祝融峰因何得名

祝融峰是南岳衡山最高峰,也是衡山七十二峰之一,海拔1290米。祝融峰是根据火神祝融氏的名字命名的。相传祝融氏是上古轩辕黄帝的大臣,人类发明钻木取火后却不会保存火种也不会用火,祝融氏由于跟火亲近,所以成了管火用火的能手。于是黄帝就任命他为管火的火正官。因为他熟悉南方的情况,黄帝又封他为司徒,主管南方事务。他住在衡山,死后又葬在衡山。为了纪念他对人类的重大贡献,于是便将衡山的最高峰命名为祝融峰。在古语中,"祝"是持久,"融"是光明,意即他永远光明。

登衡山必登祝融。古人说:"不登祝融,不足以知其高。"唐代文学家韩愈诗云:"祝融万丈拔地起,欲见不见青烟里。"两句诗形象地描写了祝融峰的高峻、雄伟。站在峰顶,可尽观衡山风光。

衡阳南岳衡山祝融峰

衡阳南岳衡山南天门

山顶建有祝融殿,又名老君殿,原为明代所建,现为20世纪80年代重修,是南岳衡山重要的朝拜之地,也是衡山重要的观光场所。祝融殿高踞祝融峰顶,构筑在一个奇石重垒、风急云涌的百多平方米的顶隙里。从祝融峰麓的上封寺到峰顶的祝融殿,有花岗石路层层梯接。从峰顶底脚通到祝融殿山门前石砌平台,有30多级陡峻的花岗石台阶。山门是座牌坊式建筑,牌坊上有"祝融峰"三字石额。门两侧有对联:"寅宾出日,峻极于天。"前者指清晨五到六点时太阳升起,后者说祝融峰顶比天还高峻。祝融殿右侧走廊有另一个小门通向望月台。望月台比祝融殿正殿基约高23米,是花岗岩风化后裸露而成。整块岩面不到4.5平方米,靠边处围上石栏,既可临风小坐,也可凭石栏杆眺望。因为它是衡山最高点,所以风景无际,山风袭人,潇湘帆影,远近山峦,尽收眼底。这里不仅可以眺望到连绵不绝的群山,在无云的夜晚,到这里赏月,别有一番美景。游人站在望月台上欣赏月色,较在平地上别有一番景象。即使月亮西沉,这里也还留有它的余辉。正如明代孙应鳌诗云:"人间朗魂已落尽,此地清光犹未低。"幽妙的情景,可以想见了。

祝融峰附近寺庙林立,景物各有千秋。南岳佛教的五大丛林,祝融峰下就占了两座。南面有上封寺,隋代以前叫光天观,是道教活动的地方。隋炀帝大业年间,下令改为上封寺。沿上封寺正前方走,可见傲然兀立的石牌坊,这就是南天门,其石柱上刻有对联:"门可通天,仰现碧落星辰近;路承绝顶,俯瞰翠微峦屿低。"传神之笔,叫人真想踏上一块白云,随风飘去。

上封寺后的山上有个观日台,现设有气象台。观日台旁边有一块石碑,上面刻有"观日出处"四个大字。在秋高气爽,特别是雨后初晴的日子里,游人可以看到"一轮红日滚金球"的奇景。

祝融峰景点包括老圣殿、上封寺、望月台、南天门、会仙桥等景点,是一个以自然景观为主,人文景观为辅的景区。每年数以百万计的游客来此观日出,看云海,赏雪景。"祝融峰之高"被誉为"南岳四绝"之首。

## 神奇的"香地"之谜

2004年2月间,《邵阳日报》《红网》《邵阳在线》等相继报道湖南省洞口县山门镇清水村发现了一处国内罕见的"香地"。"香地"面积50平方米左右,地下不断有香味散发出,且香味奇特,谁也说不出是什么花草香味。随后,《世界未解之谜》《北京科普之窗》《青年科学》纷纷将其列为科技之谜。

### 采药老人意外跌入"香地"

洞口县位于湖南西南部,雪峰山东麓,资水上游,历史上曾是"西控云贵,东制长衡"的军事要地。

而这块声名鹊起的神奇的"香地",则坐落在清水村西北约2千米远的山腰上一块凹地处。这里群山环抱、树木成荫、人迹罕至,上面是悬崖峭壁,下面是潺潺溪流。

据说,"香地"是当地山民无意中发现的。洞口县山门镇清水村的一位采药老人像往常一样穿梭在人迹罕至的雪峰山中。只见一株奇特的草药长在前方陡峭的石壁上,采药老人顾不上危险,兴奋地爬上那陡峭的石壁。当他把一根草药连根拔起时,不料脚底一滑……几个小时过后,老人渐渐苏醒,他发现自己身处一片浓烈而奇特的异香之中。香味源自何处?他颇为好奇,为了探个究竟,他查看了这里所有的花草树木,均不得要领。无奈之下,他只好蹲下休息一会儿,结果发现,蹲下后,香味儿更浓。他突然明白,原来香味来自脚下,来自他脚下的土地。这使得他惊奇万分:土地竟然会发出这种奇妙的香味?这太不可思议了!异常兴奋的他立即挖了块泥土带回家,并把这一发现告诉了同村人。可是,挖出的泥土带回家后却没有香味了。这是怎么回事儿呢?

### "香地"原因

"香地"的消息很快传遍了附近所有的村庄,好奇的人们如潮水般涌来,意图一睹为快。好奇的人们发现,这一奇特的香味仅仅局限在这方圆50米的范围之内,只要越出"香地"一步,顷刻之间香味便再也闻不到了。

据当地乡民说,香味一年四季都会散发,只要走进"香地",香味立刻就能闻到,而走出"香地",香味也随之消失。至于产生香味的原因,当地人有多种说法:有说是泥土里散发的;有说是岩石上发出的;也有人认为是植物花草中的香味;还有些怀疑"香地"中生长着灵芝菌或野人参等名贵药材。

为了弄出个究竟,不少人曾在"香地"反复搜寻。据某村民介绍,这块"香地"正处于自己的自留山交界之地。为了寻宝,他曾经将这块土地地毯式地挖了一遍,最终却一无所获。

经过细致的调查,细心的村民还发现这里的香味会随气温的变化而变化:早晨露水未干时,

洞口县山门镇清水村的"香地"

甲 苯

香味显得格外香,而且香着实令人陶醉;太阳似火的中午,香味逐渐变淡,这种香又有另一番风趣;黄昏、天阴或雨后天晴时,香味会渐渐变浓,闻起来像香水又远甚于香水。这是什么原因呢?难道只是一个巧合?还是这股香味也会有感应?

从表面看,这里平淡无奇,与附近地区无异,生长着与其他地方一样的花草树木等植物,土壤颜色也与周围的相同,但它却能散发出阵阵奇香。这是怎么回事呢?香味源自何处?为何仅存在于小小的范围内?这奇妙的"香地"究竟是怎么形成的?形成多久了?

**专家考察**

"香地"的趣闻,越传越广,许多专家也带着怀疑的态度来此实地考察。

起初,大家都把目光投向了周围的植被上。会不会是某种植物发出的特殊香气,让人们误以为是这块地发出的呢?众所周知,自然界能发出香味的植物并不少见,最常见的有桂花、米兰、茉莉花等。开花时,这些花都会散发出浓浓香气。

调查组在周围也发现了一些疑似香味源的植物。在周围50米的范围内,共收集了30多种植物,可是没有一种香气与"香地"的香味相似,"植物散发香味说"基本被否定。

还有一个最简单的理由可以证明"香地"的香气不是植物发出的。因为这里一到冬季,就会大雪封山,绝大多数植物都处于休眠状态,不可能散发出任何的香气,但"香地"依然很香,那么植物的因素就自然被排除了。如果说不是植物的香味,那还有什么别的原因吗?

调查组又把目光投向土壤和石块身上。为了便于比较,调查组在进山口和"香地"分别采集了一些岩石和土壤的标本。在把"香地"采集到的岩石敲碎过程中一种特别的气味迸发出来。既然岩石中有气味迸发出来,是不是就可以证明这种石头是"香地"产生香味的原因呢?

据专家介绍,这一地带的岩石和土壤里一般都含有硫和铁等化学元素,然而硫元素和铁元素本身并没有任何气味。并且,这类土壤和岩石在雪峰山随处可见,为什么唯独"香地"一处的有香气散发呢?因此,有关土壤和岩石产生香气的推测也被排除。

**真相大白**

想弄明白香气源自何处,必须先弄清楚这香味到底是什么。于是一个最简单的方法摆在调查组面前:直接分析这里的空气成分。调查组决定先收集一点

"香地"上空的空气。

一个星期后,调查组在对采集的样本加热10分钟后,瓶口冒出的气体正是他们在"香地"里闻到的气味。这说明气体取样成功。

化验后,在采集回来的不同空气样本中,调查组发现了一种相同的化学物质——甲苯。甲苯是一种芳香烃有机化合物,常温下无色、无腐蚀性且有芳香气味。那么检测出来的这种以甲苯为代表的芳香烃气体,是不是"香地"散发香气的最终原因呢?

甲苯是一种化工原料,只有在工厂里才有,它又是如何出现在雪峰山的一条峡谷之中呢?煤是生产甲苯的主要原料,难道说雪峰山的山脉中含有煤炭?通过查阅地质资料,雪峰山山上由西往东有一条煤矿资源带,煤层的厚度为1.5～1.7千米。既然"香地"所在的位置在山下布满煤层,那为何唯独只有"香地"有甲苯气体散发出,其他的地方没有呢?

洞口地区煤层呈由东至西北方向,地质断裂带为由南至北方向。原来,"香地"所处的位置正好处于二者的交叉点上。在地热的作用下,煤层产生了干馏,从而挥发出带有芳香味的以甲苯为代表的芳香烃气体,正是这种以甲苯为代表的芳香烃气体导致了"香地"这种离奇现象的出现。

因此,山门镇清水村的"香地"并不是神地。它的谜底是该地深处有煤炭存在,由于地层局部断裂,在地热的作用下煤发生干馏,从地表裂隙冒出以甲苯为代表的芳香烃气体,也就是人们闻到的香味。由于地热温度比较稳定,煤干馏的反应速度也因此比较稳定,从地表冒出的"香气"量也比较稳定。而不同时候人们闻到的气味浓度不同,是由于在山地受气体的流动程度的影响。早上温度低,露水重,气体流动慢,人们闻到的气味浓;中午以后则反之。春冬季节或者下雨天气也是由于温度低、气压高、气体流动慢,人们闻到的气味浓;而夏秋季节或者晴天天气,则反之。

## 神堂湾深谷之谜

神堂湾位于湖南省西北部武陵源区的天子山自然保护区,是一块充满神秘感的半圆形深峪洼地。据明万历年间(1573—1620年)编写的《慈利县志》记载,它原名叫"神堂寨"。此处三面都是悬崖绝壁,只有一面山上有一

武陵源神堂湾御笔锋

道缺口,可向湾底俯瞰。湾内深谷深不见底,神秘莫测,更令人奇怪的是,只要人们走近湾边,耳际便会隐隐约约响起鸣锣击鼓、人喊马嘶的声音,仿佛千军万马正在厮杀鏖战。

神堂湾当地流传着许多令人毛骨悚然的诡异传说,这从一句俗语就能看出来:"宁下鬼门关,不下神堂湾。"在众多恐怖传说中,最令人汗毛倒立的还是峡谷下传出的恐怖声音。过去相当长一段时间内,没有人敢下到神堂湾的最底层,其神秘的面纱蒙了很久。尤其让人震惊的是,每年大年三十晚上,人们还会听到神堂湾里传出鼓乐齐鸣、人声鼎沸的声音,犹如千家万户聚在一起欢度节日一样。

对于这些怪声,人们众说纷纭。有人说,当年向王天子率众将士跳入了神堂湾,所以,那一阵阵的喧闹声是向王和众将士在过除夕夜。也有人说,神堂湾深不可测,里面"藏龙卧虎",喧闹声是那些动物发出的。还有人说,神堂湾的石头有磁性,不仅录下了当年向王与官军作战的声音,也录下了狂风暴雨、雷鸣电闪的声音,在一定的条件下,这些声音夹杂在一起被放了出来。

据当地民俗专家说,这些诡异的声音已在神堂湾谷底回响了上百年。神堂湾所在的天子山,因山高林密,动物种类非常丰富,仅脊椎类野生动物就有195种,鸟类就有91种。也许,怪声是动物发出的集体吼叫。

地质资料表明,3.8亿年前,张家界还是一片浩瀚海洋。漫长的地质变化过程中,河流带来的大量泥沙沉积在这里,于是形成了520米以上的石英砂岩。后来沧海桑田,张家界地质形态就显现了出来。因为石英砂岩含有磁性,所以神堂湾深谷的怪声会不会是这里的岩石记录下来的呢?

为了彻底搞清楚神堂湾深谷的秘密,一位叫长风的长沙人带着自己的几个朋友来到此地探险。据测算结果称,神堂湾深度为1650米左右,分9个台阶,每个台阶间高度不超过300米。因此,长风等人可在每个台阶处固定绳索,然后继续下行。按照既定原则,他们带的最长绳子是300米,先由一人顺绳而下,探明路线;其他人依次下来,再抽掉绳索,进行固定。不断重复以上方法8次,就可以直下到谷底。

长风是第一个下谷的人,其他人紧随其后。两个小时后,他们才顺利到达第三台阶。下到第四个台阶,他们作了原地调整后,就开

武陵源神堂湾石碑

始描绘神堂湾地图。当然探底还要继续,随着不断深入谷底,两侧峡谷已经变得越来越狭窄,不过功夫不负有心人,9小时后,他们终于到达了谷地。这一路下来,他们并没有看到传说中那些已经成精的危险动物。更让人失望的是,传说了百年的神堂湾谷底,竟然什么都没有,所有诡异谣传就像泡沫,顷刻间化为乌有。

长风团队从神堂湾谷底返回后,宣告了探底活动的成功。第二天,长风马不停蹄地来到长沙,把自己精心描绘的神堂湾构造图递到了地理专家手中。从他们绘制的地图上看,神堂湾呈水桶状,上面小、中间大、下面小,是一个葫芦状的空间地貌。它的四周都是绝壁,最底端是很窄的峡谷。

根据这张神堂湾地图,专家又结合许多声学专家的意见,最后给出了一个科学的答案:神堂湾深谷的百年诡异之声,源于其独特的世所罕见的地质构造。因为这是个喇叭形峡谷,峡谷里的风声、水声、雨声如果混杂在一起,不断撞击绝壁就会产生回响,人们形成听觉误差后就以为是所谓的人马厮杀之声。其实,这只是自然界一种很正常的声学现象。至此,神堂湾深谷之谜终于大白天下了。

##  桃花江因何得名

桃花江,是湖南省桃江县境内的一条小河流,河流虽小,名气却很大。

相传南北朝时,有一个叫潘子良的人,在今桃江县城西南28千米处的一个山崖下炼丹修道。他成仙走后,其炼丹用过的井水变得格外明净。有一天,桃花仙子驾云漫游到此,被其吸引,便情不自禁地降落云头嬉戏于井旁,并将发髻上的一朵桃花丢在井水里,谁知桃花在沾满仙气的井水里翻滚,一变十、十变百,随溢出的井水顺流而下,使整个溪流长年浮满桃花。

另一传说,王母娘娘一侍女看上溪边一石匠,便私自下界与其结为夫妻,临产时被王母娘娘发现,生产后不得不返回天庭。分别时侍女送丈夫一对玉簪,嘱其插到溪流两岸。石匠插完玉簪后,它们便变成了桃树万棵。这条溪流也就变成了桃花江。侍女生下的一男一女也像其母亲一样面似桃花、美若天仙,两岸女子经溪水洗浴,亦百般姣美。

再者加上20世纪30年代,我国著名作曲家黎锦晖先生所作的《桃花江是美人窝》一歌,更使

桃花江观竹楼

桃花江享誉海内外。从此,桃花江披上了神奇色彩,成了世人向往的世外桃源,很多人不知道湖南有个桃江县,却知道湖南有一条出美女的桃花江。

桃花江全长58千米,现在主要景观有桃花江、天问台、桃花湖、羞女山、马迹塘、浮丘山、罗溪瀑布、桃花江竹海等八大生态风景区。

羞女山主峰高375米,位于距县城15千米的资江北岸,由大小七个山峰组成,山形像仰卧小憩的出浴美女,山后有一眼羞女泉,当地人说:喝了羞女泉的水能使姑娘肤色更美,老年人延缓衰老,每到阳春三月,满山各色杜鹃盛开,景色煞是喜人。天问台又名凤凰山,位于桃花江汇入资江的地方。传说,战国时期楚国爱国诗人屈原曾流放到此,作著名的《天问》。山上曾建有天问阁,现只存遗碑,山下有一巨石伸向资江,传说屈原曾在此垂钓,后人称之为屈子钓鱼台。离天问台2.5千米处,有一处四面环山的花园洞,传说屈原曾在这里居住过。从桃江县城南行35千米,有一个水面几百万平方米的桃花湖。它是一个能蓄7000万立方米水的水库,每年的3月末到4月初,沿岸桃花盛开,水映花色,美不胜收。水坝之上的子良岩,传说因南北朝时期有一个叫潘子良的人在此得道成仙而得名,石壁上镌刻有"石破天惊,仙山第一"八个大字;桃花湖中众多小岛漂浮水面,泛舟其中快乐融融。尤其是桃花江竹海,它是桃花江旅游风景区一颗璀璨夺目的明珠,是桃花江竹乡美景的标志,是国内外游客观竹赏竹、亲近自然、度假避暑、旅游休闲的最佳去处。

一方山水养一方人,桃花江山美水美人更美。早在1986年,国务院就批准桃花江为对外开放的旅游风景区。桃花江竹海2000年被定为省级森林公园,2003年又被评为国家AA级景区,良好的生态文化旅游环境,引得国内外游人纷至沓来。

君山湘妃祠

## 君山因何得名

君山系洞庭湖中的一个美丽小岛,原名洞庭山,又名湘山,后称君山。位于岳阳市区西南方,总面积0.98平方千米,与千古名楼岳阳楼隔湖相望,是一个山体呈椭圆形,两旁高、中间低的小岛。山上有大小峰72个。

此岛为何称君山呢?对此有两种说法。

一种是相传4000多年前,舜帝南巡,两个爱妃娥皇、女英随之赶来,船被大风阻于君山,二妃突然听到舜帝已死于苍梧,悲痛欲绝,望着茫茫的湖水,攀竹痛哭,泪水洒遍了山上的竹林,遂成斑竹。不久,二妃忧郁成疾,死于洞庭湖,死后即为湘水女神,屈原称之为"湘君"。二妃葬于山之东麓,为纪念二妃而改洞庭山为君山。

另一说法是因为历史上许多皇帝都曾来过此山而得名。如轩辕帝来君山铸鼎炼丹,秦始皇来君山封印,汉武帝来君山射蛟和求仙酒,乾隆帝则在此考侍臣……因与帝王有缘,故得名君山。传说君山72峰就是蛮荒时代洪水成灾,湖中72位碧螺仙子为拯救生灵,牺牲自己变化而成的。

总之,从它存在开始,就充满了传奇色彩。史料记载,在7000多年以前,人类就在君山上繁衍生息,留下了乌龙尾、猴子洞等遗址,还有石斧、石箭、石玉佩和大量陶器。君山岛的很多古老的故事与神话又多记载于《山海经》《史记》《水经注》等经典古籍。因此有人说,君山一日游,等于读了半部中国史!

君山四面环水,气候温和,雨量充沛,云雾缭绕,土地肥沃,宜于竹类和茶树生长。山上有罗汉竹、斑竹、方竹、实心竹、紫竹、龙竹、梅花竹、连理竹等多种。相传斑竹上的点点斑痕乃舜帝二妃攀竹痛哭时留下来的。岛上所产的特色绿茶——君山银针驰名海内外。君山银针茶,唐时就定为贡品,专供帝王饮用。1956年莱比锡世界博览会上,"君山银针"被誉为"金镶玉",获金质奖章,现为我国名茶之一。君山上的珍贵小动物——金龟,不仅可供观赏,亦是药用良材。

据《巴陵县志》记载:君山原有三十六亭、四十八庙、五井、四台等众多名胜古迹,现已修复的有二妃墓、湘妃祠、柳毅井、传书亭、朗吟亭、飞来钟等古迹。其中蕴含的故事感人至深!

## 壶瓶山为何有"湖南的屋脊"之称

壶瓶山,"新潇湘八景"之一、湖南十大山岳景观之一。位于湖南省常德石门县壶瓶山镇北端,为湖南极北之界山,神秘的北纬30度穿行而过。壶瓶山为湖南石门、湖北五峰、松滋、枝江、宜都等县诸山之祖。主峰海拔2098.9米,为湖南第一高峰,故有"湖南的屋脊"之称。

壶瓶山群山巍峨,奇峰挺拔。相传唐代诗人李白流放过此,写下了"壶瓶飞瀑布,洞口落桃花"的千古佳句;清乾隆皇帝有诗感慨"壶瓶好景看不足,来生有幸

常德石门壶瓶山

曾被流放于壶瓶山的李白

再重游"。

壶瓶山面积 15 平方千米,珍木异草遍野。壶瓶山是华中地区"弥足珍贵的生物物种基因库",已查明的植物达 6500 余种。木本植物 831 种,其中国家重点保护树种 28 种,药用植物 1019 种,野生动物 350 多种,被生物专家誉为"内藏万金的绿色宝库"。

壶瓶山有陆栖脊椎动物 172 种,有珍稀濒危动物 53 种。其中有国家一级保护动物云豹、金钱豹、华南虎、黑鹿、金猫等 7 种;有国家二级保护动物猕猴、白冠长尾雉、红腹角雉以及世界现存的最大两栖动物——大鲵(娃娃鱼)等 41 种。

珍稀植物则有国家一级保护植物珙桐、钟萼木两种;国家二级保护植物银杏、连香树、厚朴、鹅掌楸等 29 种。这些珍稀植物大部分属于第三纪冰川期的古植物和第三纪以前的孑遗树种,有"活化石"之称。其中,湖南花楸、石门鹅耳枥、长果秤锤树为以前从没发现的新种,被誉为"天外来客"。中外植物学家证实,壶瓶山小溪一带的珙桐是目前世界上面积最大的珙桐群落集中地。

壶瓶山的水非常纯净,水质清澈,能见度超过 10 米,是源自大山深处的水,是原始森林滤净的水。境内 7 条溪河从源头下跌落差近千米,水流湍急,形成上百处瀑布,其中最具观赏性的是象鼻子沟、纸棚河、黄莲河等处的数十个瀑布。壶瓶山还有神奇的泉水,有环张家界旅游区品位最好的热水溪温泉,有喊泉(泉水随人的喊声潮涌而出)、米汤泉(流出的泉水像米汤、像牛奶,又叫奶泉)、鱼泉(雷雨时鱼群从泉眼中涌出)、浑清泉(一会儿浑水、一会儿清水)、惊泉(爆竹声响时泉水喷射数十米)、偏泉(人眼看上去水面是倾斜的)、不涸不溢泉(取之不尽,不满溢)。

壶瓶山 3 万居民绝大部分是土家族,这里历史上是添平土司统治的中心区域,现在仍然民居古老、民俗浓郁、民风淳朴、民贸繁荣。其奇异的哭嫁歌、跳丧舞、摆手舞、对山歌、土地戏、打溜子、九子鞭、嫁儿招婿等风俗习惯非常奇特。壶瓶山附近出土的古代巴人军乐乐器虎钮錞于在全国一次性出土最多,馆藏最多。壶瓶山还有中国第五大民间传说"桩巴龙"的印证地。

壶瓶山越来越受到国内外的高度关注,被世界自然基金会、国际自然保护联盟、世界银行联合选定为全球 200 个重点生态区之一;被国务院批准为国家级自然保护区;被湖南省确定为重点生态旅游区。张家界的山,九寨沟的水,壶瓶山的峡谷美。壶瓶山的大峡谷、大森林、大瀑布、大氧吧欢迎大家来领略生态之旅、神秘之旅、度假之旅、科普之旅！

##  天书宝匣位于何处

天书宝匣，是张家界森林公园一处著名景点，位于黄石寨前山。

黄石寨前山半山腰娱乐台右下侧的一座西向而立的石壁凹台上兀立着一座高约20多米的圆形石柱，四周陡峻，顶端为一平台，其上有5棵青松围着一块长约3米、宽1.5米、厚约80厘米匣形的石块。此石块上又覆盖一块与匣长宽相等的石板，似匣盖，厚10厘米左右，一半盖于其上，一半悬空。两石恰似抽开半截盖子的古代书匣。传说匣里藏有黄石公天书三部。回头则是一堵百丈绝壁，上面叠印着水渍浸成的白色痕印，像一匹匹白练垂挂，白练上"墨迹"点点。有诗曰："谁识其中秘？洪荒或有仙。"民间俗传此匣乃古代向天子所弃，故称天书宝匣。

民间传说向王天子起义前，曾得张良仙师"天书"一部，可惜向王天子只读了几页就被龟精盗走，只留下一个空匣子。"天书"被盗，"天机"泄露，就注定向王天子难成气候，令人扼腕叹息。因盗天书者慌张，连匣子盖也没关紧，还留着一半没关便逃之夭夭了。

另外，与天书宝匣有关的还有一个传说：古代有一个名叫张得利的财主，他四体不勤，五谷不分，但一心梦想登基做皇帝。于是，他就到黄石寨顶上的清平寺进香求神。庙里的长老见他心切，便给他抽了一签，上书28个金字："真神下界赐天卦，天卦要你开宝匣，宝匣里面藏天书，得了天书坐天下。"张得利看到"坐天下"三个字，笑得合不拢嘴，立即吩咐家丁伐树搭天桥，急着要开匣取天书。可是，他们打开宝匣一看，并不见天书，只有一张黄纸，上书"天书在天边，天边在山前"10个字。

张得利按照黄纸上所讲的，急忙来到南天门朝对面一看，果然有无字天书挂在悬崖上面。这悬崖险峭如削，如何上得去？没办法，他又去清平寺求神。菩萨告诉他，只要他诚心诚意，便有仙鹤为他取得天书。第二天，他又来到南天门，果见一只白鹤飞来，他以为是仙鹤为他取天书，就往悬崖纵身一跳，不料

天书宝匣

天书没有取得，他却一下子掉进了万丈深渊。

当时张得利因取天书心切，没把宝匣关上就走了，所以至今还可以看到宝匣盖有一半没关紧。张得利掉进了深渊，那天书依旧高挂在天边，无人能取。

此峰虽不高，但孤峰突兀，四面如削，无路可通，只能远视，不能近看。

## 天子山为何被誉为"峰林之王"

天子山原名青岩山，是武陵源的四大景区之一，位于"金三角"最高处，海拔最高1262.5米。因宋代土家族首领向大坤在此率众起义，自称"天王"，后来殉难于此，故得名天子山。天子山风光旖旎，景观奇特，尤以石林奇观闻名遐迩。峰高、峰大、峰多，是它的一大特色，因而有"峰林之王"的美称。

石峰如剑如戟，森然列于其间，更似千军簇拥，气势雄浑无媲。览胜之间，令人遐思无限，不得不惊叹造物者的鬼斧神工。有"扩大的盆景，缩小的仙境"之美誉。

天子山的神奇，在于烟云缭绕的奇石危峰，如柱、如塔、如笋，低者数十米，高者数百米，雕镂百态。有屈子行吟，有姐妹私语，有夫妻情深，有众仙聚会、群娥起舞，有天兵出征等天然群像。当地群众称形同武将的石柱为"四十八大将军，四十八小将军"，摆起八门锁阵，天子坐朝阅兵。相传宋代土家族起义首领向大坤曾引兵3万，自称向家天子，誓与朝廷抗衡。后激战数日，失败被围，大喝三声，从袁家界右侧神堂湾岩嘴上连人带马跳下，化成了天子坐朝等奇峰异石。至今神堂湾神秘莫测，纵深部位环列绝壁千仞，临崖俯瞰，但觉阴气逼人，深不可知。从古到今，这里人迹罕至，无人揭示过它的秘密，人们只好寄想象于神话传说之中，给天子山披上了一层神秘色彩。

天子山还有云雾、月夜、霞日、冬雪四大奇观。云雾，是天子山最多见的天象奇观，有云雾、云海、云涛、云瀑和云彩等景象。久雨初晴之后或霏霏细雨之中，先是朦胧大雾，继而形成白云，环绕飘浮。群峰在无边无际的云海中时隐时现，使人仿佛置身于蓬莱仙境之中。有时云雾从溪口涌出，爬过峰顶，然后以铺天盖地之势，飞泻而下，形成云瀑，十分壮观。当月明星稀，万籁俱寂时，这里的峰林被朦胧月色披上了一层"魔纱"，似一群群魔影耸立在幽谷之中。

张家界天子山风光

耳闻禽兽呖呖的叫声,使人产生一种神秘感。霞日,晴天的早晨,一轮红日在朵朵红云的衬托下,从奇山异峰中冉冉升起。千万座石塔,亭亭玉立,披上了一层红霞,十分迷人。入冬,冬雪,天子山银装素裹,青松和峰顶被大雪覆盖。此时的天子山冰柱倒立,冰花四散。

天子山风景区主要景点有:贺龙公园、神堂湾、点将台、御笔峰、仙女散花、云青岩、天子阁、神兵聚会、石船出海、武士驯马、西海石林等众多林峰,形态各异,栩栩如生。

天子山的风光,用一句话来概括,就是"原始风光自然美"。它的景观、景点都天造地设,全无人工雕琢痕迹。

##  天门山为何被誉为"武陵之魂"

天门山古称嵩梁山,又称云梦山、方壶山,以其山势高绝如梁山嵩岳而得名。位于湖南省张家界市,距市区仅 8 千米,是张家界地区最早载入史册的名山,也是张家界地区海拔最高的山,其主峰海拔 1518.6 米,又是张家界的文化圣地,被尊为"张家界之魂",有"湘西第一神山"的美誉。是国家 AAAAA 级景区,更有着中国最值得外国人去的 50 个地方、中国最令人向往的地方、湖南"新潇湘八景"、中国自驾游百强景区、中国网民最关注的十大景区等多项荣称。1992 年 7 月,天门山被国家林业部批准为张家界的第二个国家森林公园。

在三国吴永安六年(263 年),嵩梁山忽然峭壁洞开,玄朗如门,形成迄今罕见的世界奇观——天门洞。吴帝孙休认为这是吉祥的征兆,于是将嵩梁山改名为天门山。山下置天门郡,也就是今天的张家界市。

天门洞终年氤氲蒸腾,景象变幻莫测,时有团团云雾自洞中吐纳翻涌,时有道道霞光透洞而出,瑰丽神奇,宛如幻境,似蕴藏天地无穷玄机。故元代大学士张兑诗曰:"天门洞开云气通,江东峨嵋皆下风。"道出了天门洞的超凡和神圣。登天门洞的天梯,共计 999 级台阶,天梯的两侧有五个休息平台,分别名为"如意""青云""长生""琴瑟""有余",寓意"福、禄、寿、禧、财"五福临门的意思。

天门山独特的喀斯特台型地貌举世罕见,为四周绝壁的台形孤山,几千米之内高差达到 1300 多米,从而造就了孤峰高耸、临空

张家界天门山

张家界天门山天门洞

独尊的雄伟气势。山顶部分相对平坦,面积达2平方千米,山顶森林覆盖率达90%,奇石异木繁多,拥有世界罕见的高山珙桐群落,一年四季野趣盎然,处处如天成的盆景,被誉为世界最美的空中花园和天界仙境。唐代诗人李白曾写《望天门山》一诗:"天门中断楚江开,碧水东流至此回。两岸青山相对出,孤帆一片日边来。"诗中描写的天门山的妩媚可见一斑。

天门山的文化底蕴深厚博大,尤其以佛道文化和神秘的民间传说闻名遐迩。三皇之一的神农、雨师赤松子、纵横家鼻祖鬼谷子均在此山留下了可供后人追访的遗迹。而千百年来,"天门洞开、天门翻水、天门转向、野拂藏宝、鬼谷显影、天门瑞兽"六个难解之谜相继涌现,更是为天门山渲染着扑朔迷离、神秘莫测的气氛。

天门山的旅游交通也具有鲜明的特色。天门山索道虹索龙翔,蜿蜒99弯的通天大道扶摇盘旋,悬崖绝壁上的鬼谷栈道更是刺激震撼。

奇山、奇洞、奇景,这就是天门山——美丽张家界的新传奇!

##  赤松子为何隐居天门山

天门山隐逸文化在整个天门山文化中占有很大比重,充满着神话色彩,显得扑朔迷离。开天门山隐逸文化先河的是神农皇帝的雨师赤松子。

赤松子,神农时代的雨师。他长身玉立,颜如朝霞,仿佛永远都只有三十来岁。

赤松子任雨师之时,要天雨,天就雨;要天晴,天就晴;五日一雨叫行雨,十日一雨叫谷雨,十五日一雨叫时雨。当时,老百姓因为他有这样大的本事,都称他下的雨为神雨。

赤松子善于吐纳导引之术,辟谷不食,常常吃些火芝,以当餐饭。他最爱吃枸杞子,所以牙齿生了又落,落了又生。他还劝神农服食水玉,说是能够入火不烧,深得神农氏小女儿的崇拜。自从他辞去雨师之职后,就邀神农氏小女儿跟他访名山,游四海。

不知何年何月,他来到舜放欢兜的大庸县,先上张家界,再登天门山。他认为天门山孤峰耸天,充满灵气,可以在此修炼居住。于是在丹灶峰下专心致志炼丹。历代以来,人们留下了许多吟咏赤松子在天门山炼丹的诗文。如清代诗人叶守礼吟道:"悬崖峭壁绝尘寰,上有仙人学炼丹。炼得丹成鹤已去,独留丹灶在峰峦。"

天门山四周有16座山峰,它们如众星拱月,其中一座叫丹灶峰,相传因赤松子炼丹而得名。

赤松子隐居天门山后,引得许多名流追随而来。楚国屈原大夫、汉代名臣张良都"从赤松子游",到天门山、张家界寻访赤松子遗踪。司马迁《史记·留侯世家》中有张良"愿弃人间事,欲从赤松子游"的记载;清道光《永定县志》中亦称:"良得黄石公书后,从赤松子游,邑中天门,青岩各山多存遗迹。"

赤松子究竟何时何故离去,仍是个谜。但他所到过的地方,均因他得名,留传至今。如山上至今有赤松峰、金水池、丹灶峰、赤松桥、赤松岩;山下则有赤松村、赤松坪、赤松溪等地名或遗址。

赤松子

##  舜帝归处——九嶷山有何美丽传说

九嶷山又名苍梧山,位于湖南省南部,宁远县境内,属南岭山脉之萌渚岭,纵横1000余千米,南接罗浮,北连衡岳。"苍梧之野,峰秀数郡之间,罗岩九峰,各导一溪,岫壑负担,异岭同势,游者疑焉,故曰九嶷山。"可见,是因游人望着九座相似的山峰不胜疑惑,此山才得名九疑山(九嶷原作九疑)。

毛泽东作有《七律·答友人》一诗:"九嶷山上白云飞,帝子乘风下翠微。斑竹一枝千滴泪,红霞万朵百重衣。洞庭波涌连天雪,长岛人歌动地诗。我若因之梦寥廓,芙蓉国里尽朝晖。"此诗说出了九嶷山及舜帝的传说。

舜帝是中华民族始祖之一,号有虞氏,因德才突出被尧帝禅让帝位。据《史记·五帝本经》载:"舜南巡狩,崩于苍梧之野,葬于江南九嶷。"传说他的二位妃子娥皇、女英听到噩耗后便来寻找,她们日夜不停地哭泣,眼泪洒落在竹上,

宁远九嶷山

舜帝

留下斑斑泪迹,由此有了斑竹(湘妃竹)。据传说舜帝是为黎民百姓操劳过度成疾而逝的。所以九嶷山一带的人民非常怀念他,为他修陵筑庙,隆重祭祀。

九嶷山的最高峰是舜源峰,因与舜帝的传说有关且舜陵、舜庙均在舜源峰下而得名。此外九嶷山还有娥皇、女英、桂林、杞林、石城、石楼、朱明、箫韶八峰。

舜陵位于九嶷山最高峰舜源峰下,陵前建有舜庙,因远古时帝王驾崩以山为陵。现在的舜陵也只是一个大概的位置。舜庙是为了方便祭祀舜陵而建的,相传夏朝时始建,原址在九嶷山的太阳溪,明朝洪武年间迁庙至舜源峰下。

除舜陵、舜庙外,九嶷山的九座山峰、奇景迭现的溶洞、流水、斑竹等均是知名的景致。比较著名的景观有舜源峰、舜帝庙、三分石、宁远文庙及紫霞岩、玉琯岩、飞龙岩、无为洞等。

九嶷山是一个瑶族聚居区,瑶族的瑶歌、长鼓舞,以及瑶家姑娘出嫁"坐歌堂"的婚俗,都是风趣而极富情致的活动,可使人永志不忘。此外瑶家的银饰、刺绣、编织、挑花等,都是久负盛名的手工工艺品,具有独特的民族风格。

九嶷山是一处风景秀美的景区,挺拔雄伟的山峰、郁郁葱葱的林海、千奇百怪的溶洞及汨汨流淌的溪泉尽皆各自成景。所以古往今来均有文人墨客来此凭吊舜帝,吟咏如画的美景,因此脍炙人口的佳句比比皆是。来九嶷山游览观光,既可听到关于舜帝的美好传说,凭吊拜祭舜帝,又能观赏名胜古迹,更可从历朝历代的诗词歌赋中领略到九嶷山景区的文化底蕴。

##  二酉山为何有名

二酉山坐落在沅陵县城西北 15 千米处的二酉苗族乡乌宿村,因酉水和酉溪在此汇合而得名,山梁起伏,状如书页,所以又称万卷岩,是中华文化圣山,道家第 26 洞天,国家 AAA 级旅游景区。

相传上古时黄帝曾于此山藏书。武陵人善卷因避舜帝禅让,隐于此山守护黄帝藏书,并以之教化当地百姓。周朝时,周穆王又在此山收藏异书。秦始皇执政,焚书坑儒,博士官伏胜偷运禁书五车,藏于山半石洞,直至秦亡,才拿出来献给汉高祖刘邦,终于保住春秋诸子百家学说不致断绝,为延续中华五千年文明立下不可磨灭的功勋。成语"学富五车，书通二酉"即出于此。刘邦在获得伏胜所献大量前秦书简时大喜，亲自将二酉山藏书洞封为"文化圣洞"，将二酉山立为"天下名山"。从此以后，二酉山二酉洞就成了天下胜迹。二酉山藏书功德，厚重千秋，被历代文人墨客视为天下名山而敬仰崇拜。山半石洞下方留有原燕京大学校长、湖南督学使

沅陵二酉山

者张亨嘉于清光绪六年（1880年）二月所立的榜书碑刻"古藏书处"四个大字。

宋真宗年间，辰州通判欧阳陟游于此山，感慕追思善卷之德，上书真宗皇帝赵恒，请建祠庙祀善卷，以示崇德报功之意。真宗皇帝准奏，下旨在二酉山巅立善卷堂，封善卷墓，建仰止亭。亭名"仰止"，源于"高山仰止，景行行止，虽不能至，然心向往之"一句。意即善卷的德行像山一样高耸在上，再也没有人能超过他。明朝时，辰州卫人董汉策、王世隆，分别自费在山中建翠山、妙华书院。抗日战争期间，湘府迁沅陵，来此避难的专家、教授不计其数。乌宿小学校长龙盛恒借此机会，聘请其中有名望者执教小学生，为乌宿人才教育奠定了坚实的基础，以至新中国成立后，二酉山人才辈出，成为闻名全国的教授村。

沅陵二酉山气候适宜，为众多物种生存、发育提供了有利的条件。山上植被可分为森林、灌草两种。植物达500多种，仅木本植物、乔木树种就有20多种，其中为国家二级保护的树种有杜仲、银杏、胡桃等10余种。动物达300多种，属于国家珍稀保护的有猴面鹰、红腹角雉、飞狐、大鲵（娃娃鱼）等。另有爬行类20种，昆虫30种，两栖类10种，鱼类30种，禽类30种，兽类11种。

山间气候四季分明，灵气十足，有丰厚的文化底蕴，是古今文人向往之地。

##  捞刀河是如何得名的

捞刀河，又名捞塘河、潦浒河，为湘江一级支流，位于湖南省长沙市境内，发源于浏阳市石柱峰北麓的社港镇周洛村，流经浏阳市社港镇、龙伏乡、沙市镇、北盛镇和永安镇，长沙县春华镇和黄华镇，开福区捞刀河镇于长沙城北洋油池汇入湘江。全长141千米，流域面积为2543平方千米。其源头为连云山脉的石柱峰，中游正好在北盛、洞阳、永安一带。

捞刀河的由来与三国名将关羽战长沙的故事有关。相传关羽（关云长）受

捞刀河

刘备之命,率精兵五百攻打长沙,来到浏阳与长沙交界的地方,屯兵缓进,以探虚实。有一天,关公与部属乘一小船沿河进入湘江,然后往南径直而去,想从水路打探长沙城河防情况。宽阔的湘江江面,战船密布,戒备森严。关公暗自思忖,若从水路进军攻取长沙,肯定行不通,于是闷闷不乐,率部属倒桨回营,准备策划再战。

不料,刚返回河口时,一个大浪将小船颠了起来,向来稳重的关公猝不及防,手中的青龙偃月刀不慎落入河中。正焦急之间,只见部将周仓急急跃入水中,逆水而上追寻宝刀。周仓跟随关羽多年,深知青龙偃月刀的性能,一口气逆水追了七里才将宝刀捞了上来。原来,关公宝刀上镶嵌的青龙入水而活,宝刀入水后,青龙荷着宝刀逆水而上,须疾行七里方休。从此以后,关公落刀之处就叫"落刀嘴",周仓捞刀之处就叫"捞刀湾"(后人在岸上建镇,叫捞刀河镇,镇上所产刀剪锋利无比,闻名遐迩),而捞刀的这条河,就改叫捞刀河。

##  "天下第一漂"位于何处

　　猛洞河"天下第一漂"是全国仅有的两条四星级漂流线路之一,是国家旅游局重点推荐的20条国际旅游精品线路核心景点之一。"张家界看山,猛洞河玩水"已是湖南湘西旅游的精髓。

　　猛洞河位于湖南省湘西土家族苗族自治州境内,地跨永顺、古丈两县,全长100多千米,下游与酉水汇合注入沅江。因其源头在龙山县的猛必村,那里有一洞,水从洞内流出,故名猛洞河。猛洞河漂流景区位于猛洞河支流司河,全长47千米,最精彩处位于哈妮宫至牛路河段,长约17千米,漂流两个半小时。

　　从哈妮宫放舟而下,一路是古老的河道,绝壁百里,怪石嶙峋,滩奇水异。两岸林木苍翠,云雾缭绕,飞瀑流泉与岩溶峰林交相辉映。拐155个弯,在133个滩潭中穿梭而行,迂回流连,

猛洞河漂流

驰魂奔魄,心旷神怡。有十里绝壁,十里瀑泉,十里画卷,十里洞天的美誉。其中有急流险滩108处,大小瀑布20处。漂流,穿急流,越险滩,闯狭谷,捕激浪,有惊无险,回味无穷。特别是哈妮宫、三角岩、鸡笼门、遇仙峡(捏土)、阎王滩、落水坑、梦思峡、鲤鱼剖肚、三大炮等景点,无不令人叫绝观止。原国家旅游局局长刘毅漂后赞道:"全国独有。"原全国人大常委会副委员长费孝通漂后题词:"天下第一漂。"香港著名摄影艺术家陈复礼先生漂后赞扬:"真正的漂流,不是在菲律宾,而在中国湖南猛洞河",并题词:"寻幽、探胜、刺激、舒(抒)情兼而有之,猛洞河漂流游,行将扬名天下。"2002年2月,"天下第一漂"获得湖南省著名商标,这是我国旅游服务行业唯一的著名商标。

##  为何金鞭溪被誉为"世界上最美的峡谷"

金鞭溪因溪畔有一金鞭岩而得名,全长7.5千米,游程约3小时。沿路主要景点有观音送子、金鞭岩、花果山、文星岩、紫草潭、千里相会、跳鱼潭、水绕四门等。许多旅游者坚持认为金鞭溪是世界上最美的峡谷,这绝非过誉之词。

那座不起眼的小石峰,酷似一个人怀抱孩子远观前方,当地土人叫它"观音送子"。据说久婚不孕的夫妇,只要诚心在这里许个愿,就有可能如愿以偿。但究竟灵不灵验,还得靠自己体验。

如果要问张家界国家森林公园的标志景点,答案便是金鞭岩。金鞭岩相对高度380多米,拔地而起,直插云霄,无论你远看近看、正看侧看,它都是一根刺破青天的长鞭!金鞭岩左侧的那座岩峰很像一只凶猛的老鹰,勾嘴瞪眼,双翅略展,时刻警觉地守护着金鞭,人称"神鹰护鞭"。

花果山位于金鞭溪入口处,这里溪水平缓,河床相对开阔,一挂瀑布从高山上倾斜而下,著名导演杨洁拍摄的电视连续剧《西游记》就是以此处为花果山外景地的。

左前方,那刎石峰极像鲁迅头像。鲁迅先生是文坛巨星,因此,人们就把它叫做"文星岩"。也有人说很像高尔基。无论像鲁迅,还是像高尔基,反正都是世界文坛巨星。

紫草潭位于金鞭溪与砂刀沟汇合处。谷为紫红色砂岩,因经流水多次冲刷成槽状,而得名紫

张家界金鞭溪风光

张 良

草潭。潭水清澈见底,奇峰、绿树、紫石映入潭底,斑驳陆离,波光粼粼,绿影摇曳,极为自然和谐。潭上小桥为一块完整的天然巨石。

跳鱼潭位于紫草潭下游。若把金鞭溪比作绝代丽人,两潭则是其一双动人的眼睛。跳鱼潭也是由溪水冲刷而成的石槽,水流倾泻入潭,形成落差,游鱼产子期溯水而上,至此活蹦乱跳,故名跳鱼潭。

有缘千里来相会,万水千山总有情。望郎峰是如此,夫妻岩是如此,千里相会同样如此:爱情让时间溜走,时间却没能让爱情溜走,云来在云里相会,雨来在雨里相会。

水绕四门是一块风水宝地,相传汉留侯张良就葬在这里。民族学家龙炳文这样写道:"踏遍青山寻古人,四门水绕得佳城;香炉岩上旧土堡,汉代留侯张良坟。"

武陵源号称"峰三千,水八百""三千翠薇峰,八百琉璃水"。而水又以金鞭溪为代表,民间称久旱不断流,久雨水常绿。而且,金鞭溪的水,用来洗澡不需香皂;用来洗头不需洗发水;用来洗衣服,不需洗衣粉。美国科罗拉多州副州长南希说:金鞭溪若卖空气,绝对是一笔不可估价的收入!

##  宝峰湖为何被称为"世界湖泊经典"

世界六大自然遗产之一的宝峰湖,被称为"世界湖泊经典",地处张家界武陵源风景名胜区的核心地带,距天子山8千米,距武陵源区政府1.5千米,距黄龙洞8千米。宝峰湖风景区集山水于一身,融民俗风情为一体,尤以奇秀的高峡平湖绝景、"飞流直下三千尺"的宝峰飞瀑、神秘的深山古寺闻名。

宝峰湖主要景点由宝峰湖和鹰窝寨两大块组成。其中宝峰湖、奇峰飞瀑、鹰窝寨、一线天被称为武陵源"四绝",是武陵源风景名胜中的精品景点,也是张家界核心景区唯一以水为主的旅游景点。曾作为2001年张家界国际森林保护节文艺表演的天然布景,在中央电视台、湖南电视台多次亮相,骤然间成为海内外游人心中的胜景。它是一座罕见的高峡平湖,四面青山,一泓碧水,风光旖旎,是山水风景杰作。

宝峰湖水深72米,长2.5千米,以其秀丽的湖光水色与幽野的洞天情趣成为武陵源水景风光的代表之作,电视剧《西游记》中花果山水帘洞外景就拍摄

(于1992年拍摄)于"奇峰飞瀑"。

湖中有两座叠翠小岛，近岸奇峰屹立，峰回水转。泛舟漫游，只见一湖绿水半湖倒影，充满诗情画意。群峰拥抱的宝峰湖，湖面犹如一面宝镜，四面青山，一泓碧水，荡桨悠游，格外惬意。坐在船上，环顾四周，千山耸翠，俯视水中，倒影慢移，碧水照得群峰绿，人面桃花水映红。叠翠堆绿的小岛，像颗颗绿色的宝珠，给山湖更添了几分神秀的姿韵。"一鉴深藏锁翠微，移来三峡四周围。游船驶入高山里，惊起鸳鸯对对飞。"这便是对宝峰湖风光真实的写照。韩剧《九天洞》拍摄的湖水就是宝峰湖。

张家界宝峰湖

在湖中漫游，还可以见到湖心岛上的一些佳景，如"仙女照镜""高峡平湖""金蟾含月"也各有特色。

鹰窝寨为宝峰公园一景，进公园后西向登山数百石级，头顶的石峰裂缝如线，入口处有古城门雉堞，尽处有宝峰古寺，香火旺盛。一线天是宝峰公园的一大绝景。峡谷长200余米，高100余米，平均宽度不足两米，中有小溪，溪畔石级盘旋而上，清幽无比，曲奥无穷。该游览线还有一系列景点，著名的鹰窝寨位于宝峰湖西南一绝壁之上。相传旧社会有匪首如鹰盘踞山顶小寨。电视剧《乌龙山剿匪记》(1986年版)就拍摄于此。

山寺门沿石阶下至山腰便到山歌亭，土家阿哥阿妹的山歌，原汁原味，纯朴、优美，充满湘西风情，百听不厌，令人陶醉，流连忘返！

##  不二门为何被誉为"天下第一门"

不二门风景区是一座国家级的森林公园，湖南省著名森林景观，也是省内的佛教圣地之一。风景区位于永顺县城南1.5千米的猛洞河畔，总面积达30平方千米，是猛洞河风景区的北大门。不二门由三座石峰组成，壁立千仞，一径中开，石裂双扉，天劈一线。石门上方刻有"不二门"三个字，取自佛教"不二法门"之语。意即独一无二。自古以来，不二门就有"天下第一门"之称。著名文学家沈从文手书"石门天凿"四字镌刻于石门北侧，为沈先生生前最后一次回乡时题写。

景区以奇石、温泉、石刻、观音朝拜为其特色。入园有洗心池，泉水涓涓流

永顺不二门

出,一洗手,清凉直抵心底,寓意洗心。

石灰岩溶蚀而成的不二石门、莲花池、八阵图被视为大自然的鬼斧神工之作。一笔呵成的"山青海岸"四个字合成一个"岸"字的石刻,有迷魂阵之称的八阵图更令人惊叹不已。这里一年四季苍翠葱茏,梵声缭绕,是修身养性的好地方。《乌龙山剿匪记》《湘西剿匪记》均拍摄于此。

不二门内两侧石壁开阔如屏,历代文人墨客或赞山水之幽绝,或抒心胸之豪情,雕凿了种种摩崖石刻。据《永顺县志》记载,不二门石刻有神秀独钟、吾道南来、白云门开、砥柱中流、眼前南海、百宝胜光、别开生面、别有天地等 100 多处。历经风雨沧桑之后,现仅存鬼斧神工、胜境无双、涤尽尘氛、瞻奇仰异、海上飞来等数十处。

这里古柏参天,藤萝倒挂,环境幽美。凝神盘坐的南海观音是一块天然造型的巨石,惟妙惟肖。观音岩周围,环绕着具有明清风格的地藏庵、嵩山堂、水府阁等建筑物,布局灵巧紧凑,主题鲜明,因势造景。

景区内有石门天凿、玉嶂屏环、澄潭月影、古洞仙踪、温泉烟暖、层阁耸翠、松径留云、净地清心八景。

清代名士白介庵所作《松径留云》《古洞仙踪》《层阁耸翠》《玉嶂屏环》《澄潭月影》等观音岩八景诗尚凸显在石壁之上。其中《石门天凿》一诗完整无缺:"法门高耸五云偎,鬼斧神工妙化裁。鞭石无痕还着相,振山有铎不须锤。地沾花雨千歧坦,道接薪传一线开。莫道终南称快捷,巨灵神辟小蓬莱。"

## 飞天山为何被誉为"丹霞奇境,寿仙佛地"

飞天山,位于湖南省郴州市苏仙区境内,距市区 18 千米,总面积 110 平方千米。飞天山盛名已久,大旅行家徐霞客曾赞叹飞天山"无寸土不丽,无一山不奇",并镌刻"寸土佳丽"。景区山顶相连,沟壑纵横,山环水绕,寨坦错落,精巧处如精雕细琢,巧夺天工,宏伟处如横空出世,壮志凌云。翠江风情能与漓江风景相媲美,享有"小桂林"美誉。

飞天山国家地质公园以丹霞地貌和喀斯特溶洞为主要特色。飞天山丹霞地貌属红岩丘陵地貌,地貌被大自然鬼斧神工雕刻得似人、似兽、似物、似禽,栩

郴州飞天山

栩如生。主要丹霞地貌类型为寨（堡），它们坐落有序，寨身陡峭，红崖赤壁，寨顶绿树当华盖。不少寨顶溶蚀成浑圆形洼坑。神仙寨为景区内主景之一。其间点缀有峡谷、石门、天生桥、一线天、岩洞及寨顶溶蚀而成之集水洼地（天池）。形成以寨（堡）为中心、两江河水为纽带、红岩绿水，赤壁丹霞，峡谷奇洞，古木竹海的"四面青山列翠屏"、"草木花光尽是香"的奇妙的丹霞地貌景观。

"丹霞第一洞"——黑坦，面积5000平方米；"天下第一门——天生石桥，门高35米，跨度95米，呈拱形，洞口高悬，绝壁临渊，洞中冬暖夏凉，十分幽静，规模之宏大，气势之宏伟，为中国丹霞地貌所罕见，乃飞天山一绝。景区内的鲤鱼寨四周崖壁陡峭，古木苍穹，灌木环绕，秋色丹枫绘出十里廊，美不胜收。更有酷似象征生命之源的圣母岩和阴阳岩，栩栩如生。境内万华岩溶洞全长约9千米。

"睡美人（卧佛）"景观位于国家地质公园、飞天山风景区，占地面积1平方千米。因其形似睡美人而令来自中国各地，甚至是国外游客叹为观止。"聚仙台里聚神仙，美人山上观美人"。站在佛文化气息浓郁的飞天山聚仙台，远看飞天峰，更像一仰卧的美女。美女"头枕南方，脚朝北方，留古典发髻，具小巧鼻子，挺高耸双乳，显平坦腹部，伸修长双腿"，呈现一处神奇的"睡美人"自然奇观，为大自然平添了无限的生命色彩。

石佛寺，位于飞天山国家地质公园境内神仙寨下，建于西晋咸宁年间（约275—279年），距今约1300年。新中国成立初期毁于水灾，庵后壁上的石雕菩萨幸存下来。它面朝翠江，背靠赤岩，神形各异，栩栩如生。这种摩崖造像江南很少，因此，2002年被湖南省人民政府列为省级文物保护单位。2008年来，区政府出资修缮了古老的石佛山庵寺，庙宇从外观看来更加宏伟，前来烧香祈福的香客日益增多，香火不断。

千年悬棺堪称旷世之谜，为整个湘南地区

郴州飞天山剪刀坳

所罕见。在鲤鱼寨绝壁及凤形山以西200多米,离河水面数十米的临江绝壁上,有5个大小不等的洞穴,洞穴中有木棺两具,保存完整,至今无人敢探,其神秘色彩尤浓,令人惊叹称奇。

因景区内有奇特的丹霞地貌景观及佛文化浓郁的聚仙台和石佛山庵寺,故飞天山被誉为"丹霞奇境,寿仙佛地"。

## 妙高峰有何奇妙之处

妙高峰旧为长沙城南第一名胜,位于今天心区书院路东侧湖南第一师范校舍后,海拔1276米,风景秀丽,是平原地区最高峰,顶部宽广平坦。

明崇祯《长沙府志》云:"妙高峰高耸云表,江流环带,诸山屏列,此城南第一奇观。"

清嘉庆进士、两江总督陶澍《长沙竹枝词》云:"妙高山色画屏新,妙高山下水粼粼。多少游人不知味,出山何似在山真。"

南宋张浚、张栻父子在此创城南书院,建有纳湖、卷云亭等十景,明末荒废,善化禀生俞仪《九日集妙高峰》诗曰:"道脉开南楚,朱张仰昔贤。往来同讲席,沿革又荒烟。石断苔痕古,碑残绿字悬。来游重九日,怀古意茫然。"

后城南书院废址上建起了高峰寺,其旁还有报国寺,登临者渐多。清诗人毛国翰《游高峰寺夜归》诗云:"南郭高峰寺,松阴入杖藜。到门江树合,落日海云低。春殿藏花雾,祥房护燕泥。上方钟磬夕,夜火出招提。"

直到清道光二年(1822年)湘抚左辅将城南书院从天心阁下迁至妙高峰,这里才又是一片弦诵之声。光绪二十九年(1903年)废书院,改办城南师范学堂,1912年改为湖南第一师范,毛泽东曾就读和任教于此。1914年著名教育家方克刚又在妙高峰创妙高峰中学,1926年建南轩图书馆,藏书达1.7万册。民国中期妙高峰仍是长沙一游览胜地,据1936年出版的《长沙市指南》载:"妙高峰为本市最高峰,其顶有平地,方可2丈,青草平铺,宛如绿褥。夏间近晚之际,坐憩其地,清风徐来,胸襟顿爽。残阳自麓山反映天际,云霞与江面烟波,互相照耀,

长沙妙高峰牌楼

往来风帆,悠扬掩映,诚可观也。今建亭于南峰,以供游人休息。"

旧有逸名妙高峰联,流传甚广,联云:"长与流芳,一片当年干净土;宛然浮玉,千秋此处妙高峰。"道出了妙高峰幽静、旖旎的自然环境。

## 城头山为何有"中国第一城"之称

城头山古文化遗址地处澧阳平原中部、史前遗址分布最密集的澧水北岸,坐落在湖南省澧县县城西北10千米的车溪乡南岳村境内。

城头山是一个近乎正规圆形的古城址,东西308米,南北310米,有东南西北四门,街道5米多宽,城墙高达6~8米,外有10多米宽、3米深的护城河,并与北面水门相通,使城内外能水陆相通。护墙河有护栏,以保护河堤。其工程、功能,完全具备现代城市概念,作为中国第一城当之无愧。

自1979年发掘以来,这里发现了世界上年代最早(距今6000多年)、保护最完整、内涵最丰富的古城址,其中包括城垣、城门设施、早期环壕和后期护城河,以及居住、制陶、祭坛、道路和墓葬等遗址。整个城区面积达8.8万平方米。同时,城垣底层的水稻田遗址还被国内外专家评鉴为中国目前发现的历史最早(距今6500多年)、保存最好的水稻田遗址。

澧县城头山古文化遗址

城头山古遗址的发掘,对于研究城市起源,私有制的产生、等级制的形成、国家的起源、婚姻制度、宗教及稻作文化等,提供了广泛的课题,具有划时代意义,引起了世人瞩目。日本、韩国、欧美等国专家学者和游客们纷纷前来考察。党中央、国务院对此给予了密切关注。1995年3月,江泽民亲临城头山,并郑重题字"城头山古文化遗址";1996年它又被国务院批准为"国家重点文物保护单位",并先后两次被评为全国十大考古新发现之一。目前,随着遗址的逐步开发,它已成为一个融历史、文化、旅游为一体的特种古文化旅游项目。

游历考察城头山,对研究人类文明的起源和国家、城市、阶级的起源与发展具有十分重大的意义。

## 南国翡翠崀山因何得名

崀山风景名胜区位于湖南省新宁县境内,包括天一巷、辣椒峰、夫夷江、八角寨、紫霞峒、天生桥六大景区,18 处风景小区,已发现和命名的重要景点有 500 余处,有三大溶洞和一个原始森林,总面积 108 平方千米,属典型的丹霞地貌,是难得的环保型山水自然风景区。2000 年由国家体育总局定为国家攀岩训练基地,2001 年 10 月由国土资源部审定为国家地质公园,2002 年 5 月由国务院审定为国家重点风景名胜区,2006 年 1 月被列为首批国家自然遗产,2008 年入选为世界自然遗产提名地。

崀山的得名来自远古的传说。相传当年舜帝南巡,路过崀山,见此处山水奇异,便赐一"崀"字,意即良好的群山,《新华字典》因此为"崀"字作了专注。

崀山的丹霞地貌品冠全国,是继张家界后发现的又一颗璀璨的风景明珠。

丹霞地貌属于红层地貌,所谓"红层"是指在中生代侏罗纪至新生代第三纪沉积形成的红色岩系,一般称为"红色沙砾岩"。世界上丹霞地貌主要分布在中国、美国西部、中欧和澳大利亚等地,且以我国分布最广,又尤以崀山为中国丹霞地貌风景区中丰度和品位最具代表性和最优美的景区,以完整的红盆丹霞地貌计,居全国第一,是一座天然的丹霞地貌博物馆,被地质专家誉为"丹霞之魂、国之瑰宝"。

崀山丹霞风光

## 南山为何被誉为"南方呼伦贝尔草原"

南山风景名胜区位于湖南省城步苗族自治县西南部,总面积 199 平方千米,其主体部分是南山牧场。

南山牧场是中国南方最大的现代化山地牧场,东西 48 千米,南北 63 千米,平均海拔 1760 米,年平均气温 11℃;场内气候温和,雨量充沛,连绵起伏的地表上形成了 48 坪、48 溪,自然生态条件好,动植物资源丰富。特别是 133 平方千米连片草场,构成一幅"横至百余里,环绕数千峰"的雄浑壮阔的绿色海洋图,展示出其无与伦比的南方大草原壮美风光,享有"南方的呼伦贝尔""中国的新西兰"之美誉。

城步苗族自治县南山牧场

南山风景名胜区自然景观以中国南方高山台地草原风光为主调,集峡谷、峭壁、怪石、原始植被、飞瀑流泉、人工湖泊、奇雾于一身,具有雄浑、壮阔、俊秀、幽野、古朴、神奇的独特个性。南山风景名胜区有紫阳峰、老山界、茅坪湖、蛟龙洞、南山顶等五大景区;有紫阳峰牧区、老山界森林公园、茅坪湖、高山红哨、天然盆景园、蛟龙洞、围山坪一线天等60余处景点,是一个集旅游、疗养、避暑、探险于一身的天然草地公园。

俗语"寿比南山"中的"南山"即指这里。

##  嘉山之名有何来历

嘉山,原名翠绿山、孟姜山,位于津市新洲镇,距市区7千米,现为湖南省省级风景名胜区。它总面积2平方千米,高147.07米,景色绮丽,集平原、河洲、丘陵景观和历史人文景观于一身,被誉为"嘉山胜境""洞庭天下水,嘉山天下秀"。关于它得名的来历,有如下几种说法。

据《澧州志》载:"秦时州有孟姜女者,适范郎,因始皇筑长城,范郎往供役,姜女于嘉山之顶筑台以望,久而不归,乃不惮远险,亲往长城寻觅……孟姜女果至长城,获范郎骨骸,负之归里,至延安,抵同棺而卒。"西汉初年,汉高祖刘邦为弘扬孟姜女的精神,遂将翠绿山更名为孟姜山。

嘉山不仅是孟姜女的故里,还是车胤的家乡,当地一直有这样的说法:"嘉山佳境数风流,

孟姜女

才子佳人天下独。"车胤是历史上苦读成才的一代大儒,被历代读书人视为榜样。东晋成帝司马衍为表彰吏部尚书车胤,便将其家乡的孟姜山更名为嘉山,并沿用至今。

孟姜女哭长城

明弘治年间(1488—1505年),两部尚书、澧州人李如圭(1479—1547年)为彰嘉孟姜女的贞魂,将孟姜山改名为嘉山。他还在《贞节祠记》中写道:"澧州东北二里许,有贞节祠,祀秦节妇孟姜女也。"

另外一种说法认为,嘉山原来叫家山。清同治六年(1867年),郭青在《孟姜山志》中的说法是这样的:嘉山在秦以前称作"翠麓",孟姜女为寻夫哭断长城,后来在背着丈夫尸骨返乡的途中死去。乡邻们为其故事所感动,于是将家乡的山名改为"孟姜山",俗称"孟家山"。但是,又因"孟""梦"为同音字,而民间有"梦"字之忌讳,所以乡人干脆隐去"孟"字,直呼"家山"。

# 老湖南的宗教

 **为何说"先有开福,后有长沙"**

开福寺,坐落于湖南省长沙市开福区新河附近,是国内著名的佛教寺院,也是国务院确定的汉地佛教全国重点寺院。寺院建筑面积约16 000平方米,寺内殿宇巍峨,规模宏大。不仅如此,开福寺的历史也十分悠久,在长沙民间一直有"先有开福,后有长沙"一说。那么,开福寺的历史是不是真的比长沙要长呢?

开福寺大约始建于公元927年,而"长沙"之名最迟在公元前671年就已经有了,这样按时间推算,长沙的历史其实要早于开福寺。那么,民间为什么又会有那样的说法呢?这是因为当地民间相信开福寺是福气开始的地方,也是长沙福气开始的标志,因此民间才流传着"先有开福,后有长沙"的说法。

开福寺作为南方名刹,其建筑很有特色。寺院的山门为清代

长沙开福寺山门

长沙开福寺大悲殿

建筑,古朴别致,开有三个门洞,中间门洞两侧有书法家韩葑于清嘉庆十一年(1806年)所书的对联:"紫微楼风,碧波潜龙。"对联字体二尺见方,苍劲有力。正门上方是光绪十七年(1891年)时江南福山镇总兵陈海鹏题写的"古开福寺"四个金字横额,古朴大方。两侧边门比正门要矮小一些,门上方分别有"回头""是岸"的横额。山门上有许多佛像、花草、树木的雕刻,十分精致。山门前还有一对石狮、一对石象,更为寺庙增添了几分威严和肃静。

寺内的天王殿内供奉着弥勒佛像,两边是四大天王像。大雄宝殿又叫大佛殿,正中供奉着释迦牟尼佛,两边是迦叶佛和阿难佛,佛像庄严,金身闪烁。寺内的毗卢殿正中供奉有毗卢遮那佛,毗卢佛两旁是五百罗汉像,雕塑精细,形态各异,形象栩栩如生。许多进庙参观朝拜的人都要数罗汉,以任何一个为起点,数到自己的年龄数,就根据这尊罗汉的名称、形态和所附谶语来分析自己的命运。不仅佛教徒乐此不倦,而且游人也把数罗汉当成游览的一件趣事。

开福寺作为宫殿式古典建筑的代表,殿宇都用圆石柱支撑,屋顶覆盖着黄绿色的琉璃瓦,正脊塑有狮子滚绣球和佛教的传统故事,四壁和脊吻龙腾凤飞、空瓶、法轮,直插云霄。四角飞檐垂有风铃,铃声随风飘扬。放生池绿水盈盈,轻波荡漾,使这座千年古刹更显幽静,宛如人间仙境。加上殿前屋后的腊梅、月桂、芭蕉等花木,寺庙显得生机盎然,让人流连忘返。

历史上,开福寺建筑曾多次被毁,自1980年起,寺内的天王殿、大雄宝殿和毗卢殿等建筑逐步得到修复,佛像、菩萨像和罗汉像也被重新塑造,散失文物相继收回,僧人回到寺庙,湖南省和长沙市佛教协会都设在开福寺,因此这里也成了湖南省的佛教活动中心。每年都有大批国内外来宾前来参观朝拜,周围群众和信徒更是络绎不绝,开福寺已成为古城长沙的一颗灿烂的明珠。

##  龙兴寺神秘脚步声之谜

龙兴寺是一座千年古刹,位于湖南沅陵。2006年的一天,湖南沅陵县博物馆(龙兴寺所在地)的工作人员曹忠球在值夜班时,突然听到了一种奇怪的声音,当时吓得他后背发凉。他在龙兴寺已经工作了17年,还是首次碰到这种怪事,他说:"(声音)像脚步声,但又不是皮鞋的声音,好像是棉鞋的声音,节奏感很强。"此后几天,他每天都会听到这种令人恐惧的声音。

过了没多久,有一位姓郭的曹忠球的同事在晚上加班时,也听到了这种诡异的声音。他说,一天晚上,他清晰地听见有个人从台阶上走下来,当他冲出房门去看时,外面却空荡荡,一个人影也没有。

沅陵龙兴寺

于是,龙兴寺惊现"神秘脚步声"的消息便传开了。一时之间,整个博物馆没人敢在晚上值班了。那么,古刹怪音究竟是怎么回事呢?

对此,人们开始纷纷作出了各种猜测。有人说是僵尸复活,因为博物馆所在的龙兴寺是一个古代建筑群,古寺里展出的一些文物中就有从元代古墓里挖掘出来的男尸。但事实上,僵尸是不可能复活的。有人说,半夜的脚步声是老鼠或者大型动物在捣乱。但工作人员经过仔细搜索和检查后,也否定了这种说法。

后来,经过专家们的实地勘察和调查,终于揭开了古刹"闹鬼"之谜:原来天气发生变化时,龙兴寺的木结构房屋温度和湿度也会随之发生变化,最终导致变形而发出声音。

古建筑专家在对龙兴寺进行考察研究后,是这样解释的:龙兴寺地处湖南西部山区,面朝沅水和酉水两条大江。南方地区,夏天天气潮湿,秋天变得非常干燥,在夏秋相交季节,由于温度和湿度变化很大,木结构建筑的木材在此影响下,通常会发生变形或者开裂、弯曲。也就是说,木材发生了热胀冷缩的物理现象。如果两个建筑之间变形的幅度不一样,就会产生错位。错位之后的木材之间会发生挤压、膨胀,如果积蓄了足够力量,就会发生断裂或者位移,并伴随着发出一些声响。因此,博物馆工作人员夜里听到的嚓嚓声,就是木结构房屋变形发出的声音。

其实,人们在生活中总会遇到这样的情况。比如在冬天,由于屋内屋外温差很大,加上空气比较干燥,家里的木地板或者家具有时候会突然发出"啪"的声音。还有,公路、铁路、桥梁等,在每一段的衔接处都要留一点空隙,是为了防止在季节更替、温度湿度发生变化的时候,热胀冷缩现象不会使道路发生位移和变形。

## 密印寺有何传奇

密印寺,位于湖南省宁乡县沩山镇境内,地处沩山毗庐峰,始建于唐朝元和二年(807年),是裴休任潭州刺史时所建。寺院的开山祖师是高僧灵佑禅师。因为这里是佛教禅宗五派之一沩仰宗的发源地,所以被誉为沩仰宗祖庭。密印寺历史悠久,那么,其发展过程中有哪些引人入胜的传奇故事呢?

密印寺是在唐代时由灵佑禅师开创的,得名于"三密相印,即可成佛"。灵佑开创该寺时非常艰难,直到后来裴休建寺。裴休曾任唐朝宰相,他的儿子代皇子出家,在密印寺修行。为了让儿子更好地修行,他在密印寺大兴土木,从而奠定了今天寺院的规模。

20世纪初期,一天傍晚,有两个学生来密印寺投宿,知客僧根据寺规拒绝了他们。不料,这两个学生坚持请求,最终惊动了方丈。方丈走了出来,考了两个问题,学生回答之后,方丈甚为诧异,破例允许他们留宿。这两个学生在寺中一间斗室住了一晚,第二天就出发了。不久,其中一个学生写了一篇改变中国命运的文章,叫《湖南农民运动考察报告》。据说这篇文章就是在密印寺的那间斗室里构思的,这个学生就是毛泽东。至于他投宿时方丈问了什么问题、他又作何回答,现在都已经无法知晓了。

在解放战争期间,有一天,密印寺的方丈接到邀请到南京去讲学。听课的只有两个人,一个叫蒋中正,一个叫蒋经国。蒋中正聆听佛法之余,非常高兴,于是就题写了"密印寺"匾额送给方丈。

在"文革"开始时,有一次毛泽东到长沙接见地方军政首长,破例邀请了宁乡县委书记列席。谈话时,毛泽东说:"沩山是个好地方,那里有个密印寺,要好好地保护起来。"这个宁乡县委书记不是一个等闲人物,他斗胆请求毛泽东把刚说的话写下来,而毛泽东竟欣然提笔。于是,密印寺就多了一份镇寺之宝,也正是因为主席的这幅字,寺院在狂破四旧的岁月里才免遭浩劫。

密印寺有着异常高大的山门,寺内有各种殿阁,主要供奉的是观音菩

宁乡密印寺

萨。寺院主殿是万佛殿,殿内的墙壁雕着各种小佛像,很像佛窟,这在我国是很罕见的。据说,殿中众多的佛像中有一座小佛像是真金塑造的,只有独具慧眼的人才能发现。佛殿后面有龙井、油盐石等遗迹。

寺院后山修有很长的台阶,可以直达山顶。山顶有一个广场,中间矗立着高达99米的观音圣像。在广场周围还环立着观音的三十三像,都是用汉白玉所雕,仪态各异,生动有趣。此外,在后山上还有许多碑刻,无论字还是画,艺术水平都非常之高。

## 李自成是否归隐于夹山寺

夹山寺,位于湖南省石门县夹山国家森林公园内,距石门县城10千米,寺院周围山水环绕,景色秀丽。唐代咸通十一年(870年),善会大和尚获赐带领众僧开山建寺。到明代时,由于兵火连年,寺内殿宇大多毁落,佛事衰退,仅有僧众60余名。清顺治初年,有奉天玉大和尚驻锡于此,他率众僧建寺,使禅关重启,规模远超唐、宋、元时期,被誉为"楚南名刹"。由于规模十分宏大,寺院还有"骑马关山门"之称。在石门民间,一直传说一代闯王李自成曾归隐于夹山寺,这是不是真的呢?

夹山寺内有一口玉玺井,传说李自成当年退出北京城时,将明皇室的一颗玉玺带来夹山,为了避免官府搜索而将其弃于井中。雍正年间,有寺僧在井中捞出了玉玺,于是后人就将这口井称为"玉玺井"了。在与夹山寺相邻的天门山,以及大庸、慈利、临澧等县城,都曾陆续发现过一些和奉天明玉有关的文物资料,这引起了人们的极大兴趣,因为民间传说李自成隐居夹山时,法名就是奉天明玉和尚。

李自成

1981年,人们在夹山寺发现了一座古墓,墓主人正是奉天明玉和尚。考古人员发现这座墓违背僧规,是按俗礼下葬的,而且葬俗与本地葬俗不同。经过多方认证之后,考古人员认为奉天明玉和尚很可能就是李自成。但是,古墓的疑点也十分明显:在奉天明玉夹山出家的历史中,他与当地官员交往密切,而李自成"陕北口音,四十岁多一点,一只眼睛瞎了"的相貌特征相当明显,很容易暴露身份,这显然与他的身份有些不符。因此,李自成当年是否真的曾归隐夹山寺,至今还是一个谜。

## 为何说"不去千佛洞,不算长沙人"

宁乡千佛洞,位于湖南省长沙市宁乡县崔坪乡,它是一处在距今3.6亿年前形成的溶洞,洞的垂直高度近100米,洞内地貌复杂,并有罕见的洞内峡谷。千佛洞景区山清水秀,奇峰峻岭,包含有石龙洞、峡溪、猴公大山、少年水库四大景点,十分秀美壮丽。在当地,人们都说"不去千佛洞,不算长沙人",那么,千佛洞景区具体有哪些吸引人的景点呢?

**石龙洞:** 原名十三洞,位于风景秀美的石龙山下,它是千佛洞的主要景点。相传石龙洞由13个连环洞组成,故又名"十三洞"。石龙洞是长沙地区景观最集中的石灰岩溶洞,其全长达2300米,洞谷幽深,迂回曲折,神秘莫测,而且洞中洞洞相连,洞内有洞,大的可容纳数千人,小的仅能容纳一人通过。洞内的石钟乳、石笋、石柱千姿百态,阴河、瀑布暗地横生,奇景迭出。洞内冬暖夏凉,是供人避暑、休闲的好去处。

**峡溪:** 从石龙洞出来,乘车约1千米便进入了悬崖壁立的天然峡谷——峡溪。峡溪长5.6千米,两岸青山对峙,刀削斧劈,瀑布飞流;溪间怪石奇异,美不胜收;溪水曲折跌宕,深谷幽潭,是漂流的绝好去处。游人穿行于怪石清泉森林之中,只见两岸地形奇峻,山势浑圆,陡坎悬崖,夹溪而立,仰望崖壁,云天一色,放眼望去两岸连绵的青山如屏,使人心旷神怡。

宁乡千佛洞

**猴公大山:** 穿过峡溪,经过林荫石道,就可以登上猴公大山了。猴公山,又名猴岗山、猴家大山,地处宁乡、安化、桃江三县的交界处,主峰海拔917.5米。猴公山山势"高、险、奇、秀",其山峰状如石猴,主峰如额,旁峰如臂,臂伸如手,捧迎红日,因此人们称其为"猴公捧日"。山顶有"三仙殿",里面供奉着"姜、杨、陈"三仙神像。三仙殿外的一处岩缝中有一线山泉,泉水清凉爽滑,四时不涸,人称猴公泉。

**少年水库:** 从猴公大山的西面下山,便可到达一处小型水库——少年水库。这座水库蓄水量为165万立方米,库内水清如镜,鱼类繁多,四周苍松翠竹,倒映其中,如诗如画,美不胜收。

通过上文的叙述,我们可以真切地感受到千佛洞景区的风景之美。有如此佳境,也就难怪当地人会说"不去千佛洞,不算长沙人"了。

##  南岳大庙有何特色

南岳大庙,是我国南方地区规模最大的古建筑群,有"江南第一庙""南国故宫"之称。这座庙始建于唐代,后经宋、元、明、清时期的16次修缮和扩建之后,才于光绪八年(1882年)形成现在的规模。南岳大庙共有九进四重院落,四周有红墙围绕,角楼高耸,寿涧山泉,绕墙流注,很是有些北京故宫风貌。南岳大庙与其他庙宇有很多不同之处,其特色有哪些呢?

南岳大庙的东西两侧分别有道教八观和佛教八寺,这种佛、道两教共处一庙的现象在我国是十分罕见的。不仅如此,整座大庙偏重道教,其正殿"圣帝殿"中供奉的主神是"南岳司天昭圣帝",即火神祝融。此外,庙中还供奉有当朝天子的宗教化身,在他的身边则供奉有六部尚书,这也是在其他宗教地域所看不到的。

南岳大庙正南门

南岳大庙规模宏大,是我国难得一见的传统宗教建筑,其建筑风格基本上承袭了北京故宫的样式。整座大庙占地98 900平方米,殿高22.6米,是我国五岳中规模最大、总体布局最完整的古代宫殿式庙宇。作为历代皇帝非常重视的庙宇之一,南岳大庙不论供奉的是各路圣人,还是精湛的园林建筑艺术,都表现出了中国古代从中央集权到普通民众的世俗实用主义。

南岳大庙的宗教建筑艺术非常正宗。从体量上讲,北方人民一般见不到如此宏伟的庙宇;从实用角度讲,在北方的大部分庙宇,其实用、舒适、精巧方面都没有南岳大庙这样出色。例如,大庙的门窗非常高大,雕刻非常精细,通风采光都非常良好,不像小庙宇那样粗糙阴暗。

除了上述的一些特色之外,每年的八月十五,南岳大庙都会举行规模盛大的庙会活动,不少东南亚的华侨、日本佛教界人士及回乡的善男信女,都不惜长途跋涉来此朝拜,场面热闹非凡,很值得一观。

## 南岳为何有"千蛟护岳"之说

南岳,即衡山,是我国五岳之一,位于湖南省衡阳市南岳区,海拔1300.2米。由于南岳衡山的气候条件是五岳中最好的,所以山中茂林修竹终年翠绿,奇花异草四时飘香,自然景色十分秀丽,因而有"南岳独秀"的美称。不仅如此,衡山还是举世闻名的佛教圣地,是我国的一座文化名山。历史上,关于南岳有很多传奇故事,其中比较著名的一个就是"千蛟护岳"。那么,什么是"千蛟护岳"呢?

南岳衡山祝融峰圣帝殿

南岳衡山处于火地,地火上升时草木枯槁、溪泉干涸、黎民遭殃,而祝融是专门掌管火的火神。《淮南子·时则训》中说:"南方之极,自北户孙之外,贯颛顼之国,南至委火炎风之野。"祝融请天帝派南海龙王来灭火,龙王一到大雨便倾盆而下,但是地火不仅没有熄灭,反而将水煮沸了。龙王看后大惊失色,立即向南海观音求救。观音告诉龙王,南岳衡山上有大大小小的山洞800多处,这些山洞前洞通后洞,后洞通湘江和南海,如果每个洞都有蛟龙把守,把海水引入地下,就可以灭火了。龙王听后,很快就点了800条有道行的蛟龙来守洞引水,这才把地火灭了。

后来,龙王命灭火的蛟龙长期住在山上的深潭泉洞之中。每逢夏天,它们就用海水浇熄地火,到了冬天又让地火慢慢升腾,以融化地上的冰雪,从此之后南岳气候就变得冬暖夏凉,万物生长茂盛。

这就是衡山"千蛟护岳"的传说了。后人为了答谢八百蛟龙的护岳之功,便在南岳大庙里雕塑了800多条各式各样的龙像,供人礼拜瞻仰。如今,南岳大庙的龙雕已经成为南方宫殿建筑工艺中最具特色的艺术珍品了。

## 魏夫人——湖南道教第一人

魏夫人(251—334年),名华存,字贤安,晋代山东任城人。她是上清派所尊的第一代太师,也是中国道教的四大女神之一。道士们都称她为紫虚元君与南岳魏夫人,民间称其为"二仙奶奶"。

魏夫人是晋司徒魏舒之女,她的家境十分优越,自幼就受到了良好的文化教育。但是,当时的社会动荡不安,权贵争权,高门贵族生死无常。在这样的背景下,上层社会出现了紧张、恐惧、颓废、苟全的心理,老庄一派的学说大行其道。魏夫人也受到这种影响,"幼而好道,志慕神仙,味真耽玄,欲求冲举"。她一直沉浸于对道学的研究,对于自己的终身大事从未考虑,直到24岁才在家人的强迫下嫁给了南阳刘文。

刘文,字幼彦,是汉高祖刘邦的后裔,后来出任河内郡(今河南焦作)修武县令。魏夫人随夫上任,生育有两个孩子,长子刘璞,次子刘瑕。

魏夫人

婚后的魏夫人仍潜心修道,并用自己的医学、气功为平民百姓看病,教人长生之道,在当地享有很高的威望,因此被人们尊称为"二仙奶奶"。

晋室南迁之后,魏夫人携二子及全家为躲避战乱也逃到了江南。到南方后,魏夫人的两个儿子都十分争气,长子刘璞升任安成太守,次子刘瑕任太尉从事中郎将。看到两个儿子已经自立了,魏夫人便正式出家,到南岳衡山做了道士。

因为在魏夫人之前,湖南还没有出现过道教独立宗派,也没有出过知名道人,而魏夫人的传教使得道教在湖南获得了极大发展,因此被誉为"湖南道教第一人"。

 **福神阳城的故里在何处**

古往今来,"福"是中华民族男女老少共同的追求与向往。而福神也就成了倍受人们崇拜的吉祥神。那么,福神是谁呢?其故里又在何处?

最早的福神是天上的岁星,也就是木星。早在上古时代,我们的祖先就奉日月星辰为神。木星是太阳系九大行星中最大又最明亮的一颗,按照古代历法,以周天三十度为一宫,木星每绕太阳转动一宫的时间,相当于地球上的一年,因此就被称作岁星。每逢岁星来临之际,正是人间辞旧迎新之时,家家户户遥拜祭祀岁星,祈求新的一年吉祥幸福、人寿年丰、风调雨顺。后来,福神逐渐人格化,成了唐代的道州刺史阳城。

阳城,生卒年不详,字亢宗,唐代陕州夏县(今属山西)人,祖籍定州北平(今

福神阳城

河北完县），他在唐德宗时任道州（今湖南道县）刺史。道州多生侏儒，按照往年惯例，州里每年都要向朝廷贡献侏儒，以供宫中玩乐。每逢强征侏儒送往京都的那天，街上便是生离死别的场景，哭声震天，惨不忍睹。阳城是个以民为本的好官，他在到道州任刺史的当年，就决定不再征召民间侏儒了，当然也就不用再进贡了。

后来，朝廷差人到道州让阳城进贡侏儒，阳城置个人安危于度外，写了奏章一道，托来使呈交德宗，大意是：州民尽短，无以贡，不知何者可以贡？再则，已往所贡使骨肉分离，民实怨之。德宗皇帝看了奏章之后，终于省悟，下诏从此以后道州不用再进贡侏儒。"道州罢侏儒，父子免离散"，一时间，朝廷免征侏儒的消息四处飞传，道州百姓奔走相告。为了使子孙后代永远记住阳城的恩德，当地人生了儿子均以"阳"字入名，还把道州城里的一条街改名为阳城街。

"贤哉阳使君，祠前香一瓣"。道州百姓感激阳城为民解灾降福的恩德，纷纷捐资为阳城建造祠堂，很多人家还供奉阳城的画像。久而久之，阳城就被奉作了福神。后来，福神在老百姓心目中就有了固定的形象：在各地年画中，均是一品大臣服饰，腰缠玉带，手执"天官赐福"条幅，生得天庭饱满、下颌方圆，五绺长须，慈眉善目，一副大富大贵福相。辞旧迎新之际，福神进入了千家万户，门窗、墙壁上，《天官赐福图》《福禄寿三星图》等年画随处可见。

阳城为道州做出了如此大的贡献，也深为道州人民所崇敬，时间久了，人们只知道阳城，其祖籍反而没人记得了，于是时人就将道州作为了阳城故里，也就是今天的湖南道县。

##  朱陵大帝的居所水帘洞知多少

南岳水帘洞，位于衡山紫盖峰下，瀑布有三折，非常壮观，素有"水帘洞之奇"之称。古时候，人们将水帘洞称为朱陵洞，相传这里是朱陵大帝的居所，因此又名仙人洞，是道教所认为的第三洞天福地。唐朝时，唐玄宗曾派官员率道士来这里祭祀，以后历代文人骚客有很多都曾来此，并留下了100多处摩崖石刻，吸引了很多游人前来观赏。

紫盖峰的泉水是水帘洞瀑布的源头，三支泉水汇集在一起，流入水帘洞上方的谷地。谷地阔三丈，原是梁朝的九位真人白日飞升之地，后来这里建造起了九仙观，附近原有太阳泉、洗心泉、洞真源、仙人池等。相传这里的泉水深不可测，泉水从石壁上飞流直泻，会发出雷鸣般的声音，可以传到十里之外。明朝张居正游玩此地之后说："瀑泉洒落，水帘数叠，挂于云际，垂如贯珠，霏如削玉。"确实，泉水从绝壁上喷泻下来，宽达三丈，高50余米，泻珠溅玉，仿佛一幅巨大的白布帘，在石壁当中被乱石嶙岩挡住，然后再从石缝里屈曲折射、跳跃出来，谷地之中水花四溅，闪烁着晶莹夺目的光彩。

南岳朱陵宫牌坊

水帘洞绝壁下有碧潭，天上的云彩和两边苍翠的山峦构成了一幅美丽的山水画。水帘洞的右边是十分陡峭的石壁，石壁上原先有一幢石屋，名叫龙神祠。相传这座祠堂是当年唐玄宗派内侍张奉国和道士孙智凉投"金龙玉简"的地方。距龙神祠60多米的山洞对面，有一座麻石嵌镶建造的六角凉亭，是清人李元度在清光绪十年（1884年）时建成的，名叫雪浪亭，以涧水翻腾如雪浪而得名，亭内有石桌、石凳等。游人们坐在亭中，眼观碧潭里的珠玉跳跃，耳听水声轰鸣，才能真切地体会到石壁上镌刻的"夏雪晴雷"四字所包含的真意。现在，龙神祠已经不存在了，只有雪浪亭依然屹立在那里，为游人休憩、观赏水帘洞的奇景提供了方便。

现在，水帘洞上面的谷地上已经修成了一座水库，过去的太阳泉、洗心泉等都淹没在了水库中。水库的水既可以灌溉农田，又可以发电，而瀑布像是一层洁白的薄纱，轻盈地垂入潭底，所以"水帘洞之奇"仍不失为南岳一绝。

##  福严寺为何被称为"六朝古刹""七祖道场"

福严寺，位于湖南省衡阳市南岳衡山掷钵峰东麓，是佛教十大丛林之一。它在中国佛教史上颇有名气，是禅宗南宗的著名传法圣地，现在是湖南省重点文物保护单位。福严寺的山门上有"天下法院"的横额，两边有"六朝古刹""七祖道场"的竖联，由此可见其在我国佛教发展史上的重要地位。那么，福严寺为何被称为"六朝古刹""七祖道场"呢？

福严寺，初名般若寺，始建于南朝陈光大二年（568年），由当时南朝的高僧

衡阳福严寺

慧思所创建。慧思于陈光大二年率弟子40余人来到南岳衡山，在陈宣帝的支持下创建了般若寺。唐朝时，禅宗七祖怀让禅师来到南岳衡山，驻锡于此，将般若寺辟为了禅宗道场。

隋唐以前，般若寺是以弘扬般若和法华思想为中心的道场，到了唐以后，般若寺则成了禅宗的著名道场。禅宗传至五祖弘忍时分成了南北两派，南派始祖（即六祖）惠能门下又分为两系，一系为青原行思，一系为南岳怀让，般若寺就是当时怀让大阐宗风的道场，因此被称为是"七祖道场"。

怀让（677—744年），金州安康（今陕西省汉阴县）人，出家后师从惠能学禅。怀让一系的禅法，至唐末发展成为沩仰、临济二宗，禅宗共有五家，仅怀让一系就有其中之二。宋以后，临济又分出黄龙、杨岐两个支派，所以俗称禅宗是五家七宗，而怀让一系则有其四，因此后人称怀让住过的般若寺（即福严寺）为"天下法院"。

北宋太平兴国年间（976—983年），般若寺僧徒在寺院周围广种松杉，重修扩建寺宇，并将寺名改为福严寺。此后，福严寺一直是南宗的圣地，出现了楚圆、保宗、慈感、文演等一代宗师，并与南台、祝圣、上封三寺并称为"南岳四大名刹"。因为福严寺跨越了6个朝代，所以人们称之为"六朝古刹"。

"文革"期间，福严寺遭到了严重破坏。1983年，该寺被定为汉族地区全国重点寺院。此后落实宗教政策，福严寺由南岳佛教协会管理，经过全面整修、重塑佛像，1986年寺院举行了开光大法会，福严寺又恢复了生气，昔日梵呗庄严、碧树凌空、红墙绕寺的壮丽辉煌又重现南岳山间。

##  玉皇洞石窟为何被称为"湖湘第一窟"

玉皇洞石窟，位于湖南省张家界麻空山的南壁，是清代当地乡绅李京开独资捐修的一处石窟。这处石窟在湖南非常有名，被誉为"湖湘第一窟"。那么，当地人为什么会给它这么高的赞誉呢？

要想了解这处石窟，还要从石窟的建造者李京开说起。李京开，又叫李五瑞，别名九洞乐，号识破生，他生于乾隆七年（1742年），卒于道光五年（1825年）。李先生家道殷实，富甲一方。少年时他勤奋读书，很有才华，后来数十年奔波仕途，但却屡试不第。由于官场无望，他看破了红尘，为了另寻安慰，他耗费巨资请来工匠，凭借着麻空山的天然溶洞，按上、中、下方位布局，巧妙构思，开凿成了3层共8个洞窟。此外，他还在3千米外的峰泉洞另外开凿了一个洞窟，这样就在麻空山建造了9处洞窟，所以玉皇洞石窟就有了九洞乐的别名。

下面再说说这个洞窟。麻空山，又名月斧山，是典型的喀斯特地貌，所以山上多溶洞，石窟就是利用这些天然洞穴凿成的。整座洞窟东西长约300米，分上中下3层，代表着天堂、人间和地狱。石窟上层的"天堂"为玉皇洞，也叫雷电洞；中间层是"人间"，自东向西依次排列着玉金、毫笔、墨池、虎龙、狮子和孔圣6个洞窟；下层为因果洞，即所谓的"地府"。从"天堂"到"人间"，再从"人间"到"地府"，其距离分别是60米和70米，其间有宽不盈尺的弯曲小路在悬崖峭壁上相互连接，气势十分雄伟。

玉皇洞石窟

玉皇洞8个石窟，反映的内容十分丰富，而且各具特色，杂而不乱。整个洞窟群现存石雕像19尊，石刻50多处，保存都比较完整，是我国西南地区唯一的一处石窟雕刻与塑造群像，非常珍贵。几个石窟中最重要的当属雷电洞，这个洞从1799年开始动工，到1807年才告完成，前后历时8年。洞内雕凿了一些历史人物的神像及大量诗词匾对，不仅石雕技艺精湛独特，雕像神韵生动，书法遒劲大气，而且在石窟艺术的主题构思上还抒发了李京开怀才不遇、愤世嫉俗、向往太平盛世的情感，鞭挞了腐朽的科举制度，对于研究清代社会和科举制度及当时一般读书人的思想情感，都具有一定的史料价值。

正是由于玉皇洞石窟所具有的这些特色和独特价值，它才被称为"湖湘第一窟"。

## "洞天福地"五雷山为何雅称"南武当"

五雷山，又名五雷仙山，原名雷岳，是张家界东线旅游核心风景名胜区，位于湖南省慈利县城东。这座山北临石门，东依临澧，南接桃源，海拔约1000米，主峰金顶分出数条支脉，呈辐射状伸延，有如《淮南子·天文训》中所描述的地维，因庙宇出现"雷扫其殿，钟鼓自鸣，尘埃自净"的奇迹，故更名为五雷山。五

慈利五雷山

雷山称号众多,其中有两个是不得不提的,一个是"南武当",一个是"洞天福地",这两个称号是怎么得来的呢?

五雷山气候宜人,环境优美,植被茂密,沟壑纵横,空气清新,自然景观独特,在历史上就是有名的旅游避暑胜地。不仅如此,五雷山还是著名的道教圣地,向来有"楚南第一胜境"之称。因此,很多人都将它与湖北武当山进行对比,将两者并称为"北武当,南五雷"。这样,两座名山就如兄弟联袂,闻名遐迩,所以五雷山就被尊为了"南武当"。

五雷山有很多道教殿宇,因此被誉为是湖南最大的道教文化群落。据史书记载,五雷山道教"始于唐、盛于明"。相传,西域净乐国太子曾选中此地垒石室苦修,后来"得道高升",这就是著名的真武帝君。到了唐代,李靖慕名上山草创道观,开始了五雷山作为道教名山的历史。元末时,翰林国史编修张兑辞官不做,归隐五雷山,在山上扩修殿宇,弘扬道教文化,并亲题了"楚南名山推第一",五雷山名声从此大振,所建殿宇"旁魄百里,列县俱瞻"。

到了明代,常德荣定王、澧州华阳王对五雷山进行了大规模扩修改建,使山上的建筑面积达到 5000 余平方米,有 36 宫、72 殿。这些建筑多由石墙铁瓦构筑,随山脊沟壑纵横陈列,绵延达 7500 米,奇险深幽,玄妙超然,独具一格。后来,明神宗知道了这座山,便封其为"洞天福地",从而使之成了天下道教名山,一时间信徒遍及鄂西南、湘西北 2 省 18 县。每年三月三、八月十五、九月初九五雷山朝圣节时,只见信徒昼夜朝拜,人山人海,锣鼓喧天,炮声如雷,热闹非凡,后来就逐渐演变成了当地的传统庙会,当时甚至还有"朝不朝,一年十万八千到"的说法,其壮观景象可见一斑。

时至今日,三大传统庙会代代传承、年年举行,成了当地的知名文化品牌。五雷山的殿宇虽然在战争和"文革"中遭到了破坏,但在 20 世纪 90 年代初时进行了部分古建筑的修复,而且当地还修建了旅游专线公路及相应的旅游服务设施,从而使昔日香火鼎盛的场面得以再现。

##  普光禅寺有何建筑特色

普光禅寺,又名普光寺,坐落在湖南省张家界永定区。寺院前有天门山,后有福德山（即今子五台），历史十分悠久，名声远播内外，向来就有"江南名刹"之称。普光禅寺原是一片古建筑群，其中包括文庙、武庙、城隍庙、崧梁书院等建筑，现在仅存有普光寺、武庙与文昌祠等建筑。那么，普光禅寺的建筑有什么特色呢？

张家界普光禅寺碑文

普光寺占地面积达8618平方米，整座寺院依山就势而建，纵深对称布局。前面的大山门为三开间硬山墙式，山墙呈弧状弓形，山门在明间入口处突起成歇山顶，做成歇山与硬山结合的屋顶形式。寺内为穿斗式构架，歇山檐口有斗拱六攒，三抄重拱计心造，出挑很深，翼角高翘。大山门额上题有"普光禅寺"四个字，这是当年的真迹。门内两侧原来有哼哈二将的塑像，后来被毁掉了。

大山门之后紧接着二山门，也就是天王殿，里面曾供奉有四大天王，现在也已经没有了。外观是三间单檐歇山，抬梁式构架，檐下有斗拱四辅作，是明代遗留下来的建筑结构。二山门与大雄宝殿之间是一处庭院，其左右两侧原来建有钟鼓楼，现在也已经不存在了。

大雄宝殿为单檐歇山，前面檐廊明间柱子上有盘龙立雕一对，栩栩如生。室内天花板为井格式，彩绘有飞禽花卉。大雄宝殿后面有廊道与罗汉堂相接，从而形成"工"字形平面。后檐明间紧贴圆音阁，里面供奉有韦陀像。整幢建筑的屋顶形成了复杂而又灵巧的造型。最后面有观音堂，是一座五间歇山式建筑，是寺院僧侣念经的地方。

佛寺的左前部原有清代所建的文昌祠，但现在已经被毁了，仅存有祠门和两边的节孝牌坊。佛寺的左后部有道教建筑高贞观，殿后有玉皇阁，室内有楼梯可以登上阁楼。阁楼底层原来供有道教祖师，中间层供奉有五岳之神，上层供奉有玉皇大帝及一百零八天罡地煞，不过现在都已经荡然无存了。文昌祠的左边建有武庙，武庙也被称为关帝庙，其平面布局呈条形状。武庙大门后面为戏台，正对着前殿，两侧建有偏殿，前殿之后依次建有钟鼓亭、正殿和寝殿。正殿中央塑有关帝坐像，旁边有周仓持刀侍立。

作为一处古建筑群，普光寺造型优美，结构严谨，布局合理，塑像生动，绘艺精湛，反映了宋、元、明、清四个历史时期的建筑风格，是一处不可多得的文化遗产，具有很高的历史价值与观赏价值，很值得八方游客前去参观游览。

## 为何贾太傅祠被誉为"潇湘文化的源头"

贾太傅祠,位于长沙市太平街,相传是西汉名臣贾谊的故居,距今已经有2100多年的历史了。公元前177年到前174年,贾谊从京城长安被贬来到长沙任长沙王太傅之后,就一直在此居住,其著作《吊屈原赋》和《鵩鸟赋》就是在这里写成的。那么,贾太傅祠为什么会被誉为"潇湘文化的源头"呢?

贾谊(公元前200—前168年),洛阳人,18岁时就能诵诗属文,精通儒家经典,20岁时被汉文帝召为博士,一年后升任中大夫,同僚之中,无出其右。他曾多次上书建议削弱诸侯王势力,劝农立本,使无业游民转归农亩,并撰写了《过秦论》《治安策》《论积贮疏》等多篇政论文,提出了一系列切合实际的改革国家政治的方略,深受汉文帝赏识,但他因主张革新政治,为周勃等权臣所忌,所以被贬为长沙王太傅,后来又担任梁怀王太傅。因为在官场中不得志,所以贾谊在33岁时忧郁而死。

贾谊在长沙居住了3年,写了很多文章来抒发他的怀才不遇之感,其中最著名的就是《吊屈原赋》和《鵩鸟赋》,也正是这两篇文章奠定了

长沙贾太傅祠

他在中国文学史上的重要地位,所以后世称其为"贾长沙",其故宅也被誉为长沙最古的古迹及湖湘文化的源头。贾谊死后,后人在其居住过的地方建祠祭祀,这就是贾太傅祠。因此,贾太傅祠就被誉为"潇湘文化的源头"了。

在2000多年的时间里,贾太傅祠虽然屡毁屡建,但一直以太傅井为中心,大体位置没有变动过。太傅井是太傅祠中的一口有2000多年历史的古井,被认为是我国保存时间与使用时间最长的一口古井。杜甫曾在井亭柱子上题诗:"不见定王城旧处,长怀贾傅井依然。"太傅井也因此被称为"长怀井"。

到东晋时,陶侃曾在此居住,所以在东晋咸

贾 谊

康（335—342年）年间，太傅祠被改为陶侃庙，后来又恢复了旧名。明成化元年（1465年），长沙太守钱澍募捐赎出宅地，重建了祠堂以纪念贾谊。明神宗万历八年（1580年），祠中又增祀屈原，所以祠名就改为了屈贾祠。清光绪元年（1875年），当地在府学宫文昌阁旁边建起了一座独立的屈子祠，屈贾祠仍按旧称贾谊祠。

祠中匾额题有"治安堂"三个字，祠旁配建有"清香别墅"，园里有佩秋亭、怀忠书屋、大观楼等建筑，自成体系。1938年，祠内建筑大都毁于"文夕大火"，现在仅存亚殿一座。

## 唐太宗为何敕建龙兴讲寺

龙兴讲寺，地处湖南省沅陵县城西北，坐落于沅江和西江交汇处的虎溪山上，是湖南省现存的最早、最大的木构建筑群。寺院始建于唐贞观二年（628年），距今已有1300多年的历史了，相传是唐太宗下诏修建的。那么，唐太宗为什么要在沅陵修建这样一座规模宏大的寺院呢？

沅陵古称辰州，曾是湘西地区的政治、经济、军事和文化中心，有"湘西门户"之称，是中原地区连接大西南的水路交通咽喉，历代统治者对其都十分重视。唐太宗之所以会在这里敕建龙兴讲寺，还要从当时的历史背景说起。唐贞观初年，为了吸取秦汉以来的历史教训，革新政治，以"仁治"代替"武治"，唐太宗在全国推行佛教，以维护国家的统一。所谓讲寺，就是弘扬佛法、讲授文明的地方，它不仅可以传授佛法，而且能教化人心。沅陵以西为五溪蛮地，为了教化当地百姓，太宗就在这里修建了讲寺，想从文化上影响西南蛮夷，来维护国家统治。

*沅陵龙兴讲寺*

龙兴讲寺是一座无钉无铆的木质结构建筑群，共有14座建筑主体，都具有鲜明的唐代建筑风格。唐代以后，讲寺曾多次重修，因此也留下了许多宋明时期的建筑遗迹。讲寺比著名的南岳大庙早建97年，比千年学府岳麓书院早建348年，而且规模也很宏大，只不过后来由于五溪地区较为安定，沅陵的地位逐渐下降，讲寺才开始衰微。

龙兴讲寺内现存有大殿、观音阁、旃檀阁、弥陀阁等建筑,是湘西地区现存年代最早、规模最大、最有影响力的佛教寺院遗存,具有很高的历史、艺术、科学研究价值。

## 南台寺与石头和尚有何传说

南台寺,位于湖南省衡阳市南岳区瑞应峰下的三生塔南面,号称"天下法源",距福严寺不足2千米。这座寺院创建于南朝梁天监年间,唐天宝年间禅宗六祖慧能的弟子希迁和尚将它定名为南台寺。希迁和尚就是石头和尚,他与南台寺渊源颇深。那么,南台寺与石头和尚有什么传说呢?

希迁,人称石头和尚,后人称之为迁祖。据宋《高僧传》《五灯会记》等书籍记载,希迁禅师(700—790年)俗姓陈,端州高要(今广东高要县)人,他听说六祖慧能南来韶州(今广东韶关)曹溪,便前往参学。唐玄宗开元十六年(728年),他于罗浮山受戒,后又拜青原行思为师,受传其法。唐玄宗天宝初年,他游历来到湖南衡山,在集贤峰上,见有岩石其状若台,便结庵于石上(即今湖南南岳南台寺),因此时人称之为石头和尚。迁祖聪颖过人、机锋敏锐、辩才了得,因此有"石头路滑"之说。

关于"石头路滑"还有一个传说。话说江西有一个名叫邓隐峰的人向马祖道一和尚辞行,马祖问他:"你要到哪里去呀?"他回答说:"去拜访石头禅师。"马祖说:"石头路滑。"他说:"我随身带有木杖,逢场作戏去。"邓隐峰来到迁祖住处之后,二话不说先绕禅床一周,然后把锡杖一震问道:"是何宗旨?"迁祖叫道:"苍天!苍天!"邓茫然不解,无话可说,只好将此事回复马祖。马祖说:"你再去一次,待他回答时便嘘他两声。"于是,邓又去问了迁祖同样的问题,迁祖也回他两嘘声。无奈之下,邓只好垂头丧气地回复马祖,马祖便说:"跟你说石头路滑,这回你该相信了吧。"

关于石头和尚,还有一个传说。希迁在南台寺传法时曾看到《肇论》一书,当他看到"会万物为己者,其唯圣人乎"时,不觉自语:"圣人无己,靡此不己,法身无象,谁云自他?"然后就沉沉地睡去了。在梦中,他梦见自己与六祖慧能同乘一只灵龟,在深池(代表性海)中游来游去,传为异徵,一时学徒云集,有"石头狮子吼,

衡阳南台寺塔

给你眼睛清凉"的俚谣,醒后就写出了《参同契》一书。

"参同"二字,原出自道家,希迁提取了它的思想内核,并将其与自己的以"回互"为眼目的禅法相结合。他所说的"参"是指不同的佛法各守其位,互不相犯;"同"则指的是佛法虽然不同但却统于一元,并不是孤立存在的;"回互"则指佛法间互不相犯而又相涉相入的关系;修禅的人领会了这一精神,并在日常行事上进行验证,"灵照不昧",这就是"契"。希迁把这种思想导入禅观,加以发挥,丰富了禅法的内容,从而开辟了他这一系的宗风。

石头和尚希迁禅师

迁祖德高望重,远近闻名,很多人都闻风而至,争相参谒。迁祖一一为他们应机说法,一时间雄风大振,大转法轮,受度者无数。即使是鬼神之流,也常显迹前来听法。迁祖慈心悲愿,为他们一一授戒,使其早离幽冥得生净土。

上文所述就是石头和尚希迁在南台寺的两个传说,虽然是传说,但是却反映出了其宗师的风范。希迁大开宗风,培养了许多弟子,知名弟子有药山惟俨禅师、丹霞天然禅师、潭州大川禅师、大颠宝通禅师和长髭旷禅师等,他们都是一代禅宗大德。

## 为何说芷江天后宫是我国内陆最大、保存最完好的妈祖庙

芷江天后宫,位于芷江县舞水西岸,与县城隔河相望,它原是乾隆十三年(1748年)时由福建客民修建的福建客民会馆,迄今已有250多年的历史了。天后,即妈祖,是沿海地区人民信奉的海神。那么,湖南并不靠海,为什么会在芷江建有天后宫呢?

据《清一统志》介绍:"宋天后,蒲田林愿第六女。始生有祥光异香,长能乘席渡海,乘云游岛屿之间;升化后,尝衣朱衣飞翻海上;宋、元、明时,累著灵迹。康熙时封为天妃,又加封为天后。"福建、台湾人民都视其为保护自己的神灵,船队航行海上,领航船必定会供奉天后神像;客居异地,也必定会集资修建天后宫,并将其作为同乡会馆,芷江天后宫就是这种会馆。

清乾隆元年(1736年),沅州由州升府,府治所在地设在芷江县,芷江因此成为沅州的政治、经济、文化中心,一时间市民往来频繁,工商业日渐增多,善于

芷江天后宫

经营的福建客民也集聚到了芷江。随着福建客民的不断增加，原会馆普安寺已经不能满足客民们的需求，于是他们决定将其重建为天后宫。咸丰初年，天后宫发生大火，建筑几乎全部被毁，仅存石牌楼门坊。同治年间，福建籍商人集资修复戏台、天后神殿、财神殿、五通菩萨殿、武圣殿、观音堂等建筑，并重塑诸神金身。

复建后的天后宫占地3700多平方米，现保存有建筑面积1970平方米，是我国内陆地区最大的妈祖庙。整座妈祖庙坐西朝东，南北建有耳室，中间有三进院落，分别有戏台、正殿和观音堂等建筑，左侧为财神殿，右侧为武圣殿和五通神殿。全部建筑结构基本保存完整，是我国内陆地区保存最完好的天后宫。

## 祝圣寺有何来历及特色

祝圣寺，位于湖南省衡阳市南岳区南岳镇东街，是南岳六大佛教丛林之一。这座寺院历史悠久，据《南岳总胜集》记载，大禹曾在这里修建清冷宫供奉舜帝。到了唐代，高僧承远（712—802年）在这里创建了佛教寺院，祝圣寺由此发端。那么，祝圣寺有什么来历和特色呢？

唐朝时，高僧承远始创祝圣寺，当时名为弥陀寺。承远信奉的是佛教净土宗，净土宗又称莲宗，以"称念阿弥陀佛名号，求生西方极乐净土"为宗旨。净土宗认为该宗有13位师祖，而承远被尊为净土宗的第三代祖师，他之所以能赢得这千秋圣名，主要是因为他在南岳弘传净土法门。

唐会昌五年（845年），唐武宗李炎不喜欢佛教，他崇信道教，十分推崇道士赵归真。当时，赵归真受武宗宠信，经常在武宗面前诽谤佛教，一时间各地毁佛之事大兴，约有44 600所佛寺被毁坏，26万僧尼还俗，后世称之为"会昌法难"，弥陀寺也在这一劫难中被毁废。五代十国时，马殷

衡阳祝圣寺

割据湖南称王，正好有位叫杨子莹的掌诰夫人施钱在弥陀寺旧址上重建寺院，马殷便将其命名为报国寺。

到了宋代，崇信佛教之风再次兴起。太平兴国年间（976—983年），宋太宗赵光义下诏，将此寺名改为胜业寺。宣和元年（1119年），宋徽宗崇信道教，下诏要在全国建"神霄宫"，胜业寺就被改为了神霄宫，后来又恢复成了寺院。宣和年间，天台宗僧人法忠遍访名宿来到衡湘，衡州给事官冯楫请他住持胜业寺，并支持法忠全面维修寺院、塑制佛像、清理庙产，因此寺院景象焕然一新。

元朝的160多年中，胜业寺曾多次进行维修，并在寺周大量植树，使法运不断兴旺。到了明代，胜业寺又进行过多次修缮。到清初时，胜业寺已经成了一处盛极一时的大寺院。康熙四十四年（1705年），湖南巡抚赵申乔想请康熙帝南巡，于是大兴土木，把寺院改建成了一座宏大华丽的行宫，后来康熙帝南巡没有成行，行

衡阳祝圣寺天王殿

宫就被封闭了近10年。康熙五十一年（1712年）三月，为了祝贺康熙帝大寿，湖广总督额伦特、湖南巡抚王之枢奏改行宫为祝圣寺。雍正五年（1727年），时任湖南巡抚王国栋又一次将行宫改为祝圣寺的情况向皇帝奏报，雍正帝允肯了祝圣寺之名，由此胜业寺正式改名为祝圣寺。

雍正以后，祝圣寺的历任住持都十分重视寺院的建设，他们将寺庙修缮得更加雄伟壮观，前来烧香拜佛的人络绎不绝。

祝圣寺主体建筑原有五进，分为天王殿、大雄宝殿、说法堂、方丈室、罗汉堂等。在鼎盛时期，寺内曾住有1000多名和尚。寺中建筑金碧辉煌，阁楼台榭随处可见，奇花异草点缀其间。罗汉堂原有五百罗汉雕像，全部用青石镌刻，嵌在左右墙壁上，活灵活现，是南岳文化宝库中的一颗明珠。"文革"时期，罗汉像全部被毁，现在仅存有五百罗汉像的拓本陈列在南岳庙的书画馆里供游人观赏。

现在的祝圣寺共有六进四横六个院落，第一进为三拱形大门组成的山门，山门上嵌满了泥塑彩绘，庄严雄伟。山门对面是一座高6米、宽18米、厚1米的花岗石五龙照壁，正面刻有直径约1米的"南无阿弥陀佛"六个大字，背面嵌有五龙戏珠浮雕。进入山门后是一处长约30米的过道庭院，院中古樟蔽空，石板铺路，长围夹道，是一个浓荫清幽的院落。

走过庭院就到了天王殿，天王殿后面为第四进正殿——大雄宝殿，檐下悬挂着书有"大法王刹"四个金字的匾额。第五进为说法堂，楼上为藏经阁，里面

藏经上千卷。再向后是第六进院落，有一道砖墙与前面五进隔开，正中有一道麻石大门，院中有方丈室，南岳佛教协会就设在这里。整座寺院的主要建筑都连在一条线上，两厢包绕，曲廊回环，构成了一座庄严、雄伟的古寺建筑群。

## 苏耽与苏仙观有何传说

苏耽，又称"苏仙公"，湖南郴州人，是传说中的仙人。苏仙观，位于湖南郴州市苏仙岭山顶，是一座始建于唐代、重修于清代的砖木结构、楼阁式三进庑殿道观。苏耽与苏仙观有什么传说呢？

相传，西汉汉文帝年间，郴州出了一位神奇的少年苏耽。传说西汉惠帝四年（前191年）的一天，郴州城东鸭子塘村一个姓潘的姑娘到村旁的郴江岸边浣洗衣裳，正洗着衣服的潘姑娘抬头看水面时，发现了一朵与众不同的五彩浮萍顺水飘近，并且闪现着奇光异彩。潘姑娘既喜欢又好奇，于是就用手去捞，不想手竟然被浮莲根蔓紧紧缠住无法甩脱了。情急之下，潘姑娘用嘴去咬，谁知这浮萍竟然顺势滑进了自己腹中。不久，她发现自己竟怀孕了。

转眼到了惠帝五年，潘姑娘已经怀胎十月。俗话说，十月怀胎，一朝分娩。这年的七月十五，潘姑娘生下了一个男孩。潘姑娘未婚孕育，引起了乡邻们的很大议论。为了避众人口舌，潘姑娘的母亲只得将婴儿丢弃在村后牛脾山下的桃花洞中。临走时，潘母指天卜誓道："该成人，七日之后活生生；不成人，七日之内早归阴。"到了第七天，思孩心切的潘姑娘急忙赶到桃花洞探视，竟看到一幅奇异的景象：一只美丽的白鹤正张开雪白的羽翅为婴儿御寒，一头健壮的白母鹿正在给孩子喂奶。潘姑娘很是惊喜，连忙将孩子抱回了家。

在我国的传统习俗中，孩子从父姓。潘姑娘的小孩既然没有父亲，所以也就没有姓名。小孩长大入学不能没有姓名，于是先生想为他取个名字。先生叫他走出塾馆，通报他第一眼看到的景象。小孩刚走出门，就看见有一个人用禾草串鱼悬挂在树枝上，自己却枕着树根大睡。他于是将所见情景告诉先生。先生说："禾草串鱼是个'苏'字，枕树而卧是个'耽'字。你就叫苏耽吧。"

穷人的孩子早当家，苏耽从小就明事理，对母亲很孝顺。一次，潘氏生病想吃臭豆腐而郴州城没有，苏耽竟在几个时辰后弄来了。一个月后，苏耽的舅舅从湘潭过来，和潘氏聊天时谈到一个

郴州苏仙岭苏仙观门匾

月前曾在湘潭碰到苏耽，推算时间，正好是潘氏生病的那一天。一问才知道原来是苏耽从白鹿洞里抄近路到湘潭，几个时辰就走了一个来回。还有一次，潘氏生病想吃桃子，苏耽就到苏仙岭山顶摘了满满一筐桃子回来。因为想让母亲早一点吃到桃子，苏耽在下山时很是心急，不料在半山腰摔倒了，结果满筐桃子滚得满山都是。苏耽顾不得许多，就近捡了几个桃子就赶回家了。

后来，苏耽到苏仙岭山上放牛，在山脚小桥上碰到了一个仙翁。仙翁给了他一本医书，从此苏耽放牛时就认真看医书，逐渐掌握了医术。他时常为乡亲采药治病，而且药到病除，无不灵验。苏耽济世救人、孝母爱人的行为感动了上天，天庭决定召其上天，位列仙班。苏耽成仙后，因为思念母亲，常常偷偷下凡到苏仙岭山顶眺望祖屋。思母之至，常常泪流满面，泣不成声。苏仙岭上的青松被其感动，松枝竟一齐向潘氏住的方向伸展。

苏耽成仙前曾对母亲说，郴州不久将发生一场瘟疫，只要用屋前井旁橘树的树叶加井水一起熬汤药，就可以治病。苏耽升天后不久，郴州果然发生了瘟疫。潘氏便用橘叶熬井水，从而平息了瘟疫，后世便有了"橘井泉香"的典故。为了纪念苏耽的功绩，人们将牛脾山改名为苏仙岭，并在山顶修了寺庙，取名苏仙观，在山脚的白鹿洞旁建了庵来纪念苏母，名为苏母庙。

苏仙观坐北面南，始建于唐代，后来屡有毁建，均保持了正殿高于厢房，两厢为二层楼房的样式。道观正殿为大屋顶、四角飞檐、犀头粉墙、小青瓦的建筑风格，门额有汉白玉石盘龙御碑，是南宋景定五年（1264年）时，宋理宗皇帝所赐，上御书有"敕封苏仙昭德真君"。

因为苏仙，苏仙岭和道教结下了不解之缘，并被誉为"道教洞天福地神仙居所"的天下第十八福地，苏仙观也因此而名声大振。

## 磨镜台典出何处

南岳衡山，素有"五岳独秀"的美誉，既是举世闻名的佛教圣地，也是千百年来的文化名山。衡山掷钵锋下与半山亭对峙的地方有一处磨镜台，风景优美，冬温夏凉，是避暑的胜地。那么，它是如何得名的呢？又有何典故呢？

相传，磨镜台是唐代名僧怀让磨镜斗法的地方。唐玄宗先天元年（712年），怀让来到南岳，在

南岳衡山磨镜台

磨镜台和半山亭之间的观音庵聚徒说法。他把慧思禅师的遗址重新加以修缮，并在此大力宣扬慧能的"顿悟法门"。从此，南宗的宗风在衡山大振，道家羽流便逐渐衰落了下来。唐玄宗开元年间，禅宗北宗僧人道一从四川来到南岳，他选中了磨镜台北边不远的山崖结庐为庵，坐禅修炼。他知道怀让也在南岳，但是由于对怀让和尚心存芥蒂，所以也不去登门拜访，只顾自己打坐修禅。怀让见观音庵东北边草庵里的川僧道一和尚性情乖僻，就有意让他归附于自己门下。于是他决定亲自出马收取道一，以改变道一北宗的修行方式。

一天，道一正在坐禅，怀让傲然出现在道一的对面，把慧能的梵语念了几遍："生来坐不卧，死去卧不坐，一具臭骨头，何为立功课。"念一遍，道一不理；念二遍，道一眨了一下眼皮；念三遍，道一呼吸加快；念四遍，道一摇摇头，表示不解。怀让见道一略有触动，但还不成熟，便拂袖而去了。

怀让禅师

第二天，怀让拿来了一块很厚的砖，他坐在道一的对面不停地磨砖。道一被磨砖的响声搅得心烦意乱，他生气地问怀让："你还有完没有，你磨砖干什么？"怀让好不容易叫道一开了金口，内心很是高兴，答道："磨作镜。"道一听了觉得好笑，说道："磨砖岂能成镜？"怀让回答说："磨砖既不能成镜，坐禅岂能成佛？"道一听后若有所悟，他觉得坐禅是北宗修行的唯一方法，难道南宗还有什么更好的方法吗？于是，他向怀让打了个拱手说："请问大师，如何才能成佛？"怀让进一步诱导说："譬如驾车，车子不行是打牛驱车，还是打车催行？"道一听了又有所悟，他微微点头。怀让见道一接受了南宗的"顿悟法门"，便对道一说："你是学坐禅，还是学坐佛？若是坐禅，禅是坐不出来的，若是坐佛，佛又没有固定的神态，能坐得成吗？用坐禅求得成佛，这条路是走不通的。"

怀让的一席话使道一心悦诚服，于是他便拜怀让为师。之后，道一搬进了观音庵，在怀让门下一不持戒，二不坐禅，一切按照南宗的宗法行事，专修"我身即佛"。后来，道一学成，怀让让他自创禅林宗派，让他离开南岳到江西立身说法，弘扬禅宗南宗学说。道一到江西之后，门下僧徒云集，获得了"江西马祖"的尊号。道一在南岳创建的草庵，为后来临济宗僧人重建，被命名为马祖庵，又因为马祖在这里授法怀让，所以又名传法院。

以上就是磨镜台的典故。除了磨镜台之外，掷钵峰下还有观音桥、麻姑桥、龙舒桥等古迹和明清两代的名人题刻，都是非常值得一观的佳处。

# 老湖南的陵墓祠堂

 **为何说马王堆是西汉文明的缩影**

马王堆属长沙市芙蓉区马王堆乡,原为河湾平地中隆起的一个大土堆。根据马王堆二号墓中发现的长沙丞相、轪侯之印和利苍3颗印章,以及文献记载人们确定该墓墓主即为第一代轪侯利苍,而一、三号墓分别为利苍的妻、子之墓。马王堆汉墓2000多年来保存完好,共出土西汉珍贵文物3000多件,大致如下:

**器物:** 在马王堆三座汉墓出土的大量文物中,漆器共约500件,计一号墓184件,三号墓316件,是各地发现汉代漆器中数量最多、保存最好的一批。器类主要有鼎、匕、盒、壶、钫、卮、耳杯、盘、奁、案、几和屏风等,制作精致,纹饰华丽,光泽如新。此外,一号、三号两墓分别出土100多

长沙马王堆汉墓一号墓出土的彩绘陶鼎

长沙马王堆汉墓一号墓出土的歌俑

件木俑和30多个盛放肉食品、谷物、果品和香料的竹笥。

**竹简、帛书、帛画：** 一号墓出土竹简312枚，三号墓出土410枚，内容均为逐件记录随葬物品的名称、数量和各种物品的分类小计。三号墓出土的10多万字的大批帛书，是不可多得的历史文献资料。帛书的内容涉及古代哲学、历史和科学技术许多方面。经整理，共有28种书籍，12万多字。另外还有几册图籍，大部分都是失传的佚书。二号汉墓出土的地形图，其绘制技术及其所标示的位置与现代地图大体近似，先后在美国、日本、波兰等国展出，评价极高，被誉为"惊人的发现"。一号墓和三号墓内棺上的彩绘帛画保存完整，色彩鲜艳，具有很高的艺术水平，为我国现存最早的描写当时现实生活的大型作品，是不可多得的艺术瑰宝。

**丝织品：** 马王堆汉墓出土的各种丝织品和衣物，年代早、数量大、品种多、保存好，极大地丰富了中国古代纺织技术的史料。最珍贵的是，一号墓的大量丝织品，大部分放在几个竹笥之中，除15件相当完整的单、夹锦袍及裙、袜、手套、香囊和巾、袱外，还有46卷单幅的绢、纱、绮、罗、锦和绣品，都以荻茎为骨干卷扎整齐，以象征成匹的缯帛。其中一件素纱禅衣，轻若烟雾，薄如蝉翼，长1.28米，且有长袖，重量仅49克，可见织造技巧之高超和巧夺天工。

**乐器：** 一号墓出土有二十五弦瑟，是目前国内发现的唯一完整的西汉初期瑟，此外还出土了二十二管竽和一套竽律。三号墓除出土瑟、竽外，还有七弦琴和六孔箫。这些都是首次发现的西汉实物。12支一套的竽律管，分别标明汉初的律名，为探讨中国早期律制增添了物证。

马王堆出土的大量汉代器物及其他艺术珍品，特别是一号墓出土的历2000年不腐的神奇女尸及三号墓出土的大量帛书文献，为西汉初期历史考证提供了翔实的资料，震惊了世界。因此被称为是"西汉文明的缩影"。

 **马王堆女尸不腐之谜**

马王堆汉墓是西汉初期长沙国丞相轪侯利苍及其家属的家族墓地，位于今湖南长沙市区东郊的马王堆乡。1972年至1974年先后挖掘出土三座汉墓，分

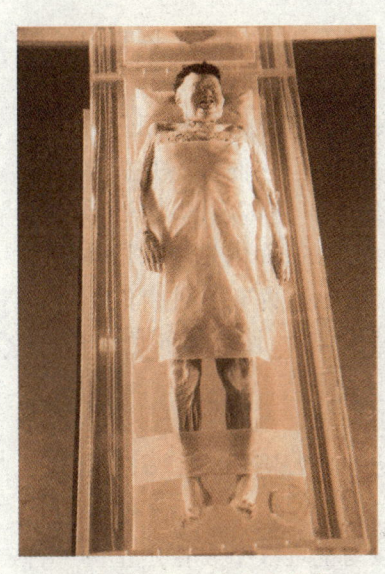

长沙马王堆汉墓出土的女尸

别是二号墓汉初长沙丞相轪侯利苍,一号墓是利苍妻,三号墓是利苍之子。共出土漆器、丝绸、帛画、帛书等3000多件珍贵文物,更令人称奇的是一号墓的主人利苍妻辛追夫人的尸体历经2000多年竟然保存完好。

1972年,一号墓出土时,辛追夫人保存完好的尸体震惊世人。虽然已深埋地下2000多年,但辛追夫人的尸体几乎与新鲜尸体无异。形体完整,全身润泽,而且部分关节可以活动,软结缔组织甚至还有弹性。辛追夫人的遗体既不同于木乃伊,也不同于尸蜡和泥炭鞣尸,是一种特殊类型的尸体保存方法,能保存到如此完好的地步堪称防腐学上的奇迹。千年不腐女尸,一时震惊世界,吸引了不少游人、学者的目光。

根据有关研究,尸体不腐大致有五个方面的原因。

其一,尸体的防腐处理得好。经过化学鉴定,发现它的棺液沉淀物中含有大量的硫化汞、乙醇和乙酸等物质,其中硫化汞在尸体防腐固定上的作用非常明显,这就证明女尸是经过汞处理和浸泡过的。

其二,墓室深。从墓室的条件看,整个墓室建筑在地面16米以下的地方,上面还有底径50~60米、高20多米的大封土堆。这种环境既不透水也不透气,更不透光,这就基本隔绝了地表的物理和化学作用的影响。

其三,封闭严。墓室四周的墙壁都是用黏性强、可塑性大、密封性好的白膏泥筑成,泥层厚约1米;在白膏泥的内面还衬有厚为半米的木炭层,共约1万多斤;墓室筑成后,墓坑再用五花土夯实。这样,整个墓室就与地面的大气完全隔绝了,并能保持在14℃左右的相对恒温,不但隔断了光的照射,还防止了地下水流入墓室。

其四,隔绝了空气。由于密封好,墓室中已接近真空,具备了缺氧的条件,厌氧菌开始繁殖。在椁室中存放的丝麻织物、漆器、木俑、乐器、竹简等有机物,特别是陪葬的大

长沙马王堆汉墓出土遗体在手术台上

量的食物、植物种子、中草药材等,产生了可燃的沼气,从而加大了墓室内的压强。沼气能杀菌,高压也使细菌无法生存。

其五,棺椁中存有神秘的棺液,也起到了防腐和保存尸体的作用。根据测量,椁内的液体约深40厘米,棺内的液体约深20厘米,但它们都不是人造的防腐液。那么,这些棺液是从哪里来的呢?经科学分析研究鉴定,椁内的液体是由白膏泥、木炭、木料中的少量水分和水蒸气凝聚而成的,而内棺中的液体则是由女尸身体内的液体化成的"尸解水"等形成的。正是因为有这种自然形成的棺液才防止了尸体腐败,并使得尸体的软组织保持了弹性,使尸体肤色如初,栩栩如生。

## 马王堆出土的素纱禅衣究竟是如何"薄如蝉翼"的

素纱禅衣是我国考古工作者于1972年在长沙马王堆汉墓发掘出土的一件文物,由纱料制成,无颜色,没有衬里,出土遣册称其为"素纱禅衣"。它是西汉时期纺织技术巅峰时期的作品,重量仅为49克,除去较厚重的衣领、衣袖、衣襟缘边的绢,其重量只有20多克。正如古人形容的"轻纱薄如空",其质地及纺织技术都让现代人称奇。素纱禅衣是马王堆汉墓随葬物品中最为引人关注的一件文物,现藏于湖南省博物馆。

这件素纱禅衣长128厘米,通袖长190厘米,由上衣和下裳两部分构成,特点为交领、右衽、直裾。面料为素纱,缘为几何纹绒圈锦。素纱丝缕极细,共用料约2.6平方米,重仅49克,还不到一两,是世界上最轻的素纱禅衣和最早的印花织物,可谓"薄如蝉翼""轻若烟雾"。而且它色彩鲜艳、纹饰绚丽,代表了西汉初养蚕、缫丝、织造工艺的最高水平,更是楚汉文化的骄傲。

纱是我国古代丝绸中出现得最早的一种,是由单经单纬丝交织而成的一种方孔平纹织物,其经密度一般每厘米为58根至64根,纬密度每厘米为40根至50根,密度稀疏,孔眼充满织物的表面,因而质地轻薄。上乘的纱料,以蚕丝纤度匀细见长。丝织学上对织物的蚕丝纤度有一个专用计量单位,即"旦",每9000米长的单丝重一克,就是一旦。旦数越小,则丝纤度越细。素纱禅衣每平方米纱料仅重15.4克,并非因其织物的孔眼大、空隙多,

长沙马王堆汉墓一号墓出土的绢裙

而是纱料的旦数小,丝纤度细。经测定,素纱禅衣的蚕丝纤度只有10.2至11.3旦,而现在生产的高级丝织物还有14旦,足见汉代缫纺蚕丝技术的高度发展。素纱禅衣的组织结构为平纹交织,其透空率一般为75%左右,制织素纱所用原料的纤度较细,表明当时的蚕桑丝品种和生丝品质都很好,缫丝织造技术也已发展到相当高的水平。这件"禅衣"折叠后甚至可以放入火柴盒中。古人形容"轻纱薄如空""举之若无",一点儿都不夸张。

## 春申君墓位于何处

春申君是战国时楚国人,姓黄名歇,在楚考烈王时期(前262—前238年)为楚国令尹(相国),封号"春申君",赐地淮北十二县,后改赐江东(今江苏、上海一带)。黄歇为人博学多闻,能言善策,为楚相期间施仁政,重农商,强兵革,功绩卓著,与齐孟尝君、赵平原君、魏信陵君并称战国"四君子"。公元前238年,楚考烈王去世,黄歇被李园谋害,但他死后葬于何处,却是众说纷纭,不少地方都说发现了黄歇墓。目前江苏苏州、江苏江阴、湖北江夏、安徽淮南、河南潢川、湖北荆门、湖南常德等地宣称有黄歇墓。

**江苏苏州说**:据苏州市博物馆馆长钱公麟介绍,1992年11月,苏州郊区农民开山炸石时,发现一座古墓。后经考古人员抢救发掘,确认它是凿山为穴的战国古墓。考古人员在墓中发现了一方官印,确认官印文字为"上邦相玺"。据史载,战国末期,六国合纵,以楚国为首,对抗强秦,楚被尊为"上邦",春申君黄歇是当时楚大臣,合纵六国时挂六国相印。因此也被认为是春申君墓。

**江苏江阴说**:江苏江阴瞰江山因春申君而改名为君山;其西麓有东岳庙,庙阶之下即春申君黄歇之墓,至今仍有墓庐,全国重点文物保护单位。据有关记载,这是个衣冠墓。

**湖北江夏说**:江夏县黄鹤乡仁义村有春申君墓,此说见于多种版本的黄姓族谱,并载黄歇与夫人墓前至今有石人、石马、石狮、石象等;另有一石,上刻黄歇遗诗一首。

**安徽淮南说**:在安徽省淮南市谢家集区李郢孜镇境内,黄歇陵园背山面水,北靠八公山山脉的赖山,南邻瓦埠湖,其封土高19米,底径87米,占地总面积7000平方米。《凤台县志》中有"县

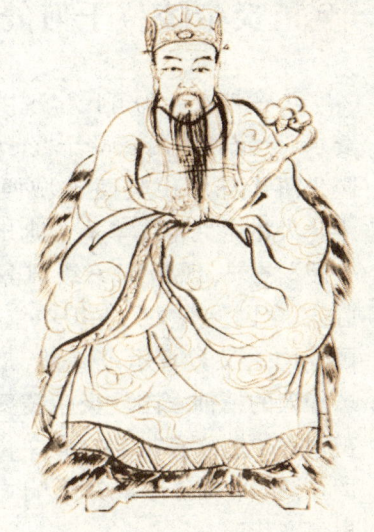

春申君

淮南寿县春申君乘车雕刻

东隗家店西大阜名黄歇冢"的记载,又经文物普查,被认为是黄歇墓址。

**河南潢川说**:据有关专家论证和北宋出版的百家姓记载,春申君墓位于河南潢川县隆古乡隆古村黄国敦城内,周围有黄宫遗址、天池、老龙埂水库等景点。春申君墓现为县级文物保护单位,墓区保存完好。

**湖北荆门说**:湖北荆门市沙洋区有一座直径30米的黄歇墓。

**湖南常德说**:据《中湘四修谱》记载,黄歇的籍贯是今天的湖南省常德市,其父辈是楚国属国黄的贵族,黄歇后来成为楚相,建功立业,其封地扩大到安徽江苏一带。清嘉庆《常德府志》记载,春申君在常德养有大批食客,建有珠履坊(今民主街至下南门)。《方舆胜览》还记载常德城有黄歇的住宅和坟墓,历代都有修整春申君墓的记载。1918年冯玉祥进驻常德,曾为春申君墓封土树碑。常德上南门还耸立着纪念他的春申阁。

总之,到目前为止,春申君黄歇的出生地和墓葬地都还不能确认,各地为了当地旅游经济发展之需要都在争夺,这也从另一方面证明了黄氏祖先春申君在人们心目中的地位。

## 炎帝陵位于何处,有何特色

炎帝神农氏为五氏出现以来的最后一位神祇,是中华民族的始祖。他生于姜水(今宝鸡境内),葬于"茶乡之尾"(今湖南省株洲市炎陵县鹿原镇)。炎帝陵坐落于株洲市炎陵县城西19千米处的鹿原陂,享有"神州第一陵"之誉,现为国家级风景名胜区、全国重点文物保护单位、全国爱国主义教育示范基地,是全球华人的精神家园。炎帝陵祭典被列入了国家首批非物质文化遗产,并被评为全球最具影响力的根亲文化盛事。

炎陵县炎帝陵大殿

民间传说，远古时期，华夏始祖炎帝神农氏到南方巡视，为民治病，误尝断肠草而身亡。炎帝逝世后，治丧者决定将其安葬到此地以南50多千米的河边，即今资兴市资水河边温泉附近，因为那里是后羿射九日落下一个太阳的地方，因此地下冒出来的水都是热的，而炎帝属火，应葬于此。于是人们便用木排载着炎帝的灵柩，由36个力士拉纤，逆江而上，不料木排到白鹿原（今炎陵县鹿原镇鹿原陂）时，突然山崩石裂，波浪滔天，木排倾覆，炎帝灵柩顿时沉入岸边石缝，因此后人便在此立碑代墓。

神农炎帝

据史记载，西汉时始有炎帝陵，唐有奉祀，宋乾德五年（967年）宋太祖钦命在陵前立庙，同时诏禁樵采、置守陵户，此后历朝历代祭祀、修葺不断，成为炎黄子孙寻根祭祖、旅游观光的圣地。炎帝陵景区总体规划面积111.86平方千米，核心区面积5平方千米。自1988年开放以来，接待海内外游客已逾千万余人次。景区包括炎帝陵殿、神农大殿、御碑园、皇山碑林、天使公馆、圣火台、朝觐广场、圣德林、神农大桥、炎帝陵牌坊、崇德坊、鹿原陂、龙脑石、龙爪石、洗药池、邑有圣陵等胜迹，以清皇宫建筑格局布置。

其中，炎帝陵殿位于湖南炎陵县炎陵山（又名皇山）西麓，是炎帝陵景区的主体景点，沿陵墓南北纵轴线均衡对称布局，坐北朝南，南临洣水，南北长73.4米，东西宽40米，面积4936平方米，建筑面积903平方米。陵园保持了浓郁的清式建筑风格，红墙黄瓦，古木参天，庄严肃穆，气势恢弘。陵殿共分四进，一进为午门，二进为行礼亭，三进为主殿，四进为墓碑亭，亭后为墓冢。炎陵庙位于炎帝陵之前，坐北朝南，分为三进，整个院落以红墙围之，主要建筑有午门、行礼亭、大殿和碑房等。

除了人文和自然景观外，炎帝陵还会定期举办祭奠仪式。主要有公祭大典、告祭典礼，其中又分迎宾仪式、引导仪式、祭典仪程、瞻仰仪式、开午门仪式、谒陵仪式和祭文碑揭碑仪式、签名仪式、捐赠仪式，等等。官方大规模的祭祀活动多在清明等重大节日时举行，特别是一年一度的"中国株洲炎帝节"，每到节日都会以炎帝陵祭祀活动为重点，开展一系列文化、商贸交流活动。

## 舜帝二妃葬于何处

舜帝二妃娥皇、女英,是尧的两个女儿。相传 4000 多年前,尧见舜德才兼备、为人正直、办事公道、刻苦耐劳、深得人心,便将其首领的位置禅让给舜,并把两个女儿娥皇、女英嫁给舜为妻。后来舜帝巡视南方,娥皇、女英追踪至洞庭湖,船被大风阻于君山,她们突然听到舜帝死于苍梧之野,不禁肝肠寸断,忧伤成疾,二女便在君山泣血而死,从此君山的青竹浸染了斑斑血泪,遂成斑竹。后人为娥皇、女英的忠贞感动,便将洞庭山改名为君山,并在山上为她俩筑墓安葬,造庙祭祀。

娥皇、女英像

娥皇女英墓位于岳阳市区君山岛东侧。据《史记·秦始皇本纪》记载:尧女,舜之妻而葬于此。今墓高 1.5 米,径 2.5 米,有石砌罗围,清光绪七年(1881 年),两江总督、兵部左侍郎彭玉麟主持重修,并书"虞帝二妃之墓"。墓为石砌,前立石柱,上雕麒麟、雄狮、大象,中竖"虞帝二妃之墓"墓碑。1979 年再经重修。墓前有石级,石级下有一条用麻石铺砌的甬道,两旁石碑上刻二妃画像和历代诗人的佳作:北面是屈原《九歌》中《湘君》《湘夫人》篇,南面则是唐宋乃至近人的咏叹诗词:盛唐之李白、常建、刘禹锡,清代的赵璞,直至近人鲁迅也有"不知何处吊湘君"之句。墓前 10 米处有一对石引柱,上有一副楷书石刻对联:"君妃二魄芳千古,山竹诸斑泪一人。"二妃墓周围多斑竹,竹上有斑斑点点,仿若泪滴,据说是二妃投湘水前哭舜帝时洒上的泪滴。君山二妃墓是目前较为肯定的娥皇、女英墓。

另外,湘阴县三塘乡黄陵山上也有一座二妃墓,诸多史籍对此作了肯定。晋《舆图考》载:"黄陵山,舜二妃葬此。"唐《通典》载:"黄陵(山),即二妃所葬处。"唐《名胜志》载:"黄陵山有二妃墓在其上,历古传记如此。"明嘉靖《湘阴县志》载:"黄陵(山)在县北大江之滨,舜帝二妃在上。"明《一统志》载:"湘山即南濒黄水、西临湘江之湘阴黄陵山。黄陵庙、二妃墓即建在此山之上。"清乾隆、道光《湘阴县志》均绘有《黄陵图》:二妃墓左依黄陵庙,面向湘江,背拥松竹,肃穆庄严,立于黄陵山之上。清光绪《湘阴县图志》对黄陵庙、二妃墓建在湘阴黄陵山亦有详细图、文记载。

## 义帝葬于何处

义帝姓熊名心,是战国楚怀王熊槐之孙。秦灭,项羽分封诸王,并佯尊熊心为义帝,后派九江王英布弑义帝于郴城穷泉旁,郴人将其遗体葬于城邑西南边后山。义帝陵距今已有2200余年的历史,是郴州历史的最早见证,经历了郴州历史演变的风风雨雨,已成为郴州历史文化名城的重要标志,也是市区中心唯一的省级文物保护单位。

虽经王朝更迭,义帝陵却一直被保存下来,并有过多次修葺。现陵内存有义帝新碑一块,高2.65米,宽1.18米,厚0.21米。北面刻于北宋嘉祐四年(1059年),碑额书"义帝新碑"四字,南面刻有元至正五年(1345年)的《重修义帝庙记》。陵右旧有义帝祠,元至正年间移建陵前,清乾隆十二年(1747年)重修,祠内绘有义帝像。1918年,义帝陵曾被驻郴湘军总司令谭延闿盗掘,得陶杯10余个,随后修复原状,并加修葺。

义 帝

义帝陵现占地3539平方米,位于郴州市最繁华的街道——文化路和国庆路两侧。陵墓以墓冢和神道为南北轴线,两边依次对称布置华表、护碑亭,周围还有义帝祠、义帝陵神道等景点。义帝陵冢为半圆形,高5.2米,底直径8.5米,封土堆底座有0.6米高的麻石围箍。陵四周甬道宽1米,麻石享堂坪长10米,宽2米。陵前立2.35米高汉白玉碑,上有隶书"义帝之墓"四字。紧靠碑前安放一块1.7米长、0.5米高、0.6米宽的汉白玉供桌。四周用麻石砌护坡、台阶,台阶共9级,阶下复原竖一对6.4米、20吨重的大理石华表,上有繁体联刻:"楼头有伴应归鹤,原上无人更牧羊。"

## 望城蚂蚁山明墓有何神秘之处

2005年,考古学家在湖南长沙望城县含浦镇蚂蚁山发现了一座明墓。经专家鉴定,此墓墓主名为张妙寿,是明谷王的乳母。据文献记载,谷王为朱元璋第十九子,曾受封为长沙王。永乐十五年(1417年),因为谋反被废为庶人,自焚而死,生前曾厚葬乳母张妙寿。

望城蚂蚁山明墓出土的喇嘛塔

蚂蚁山明墓墓壁厚度达 2.5 米,由坚固异常的松香沙石和青砖建造而成。墓前室和东西两个侧室中,一共发现重要文物 88 件,包括木俑、铜镜、银钱币、剪刀、漆木梳、木珠、玛瑙珠、木簪等,两个侧室中各有棺木一具,均已被盗墓者打开,地上有尸骨残骸。墓中还出土了名为《太上洞玄灵宝高上玉皇本行集经》的经书,是道家经典,书名及内容皆用金粉抄写,字体为非常工整的正楷,属宫廷遗物。墓葬中使用的石材是古代珍贵的观赏石——梅花石。考古人员在前室中发现了完整的墓志,由底座、墓志和墓志盖构成。墓志盖有大篆书写的"张氏妙寿之墓"六字,墓志则用小楷概略记录了墓主张妙寿的生平。

这座古墓是湖南省目前已知的最大明清砖墓,墓长 19 米,宽 9.6 米。这座墓的墓葬在形制上颇具特色,考古人员相继发现了圆形石塔状建筑、十字形砖石建筑、圆形竖井,这些葬制在国内非常罕见,从中发掘的经书等物使该座墓葬带有浓厚的宗教气息,熔佛、道思想于一炉,对于研究明朝早期的历史具有极高的学术价值。古墓葬前方除了墓道外,一般是没有建筑物的,而这个砖室墓前却出现了神秘的石砌建筑——喇嘛塔。塔体由塔顶、相轮、覆钵、基座组成,相互套接,高 1.56 米。在覆钵内有一方形经箱,经箱内装有 15 册纸质书籍。其具体用途至今未明,成为本墓一大谜团。

神秘的墓主身份,诡异的石砌建筑,奇特的坟墓建筑,复杂的佛、道气息,为望城蚂蚁山明墓蒙上了一层神秘的面纱。

###  沅陵古墓为何被称为"第二马王堆"

1999 年,湖南省文物考古研究所在怀化市发现沅陵虎溪山一号汉墓。墓主人吴阳系长沙王吴臣之子,为第一代沅陵侯,高后元年(公元前 187 年)受封,死于文帝后元二年(公元前 162 年),在位 25 年。该墓是继长沙马王堆汉墓后,湖南地区发现的第二座未被盗掘的王侯墓,是湖南西汉考古的又一重

沅陵虎溪山吴阳墓出土的西汉漆盘

要发现,被评为1999年度全国十大考古新发现之一。吴阳墓南侧近20米的地方同时发现一座规模相等的古墓,专家初步认定为吴阳妻子的墓。

虎溪山一号汉墓为长方形竖穴土坑墓,带斜坡墓道,有南北两耳室,棺椁结构基本完好。墓室由主墓室和外藏棺椁组成。随葬品主要放置在四厢及内棺、外藏

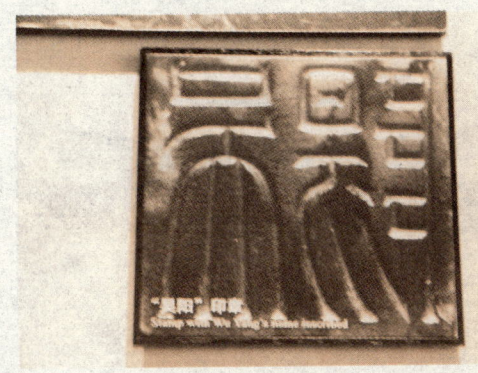

"吴阳"印章

棺,共出土漆木器、陶器、铜镜、玉印章、玉璧等近500余件,其中陶器类有鼎、盆、壶、盂、豆;漆木器有几、案、耳杯、盆、盘、匜、琴、瑟、勺、虎子、扁壶、兵器架、箭杆、伞骨、剑鞘、匕、弩机、碟、木俑;滑石器有耳杯、熏炉;另有铜镜、玉璧;还有桃、梅、梨等水果的果核。大多数陶器的表面有彩绘,漆木器表面有精美纹饰,有的漆木器底部还有针刻文字。

墓中还出土了竹简近千支,竹简文字清晰可辨,字体秀美,保存完好,内容有图书、刑德、黄籍、"美食方"四大类。以黄籍和"美食方"最具代表:黄籍记载了沅陵侯国所属各乡的户口人数和分次调查统计的变化及变化原因,为研究西汉前期侯国的户籍档案制度提供了重要材料;"美食方"记载了加工各种食物的选料和加工方法,填补了古籍中有关古代食物制作流程记载的空白。虎溪山一号汉墓墓葬结构复杂,布局合理,规模庞大。棺椁所用的木材均为上等优质木,做成这样的大体量棺椁,耗材甚多。西汉王侯的厚葬之风,由此可见一斑。该墓的发掘为研究当时的历史提供了极为珍贵的资料,专家认为其学术价值不亚于敦煌汉简和长沙走马楼吴简。

沅陵的古墓不止如此。2000年,中科院长沙大地构造研究所和省文物考古研究所组成专家组,对湖南怀化沅陵的40多座大小山头进行测试,惊奇地发现每座山头都是一座巨型墓葬,其年代在战国至汉代之间,墓葬规模大致在40米×40米、20米×15米左右,大部分墓葬规模超过了长沙马王堆汉墓(20米×17米)。沅陵古墓也因此被称为"第二马王堆"。

##  屈子祠有何建筑风格

屈子祠,又名屈原庙、三闾祠,是祭祀战国时楚国大夫屈原神位的祠庙,位于湖南省汨罗市汨罗江畔,玉笥山麓。建筑占地1354平方米,坐北朝南,为单

**老湖南的趣闻传说**

汨罗屈子祠

层单檐砖木结构,有三进三厅,十四耳房,庄严古朴,肃穆幽雅,整个建筑具有典型的江南古建筑风格。现已列入湖南省青少年爱国主义教育基地名录。

屈子祠始建于汉代,清乾隆二十一年(1756年)移建至玉笥山上。祠宇为三进三厅结构,正面为三孔大门,中门为牌坊式,下面镶嵌五龙捧白垂石雕刻,镌"屈子祠"三字。门坊和山墙上有17幅关于屈原的浮雕,如渔父谈心图、怀沙投江图等。正殿为砖木结构,单层单檐,青砖砌墙,黄琉璃瓦覆顶,风格古朴秀雅。由正门入中殿,可见巨幅雕屏,上刻司马迁《史记·屈原列传》全文,其上梁则悬一幅"光争日明"横匾。厅中木柱上有清郭嵩焘、李元度撰写的楹联。中进有董必武撰写的联语。两旁柱上有于立群书郭沫若集《离骚》句:"集芙蓉以为裳,又树蕙之百亩;帅云霓而来御,将往观乎四荒。"东西厢房为展览室。由厅侧后行可见丹池,池中两花台内各植金桂一棵。丹池后行至二进,中殿为祭祀厅,设神龛,供"故楚三闾大夫屈原之神位"牌。过神龛出拱门可见过亭,亭侧天井种着300多年树龄的金、银桂树。再后行即至三进,中殿立有屈原手抚佩剑之塑像。中殿两侧之厢房现辟八个陈列室,对屈原的生平著作、屈原在汨罗江一带的遗迹及后人纪念屈原的风俗习惯进行了介绍。后殿矗立着一尊1980年重塑的屈原像,神采斐然。

屈子祠整个建筑系砖木结构,由56根木柱支撑,包括山门、大殿和左右配殿等建筑。山门为四柱三楼式牌坊,高14米,正中额题"清烈公祠"四字,两侧榜题"孤忠""流芳"四字。大殿系钢盘混凝土结构,有明清风格,翠瓦飞檐,高耸于崇台之上,显得宏伟壮丽。整个建筑厅、堂、池、廊、楼、阁浑然一体,结构严谨,雕花精细。屈子祠前有宽阔的石坪,石坪南侧有石阶梯119级直通汨罗江边。屈子祠周围建有独醒亭、骚坛、濯缨桥、桃花洞、寿星台、剪刀池、绣花墩、望爷墩等纪念屈原的古迹,俗称玉笥山"八景"。祠东的屈原碑林嵌当代名家书法碑刻356块。大殿后的屈原墓,乃人们营建的

屈　原

衣冠冢。今墓前的门阙、石坊等，全是清道光年间原物。

## 南岳忠烈祠为何被称为"小中山陵"

南岳忠烈祠位于湖南省衡阳市，是为纪念抗日阵亡将士而修建的仿南京中山陵形式的陵墓。整座祠宇坐北朝南，中轴线上按前低后高地形布局，建筑依次排列，除纪念碑、纪念亭为纯石结构外，其余皆为石墙碧瓦，单檐翘角。

忠烈祠于1938年筹建，1942年落成，是我国大陆唯一纪念抗日阵亡将士的大型烈士陵园，其规模之大、规格之高、内容之广、震撼之深都是史无前例的。忠烈祠依山而建，整个布局为方体，前低后高。祠内的花岗岩石板大道和276级石磴衔接，将牌坊、"七七"纪念塔、纪念堂、致敬碑、享堂从下而上组成一体，长240米，宽60米，占地面积1.44万平方米。忠烈祠上是蒋介石游南岳的纪念林，两侧是翠绿山峦，四周是参天古松，把整个建筑紧紧地环抱于山中。忠烈祠共有13座大型烈士陵墓，安葬着第九战区抗日阵亡将士的遗骸。

游览南岳忠烈祠，通过高大雄伟的三孔牌坊，是一开阔式庭院。沿石板道行百余步，便是巍然耸立的"七七"纪念塔。塔座四周有四块嵌汉白玉的"七七"铭文的青石碑。纪念塔中间有五颗炮弹直指蓝天，弹体一大四小，屹立在一起。再往前便是古朴大方的纪念堂，中央耸立着一块高约6米的汉白玉石碑，正背两面原刻有纪念抗日阵亡将士碑文。纪念堂后面，沿山势建有276级石磴，分两侧而上，石磴呈台阶式，共九层，以致敬碑为界。路旁有一石碑，正背面刻着"游人到此，脱帽致敬"八个字。往上走便是忠烈祠最大的建筑物——享堂。其地面呈十字形，有坚固雄厚的花岗岩石墙，双面浮雕三拱的汉白玉石门。正面上部，六根花岗岩石柱稳托着朱红色歇山式双檐，中间两条柱上悬挂着金色的长方形横匾，题有"忠烈祠"三字，款署为"蒋中正"。在享堂大厅后墙壁上，嵌着36块汉白玉石碑，上面刻着当代著名书法家题写的历代爱国志士的诗词。

忠烈祠四周苍松掩映的山头上有13座烈士陵墓，其中最大的一座坟茔里埋葬着原国民党三十七军六十师师长董煜收集的本师在湘北抗日阵亡将士的

衡阳南岳忠烈祠

遗骸，共2728具。另据有关文史资料记载：国民党六十师曾在淞沪、浙东、苏南、赣北、鄂南、湖南等地与日军浴血奋战，歼灭日本侵略军近卫第九师团和第六师团。在战斗中，该师不少官兵为保卫中华民族而壮烈捐躯。有郑作民、孙明瑾将军等个人墓葬，还有七十四军、六十师、一四零师等集体公墓3座。这些墓葬均位于南岳忠烈祠中，形成了"小中山陵"高尚肃穆、令人敬仰的祠宇氛围。

## 柳子庙与柳宗元有何渊源

柳子庙坐落在湖南永州潇水西侧的柳子街上，始建于北宋仁宗至和三年（1056年），是永州人民为纪念柳宗元而建。2001年，柳子庙作为清代古建筑被国务院批准列入第五批全国重点文物保护单位名单。

永州柳子庙

柳宗元是唐代著名文学家，唐宋八大家之一，因参与王叔文改革失败被贬为邵州刺史。在赴任途中，柳宗元再贬为湖南永州司马，谪居10年，写下了《永州八记》《江雪》《捕蛇者说》等大量华文诗赋，为永州传播声名做出了巨大贡献，同时因心系黎民而广受百姓爱戴，柳子庙就是永州人民为纪念他而筑建的。

柳子庙占地面积达2000多平方米，砖木结构，面对愚溪，背靠青山。愚溪原叫冉溪，柳子迁居溪旁后，改为"愚溪"。庙前一对雄狮威坐，高大的院墙中镶有三个拱门，庙门正上方有石刻"柳子庙"三个大字，环以五龙戏珠的石雕。东西门楣分别题有"清滢""秀澈"二字，系取自柳宗元《愚溪诗序》。大门两侧刻有楹联："山水来归黄蕉丹荔，春秋报事福我寿民。"系集韩愈《荔子碑》佳句而成，由杨翰书写。门前柳绿竹茂，流水潺潺，共同组成一幅美丽的画卷。

进入大门可见庙为三进三开，首先一座双檐八柱戏台。台前有红底金字的"山水绿"匾额，出自柳宗元"欸乃一声山水绿"诗句。台顶有瓷葫芦、泥塑鳌鱼等。台身高大，台檐柱上端有彩色凤凰、麒麟木刻浮雕。戏台前有一青坪，跨13级石级即为中殿。中殿宽宏巍峨，进深三间，正梁题有"皇清光绪三年丁丑岁仲秋月谷旦，祠下六场分祭绅耆商民捐资公建"字样，现为柳宗元纪念馆，由赵朴初先生题额，馆内陈列着介绍柳宗元生平事迹资料及名人纪念柳宗元的书画佳作。后行至二进中殿，从中殿拾级而上，即为后殿，进深亦为三间，系清同治八年（1869年）修建，竖有柳宗元大理石雕像一尊，四旁挂有"文贯八家""都是文章""福我寿民"等横匾，正殿中有柳宗元塑像供人祭祀。历代碑碣甚多，其中《荔子碑》《捕蛇歌》《寻愚溪谒柳子庙》等堪称文物珍品。正殿后墙的石碑，亦是三绝碑，碑文为韩愈所撰，由苏轼书写，内容却是颂扬柳宗元的事迹，此碑首句为"荔枝丹兮蕉黄"，故又名荔枝碑。

柳子庙记录和再现了柳宗元谪居永州时的人生经历和生活情景，供后人缅怀柳宗元的伟大诗文人生。

柳宗元

##  周昭王魂归何处

周昭王（？—公元前977年），姓姬名瑕，为周康王之子，是西周第四代国王。周昭王到底是怎么死的，在历史上一直是一个谜。《史记·周本纪》有这样的记载："昭王之时，王道微缺。昭王南巡狩不返，卒于江上。其卒不赴告，讳也。"在这段史料的记载中，周昭王在南巡狩猎时死在了江里。大体而言，周昭王率师游楚，途中遭遇不测身死师丧，是史家们的共识，但具体遭到什么不测，其死因究竟如何，则是众说纷纭，莫衷一是。

流传最广的说法是：昭王为继续扩大周的疆域，从昭王十六年开始，发动攻荆楚之战，开始向南巡狩，集结大军大举向南进发。昭王十九年，周昭王再次亲率六师南征攻打楚国。周朝军队开到湘江边准备渡江时，船夫痛恨周人的骚扰，暗中进行破坏，用胶黏接船板。渡江时，胶溶船散，周昭王和随从贵族祭公等人葬身湘江，车右辛游靡游近昭王时，昭王已经淹死了，辛游靡只救到了昭王的尸体。因此湘江江畔的山由此而得名昭山。

昭山位于湘潭市东北20千米的湘江东岸，为长沙、湘潭、株洲三市交界处。昭山海拔不到200米，却是旧时"潇湘八景"中的"山市晴岚"，自古以来名人题咏很多。也有说法是周昭王南征蛮邦时打到这里，掉到山下的深潭里淹死了，因此此山被称为昭山。

周昭王

## 为何小乔之墓建于岳阳城墙上

小乔墓又名二乔墓,我国的安徽庐江、南陵和湖南岳阳都有小乔墓,现为人文景观,并具有重要文物价值。湖南岳阳小乔墓建在岳阳楼北面。

小乔墓地一带,传为三国周瑜军府,墓府为当时军府花园。墓地环境幽静,花木繁茂,墓顶植女贞二株。坟前墓碑高约1米,上书"小乔之墓"。清嘉庆前,墓内修葺情况没有记载。《巴陵县志》载:"嘉庆二年(1797年),知府沈廷瑛重修。"以后又无记载。传闻光绪七年(1881年),督学陆保宗重新修建,并在冢上重植女贞二株。1993年又于墓南侧增建小乔墓庐,四周建有围墙。墓园内照壁的正面刻有宋苏东坡手迹:"遥想公瑾当年,小乔初嫁了,雄姿英发。"墓冢为圆形封土堆,墓周有游道,并增加石栏护围。园内建筑为砖木结构,覆以青色琉璃,具有江南园林风格。

岳阳小乔墓

据明隆庆《岳州府志》载:"三国吴二乔墓在府治北。吴孙策攻皖,得吴公二女,自纳大乔,而以小乔配周瑜,后卒葬于此。"这应是关于小乔墓最早的记载了。而后来在相当长的时间里,小乔墓并未引起人们的注意。直到嘉庆二年(1797年),知府沈廷瑛筑二乔墓,小乔再次直面于尘世,而此时小乔已逝千余年。再后来光绪十年(1884年),督学陆保宗重建墓地,将碑文改为"小乔之墓",并于南侧增建一墓庐,厅内塑小乔像,这应该就是现存小乔墓最直接的渊源了。抗日战争时期,小乔墓在炮火硝烟中被夷为平地,仅有一刻有"小乔之墓"的墓庐碑刻尚存。1992年,岳阳市政府重建小乔墓,迁于岳阳楼公园。

## 红拂女墓位于何处

红拂女姓张,名初尘,风尘三侠之一,江南吴兴人(今浙江省湖州市人)。其父为陈朝大将陈忠肃,被隋将史万岁所杀;母亲是江南吴兴大户沈家的女儿,被隋帝杨坚赏赐给杨素,因带有一女,便在杨素府充当乳娘。红拂女从小在杨素府长大,后成为杨素府歌伎。因手执红色拂尘,故被称作红拂女。

红拂女墓位于湖南醴陵仙山公园内,为市级文物保护单位。墓坐西朝东,为三合土筑成,基部为八方形,边长1.2米,高0.38米,墓冢拱起呈半球形,顶部正中又筑起约0.17米高的四方碑座,其上矗立起一块高约2米的汉白玉石碑,碑顶为花岗岩质的四角飞檐,葫芦状,墓碑正面刻"红拂之墓",左右刻有对联"红拂有知应识我,青山何幸此埋香"。墓旁建有惜红亭。

虬髯公与红拂女像

相传唐李靖将军拜谒杨素时,和杨素纵论天下大事,红拂女立旁见其气宇轩昂,谈吐超人,以为必非庸碌之辈,遂连夜女扮男装逃出相府,追随李靖,与之同奔太原辅佐李世民起兵伐隋。红拂女随李靖南征北战,多有智谋,屡建奇功,甚得李靖喜爱,并表示"丝萝愿托乔木",后与李靖结为伉俪。唐武德二年(619年),红拂女随李靖南平岭桂,曾驻军醴陵,不幸染疾而逝。李靖至为哀痛,葬其于醴陵西山东麓,并勒石为记,以彰其功。据传其真身后归葬故里,原墓窟放有一生铁铸块,上刻:红拂浅葬处。

1924年军旅人士何宣等相约到醴陵西山游玩,忽见红拂女墓,且成为荒冢,顿生敬意与感慨,遂倡修成现状。

## 湖南烈士公园因何而建

湖南烈士公园位于长沙市区东北部,是湖南省最大的集纪念、游览、娱乐于一身的综合性公园。公园始建于1951年,是为纪念近百年为人民解放事业献身的革命先烈而修建的。1953年,公园正式开放,成为全国大型公园之一,面积1.53平方千米,其中水域面积0.67平方千米,有326个植物种类,共35科,172属,10万多棵树。公园环境优雅,客流量大,又是花展、灯展、书法展、烟花展、冰雕展的最佳举办场所,每年接待游客达500多万人次。

公园由纪念区、游览区和娱乐区等组成。纪念区在西,耸立着烈士纪念塔,高达58.7米,由2932块白玉石和花岗石砌成。整个建筑由纪念碑和奠堂两大部分组成。奠堂由8根6米长的石柱支撑。奠堂正面竖立着1951年12月安放的奠基纪念碑,塔堂合一,上部为纪念塔,高38.6米,平面呈八方形,塔身南向正面嵌祁阳石碑心,上镌毛泽东题"湖南烈士公园纪念碑";下为纪念堂,陈列着

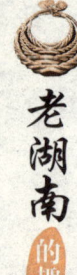

湖南烈士公园

民主革命时期和社会主义建设时期全省 10 多万先烈名录和 90 多位烈士遗像。每年的清明时节,人们在此凭吊先烈。塔东侧山丘上仿宋长廊纪念亭与之遥相呼应,更显庄严雄伟。

浏览区位于烈士公园纪念塔的东边,以年佳湖为主要景点。年佳湖现有水域面积 0.46 平方千米,湖面碧波荡漾,绿柳垂拂,风光旖旎。湖心有四岛,岛间建有三拱桥。岛岸之间新建有迎丰桥,沿湖还建有"朝晖楼""羡鲜馆""船坞"等设施,供游人休息娱乐。此外,游览区内还有湖心岛、红军渡等景点。

公园东南部是娱乐区,有儿童游艺场,备有各种现代化的游乐设施;浮香艺苑是一座庭院式园林建筑,经常举办各种花卉盆景、书画展览,园内还有"朝晖楼""羡鲜馆",供游人赏景休息,品尝湖南风味小吃和中西茶点。

# 老湖南的饮食

 **湘菜是如何形成的,有何特色及代表菜**

湘菜,是中国历史悠久的一个地方风味菜。以湖南菜为代表,是我国八大菜系之一。

湘菜历史悠久。春秋战国时期,湖南主要是楚人和越人生息的地方,多民族杂居,饮食风俗各异,祭祀之风盛行。到了秦汉两代,湖南饮食的用料、烹调方法到风味风格都逐步形成了一个比较完整的体系。从出土的西汉遗策中可以看出,汉代湖南饮食已经形成菜系,生活中的烹调方法比战国时代已有进一步的发展,形成羹、炙、煎、熬、蒸、濯、脍、脯、腊、炮、醢、苴等多种。由于湖南物产丰富,素有"鱼米之乡"的美称,所以自唐、宋以来,尤其在明、清之际湖南饮食文化的发展更趋完善,逐步形成了全国八大菜系中

湘菜——腊八豆炒荷包蛋

一支具有鲜明特色的湘菜系。

　　湘菜的烹调方法历史悠久。在传统的热烹、冷制、甜调三大类烹调技法中，湘菜的每类技法少则几种，多的有几十种。湘菜的煨功夫更胜一筹，几乎达到炉火纯青的地步。煨，有红煨、白煨，有清汤煨、浓汤煨和奶汤煨。小火慢炖，原汁原味。有的菜晶莹醇厚，有的菜汁纯滋养，有的菜软糯浓郁，有的菜酥烂鲜香，许多煨出来的菜肴成为湘菜中的名馔佳品。

　　湘菜的特色众多。其一，重视原料互相搭配，滋味互相渗透，浑然天成。因地理位置的关系，湖南气候温和湿润，故人们多喜食辣椒，用以提神去湿，调味也尤重酸辣。用酸泡菜作调料，佐以辣椒烹制出来的菜肴，开胃爽口，备受青睐，成为独具特色的地方饮食习俗。其二，湘菜品种繁多，门类齐全。就菜式而言，不仅有乡土风味的民间菜式，经济方便的大众菜式，也有实惠的筵席菜式，格调高雅的宴会菜式，还有味道随意的家常菜式和疗疾健身的药膳菜式。湘菜著名菜肴有腊味合蒸、东安仔鸡、麻辣子鸡、红煨鱼翅、汤泡肚、冰糖湘莲、金钱鱼等。

## 火宫殿为何享誉中外

　　火宫殿，位于长沙市坡子街，总面积6000余平方米。它集民俗、宗教（火庙）、饮食文化于一身，既是一家"中华老字号"，也是湖南驰名中外的特色景点和大众场所。这里以风味小吃誉满三湘，涵盖了潇湘美食小吃，种类繁多，色香味俱全，像臭豆腐、龙脂猪血、红烧肉、糖油糍粑，等等。

火宫殿

　　火宫殿，也称乾元宫，始建于清乾隆十二年（1747年），至今有250多年的历史。过去，它是一座祭祀火神的庙宇，每年农历六月二十三会举行祭祀活动。火宫殿戏台两侧有楹联一副，出自清朝大书法家何绍基之手。联曰："象以虚成，具几多世态人情，好向虚中求实；味于苦出，看千古忠臣孝子，都从苦里回甘。"

　　火宫殿的特色，可简单概括为"一宫二庙（阁）三通四景八小吃十二名肴"。其中，"一宫"是指火宫殿；"二庙"是指火神庙、财神庙，"二阁"是指普慈阁、弥陀阁；"三通"是指南通坡子街、西通三王街、东通司门口；"四景"是指"古坊夕照""庙廊生烟""一曲熏风""廊亭幽境"；

"八小吃"是指臭豆腐、龙脂猪血、煮馓子、八宝果饭、姊妹团子、荷兰粉、红烧蹄花、三角豆腐;"十二名肴"是指宫殿豆腐、酱汁肘子、发丝百叶、潇湘龟羊、腊味合蒸、组庵鱼翅、蜜汁火腿、东安仔鸡、红烧狗肉、红煨牛蹄筋、毛家红烧肉、红烧水鱼裙爪。

火宫殿小吃

火宫殿特色中最著名的当属特色美食了。这里的美食具有四大特点:用料讲究,制作精细,外形雅致,口味醇正。除了本地的美食外,当然还供应其他各地的特色、时令小吃等。先后曾有许多党和国家领导人光临过火宫殿,如毛泽东、彭德怀、叶剑英、胡耀邦等。

1958年,毛泽东视察火宫殿时吃的"主席宴",是当时湘菜风味的独特代表,他在吃完臭豆腐后还说:"火宫殿臭豆腐闻起来臭,吃起来香。"20世纪60年代,徐特立、王震、王首道、李劫夫等人曾到火宫殿品尝过风味小吃。1972年,叶剑英来火宫殿品尝过风味小吃。1973年,华罗庚曾在火宫殿进行过"优选法"实验。1979年,叶剑英、王震第二次来火宫殿品尝风味小吃。1989年,胡耀邦来火宫殿品尝风味小吃。

1993年,火宫殿被授为"中华老字号"。2002年,经济学家厉以宁第二次来到火宫殿品尝风味小吃,并提笔赞道:"艺绝声名远,情深客自来。"2003年,李铁映视察了火宫殿。2004年,火宫殿被评为"湖南省著名商标"。2005年,张震来火宫殿品尝了风味小吃,并题了"慕名而来,兴尽而归"八字。2007年,何厚铧、曾荫权来火宫殿参观。

##  龙脂猪血因何得名,有何美味

长沙的猪血汤,俗称"麻油猪血",其中又以"龙脂猪血"最为出名。龙脂猪血是长沙火宫殿的著名小吃之一。加工制作好的猪血十分嫩滑,就像龙肝凤脂一样美味,故而得名"龙脂猪血"。

龙脂猪血

猪血汤取新鲜猪血为原料,下到锅里,红红润润,细嫩嫩软似豆腐。辅料虽简单,一般是干椒末、冬排菜和芝麻油,但是味微辣而香脆,爽滑鲜嫩,十分可口。在寒冷的冬季,如果吃上一碗热腾腾的龙脂猪血,能使人全身暖和,舒服至极。夏天的早晨喝上一口,可开胃,增进食欲。大概就因为如此,有些文化的长沙人想象那龙肝凤脂也不过这般美味,于是就给那猪血汤取了这样一个好听的名字。

猪血含有丰富的蛋白质,对人体十分有益。但要注意的是,这道小吃不能与海带同食,否则会引起便秘;也不能与黄豆同吃,否则会导致消化不良。

##  令长沙人"疯狂"的口味虾知多少

口味虾又名长沙口味虾、麻辣小龙虾、香辣小龙虾、十三香小龙虾,以湖南湖北产的小龙虾制成,颜色鲜红,口感麻辣鲜香,属湘菜系,湖南小吃之一,在长沙市最为流行。

口味虾主料所用龙虾并不产自中国。其原产地在北美洲,1918年由美国引入日本。1929年再由日本引入中国。后来在长江一带迅速繁殖。随着改革开放的进展,口味虾迅速传遍全国,成为路边酒摊的常见小吃。由于小龙虾能聚群打洞,危害江堤,所以长沙人称吃小龙虾是除害。

长沙人爱吃口味虾,几乎到了"疯狂"的程度。虽然相对于酒楼、食府而言,吃口味虾的店面环境不是很好,有的甚至还是坐在马路边上吃,但从名牌主持、影视名人到普通百姓,都抵挡不了口味虾的诱惑,一定要品尝一回才过瘾。

口味虾

夏季夜幕降临时节,当你走在长沙的街头巷尾,定会发现那一桌桌辣得嘴巴通红、眼泪汪汪、满头大汗,却依然乐此不疲、满怀斗志的口味虾食客。

##  火宫殿臭豆腐是如何制作的,有何来历

火宫殿臭豆腐是湖南著名的特色小吃,它最大的特点就是闻起来臭,吃起来香。其选用的原料是黄豆制成的水豆腐。

制作时,首先要用特制的卤水将豆腐浸泡半个月,因为卤水中放有香菇、鲜冬笋、浏阳豆豉等多种上乘原料,用其做出来的臭豆腐味道特别鲜香。其次,用茶油将其炸焦;最后把每块豆腐钻孔灌上辣椒油。这样,美味的臭豆腐就做好了!

光绪二十二年(1896年),出生在湖南的蒋永贵因父母双亡流浪到了长沙。由于其排名老二,因此又被称为蒋二爹。他在长沙流浪时被一个卖炸豆腐的老乡收留,从此学会了油炸豆腐的手艺。

后来师父年纪大了,又体弱多病,就把油炸豆腐的摊子交给了他。为了避免地痞流氓骚扰,他在火宫殿附近严格按照师父

火宫殿臭豆腐

的传家手艺去做,不管是选料还是制作过程,都精心准备。因此他的炸豆腐很快受到了大家的欢迎。就连毛泽东主席、美国前总统老布什品尝后也连连称赞。

火宫殿臭豆腐闻着臭,吃着香,外酥里软,辣味十足,令人回味无穷。

##  湖南米粉是如何制作的,有何来历

湖南米粉是当地人最喜欢的早餐之一。其从口味上可以分为长沙米粉和津市米粉,从形状上又分为圆粉和切粉。

长沙米粉以切粉为主,其汤是由大骨熬成,味道鲜美。人们可以根据自己的口味、爱好在米粉里加入各种作料,如辣椒、酸菜、萝卜条等。

津市米粉最著名的要数常德津市牛肉粉了。据说它是常德的三绝之一。津市粉以圆粉为主,有牛肉、牛腩、排骨、肉丝、墨鱼等几个大类,口味比较丰富。

相传清朝雍正年间实行"改土归流"的政策后,新疆维吾尔人的一支迁徙到了湖南。他们住在湖南的澧县东乡团结村。这里地处洞庭湖,人们的主食以大米为主。喜欢面食的维吾尔人很不习惯,他们十分怀念家乡的清真牛肉面。后来他们开始想办法,最终制作出了面条的替代品——米粉。

最初,回民做的牛肉米粉很清淡。随着时间的推移,他们逐渐适应了当地的口味。于是,米粉也开始变成咸辣口味。这样便形成了具有湖南特色的牛肉粉。

湖南米粉制作简便,味道鲜香,原汁原味,筋道爽口。其中以长沙的"和记"和"黄春和"两个最著名百年老店的味道最为正宗。

湖南米粉

##  八宝龟羊汤有何来历及特色

八宝龟羊汤是湖南著名的特色风味小吃。此汤的原料种类丰富,有乌龟肉、羊肉、枸杞、党参、去壳的荔枝、红枣、姜片、茶籽油等,具有滋补功效。其制作方法也很讲究,炖制前要把龟肉和羊肉用沸水烫一遍,去掉血丝;煮汤时要用小火长时间地炖,直至炖酥烂为最佳。

八宝龟羊汤等炖汤

八宝龟羊汤在明清时期就已经在长沙一带流行了,是冬令时节的滋补佳品。长沙冬季十分湿冷,容易损伤元气。此时人们往往会来上一碗热腾腾的龟羊汤,一扫恶寒。因为中医认为龟肉甘、咸、平,入肺、肾二经,有滋阴补血功效;

羊肉性甘、温、无毒,入脾、肾经,具有益气补虚、壮阳暖身的作用;而当归、党参、枸杞等中草药又有脾肾双补、增强食疗的作用,且还可以减轻龟羊肉的腥气和膻味,使其芬芳馥郁,软烂鲜嫩。

八宝龟羊汤汤味鲜美,营养丰富。在湖南一般饭店都有此美味销售,但以长沙市火宫殿所制最佳,闻名国内外。

## 姐妹团子有何来历及特色

姐妹团子是湖南火宫殿传统的风味小吃,因口味独特而备受欢迎。其主要原料是糯米和大米,馅心有肉馅和糖馅两种。肉馅选用的是五花鲜猪肉,制作出来的肉馅团子为石榴形。糖馅则是用桂花糖、北流糖、红枣配制而成,制作出来的糖馅圆子呈蟠桃模样,十分惹人喜爱。

姐妹团子等点心

相传宋太祖赵匡胤在安徽歙县兵败后,士气十分低落。当地人知道后,便送来米团慰劳这些士兵。吃过米团后赵匡胤念念不忘,于是就从歙县找人专门为他再做此食物,并命名为"大救驾"。这就是最早的团子。

20世纪20年代,姜氏姐妹在长沙的火宫殿摆了一个卖团子的摊位。她们制作的团子不仅外表好看,吃起来也很香,受到许多顾客的称赞。因此人们给她们的团子起名为"姐妹团子"。

姐妹团子小巧玲珑,晶莹剔透,糍糯柔软;肉馅团子鲜嫩可口,糖馅团子甜而不腻。来湖南旅游,不可不尝。

老湖南的趣闻传说

## 毛家红烧肉为何有名

毛家红烧肉是主席宴上的八大名菜之一，也是湘菜系独树一帜的美食。因其一直深受毛泽东主席钟爱，故又称"毛氏红烧肉"。

正宗的毛家饭店位于湘潭韶山冲。其做法非常讲究，红烧肉要选五花腩，须先把五层三花的肚腩肉用冰糖八角桂皮先蒸再炸，然后入锅放豆豉作料烹制而成。做熟的毛家红烧肉色泽金黄油亮，肥而不腻，十分香润可口。

毛家红烧肉

红烧肉是毛泽东最喜欢的菜肴之一。他认为红烧肉可以补脑，增强记忆力，使人精力充沛。据史料记载，在艰苦的战争年代，毛泽东在指挥三大战役时，曾对警卫员李银桥说："你如果每隔三天给我吃一顿红烧肉，我就有精力打败敌人。"可见，毛主席对红烧肉的热爱。

新中国成立后，毛泽东也经常用这道菜招待贵宾。后来，遍布全国的毛家餐馆都用红烧肉来作招牌菜，并美其名曰"毛氏红烧肉"。

## 土家人为何要吃"耳朵粑粑"

土家族一些风味独特的菜肴小吃、饮品往往是和民俗活动紧紧联系在一起的，寄托着土家族人对生活的美好愿望与追求，被称为土家族的吉祥物。

粑粑既是土家族的节令食品，也是交际礼俗食品，含有多种吉祥意义。不同的礼仪风俗有不同的粑粑，这些粑粑在制作、寓意名称等方面也不相同，过年用的粑粑叫年粑，祭社神用的粑粑叫社粑，元宵节祭五谷用的粑粑为十五粑粑。

在所有的土家族粑粑中，耳朵粑

土家粑粑

粑是很特别的一种。耳朵粑粑是土家族人结婚时所用的吉祥食物。青年男女结婚前半个月左右,男方用糯米做成海碗大的粑粑,用箩筐挑着送往女方家。粑粑的个数由女方家直系亲属人数多少决定,耳朵粑粑送至女方家后,再由女方家分送给各位亲戚。粑粑只能成双,不能成单。耳朵粑粑起着公布婚姻关系的作用,是象征新人结为伉俪的吉祥物。耳朵粑粑是定亲的信物,吃过耳朵粑粑,一对新人的婚姻就意味着公之于众了。

如今,土家族还流传着关于吃耳朵粑粑的故事。传说,有个小伙子,已经和一位女孩子订婚几年了,他想早点成亲,就请媒人在端午节给女方家送礼并商定迎亲的日子。但是女孩子的母亲并不同意,硬要留女孩子再过两年才嫁。小伙子有点耳聋,没有听清楚媒人的传话,以为过年后就能娶亲。到了腊月,他特意砍了一块带尾巴的腊猪火腿,用红纸套上脚,给女方家送去。按土家族人习俗,如果腊月送带猪尾巴的火腿的意思就是女儿只能在娘家过一个年。女方母亲一见这礼物,就大骂女婿:"你的耳朵到哪里去了?耳朵做粑粑吃了吗?"小伙子也挺聪明,并不答话,回到家里碾了几担糯米,做成海

土家族绣花女服

碗大的粑粑,送到女方村寨,女方所有的亲戚都吃到了女婿送的求亲粑粑,就劝女孩子的母亲把女儿当年嫁给了他。久而久之,土家族就形成了求亲送粑粑的习俗,后来根据那位母亲说的话:"你的耳朵做粑粑吃了吗?"这种求亲粑粑也叫做耳朵粑粑了。

##  土家血豆腐有何特色

血豆腐是土家族的一道特色菜肴,不仅是土家人用来招待宾客的上等菜,也是走亲访友的上等礼品。它是指将豆腐和猪血、肥膘肉、花椒、辣椒等相混合,然后将其放在火炕上,最后经柴火熏制烤成的一种菜。

血豆腐的最大特色就是它的味道。它既有豆腐的清香和花椒的麻香,也有烟熏后的腊香。所以它吃起来不仅麻辣、鲜香,而且很有嚼劲,是佐酒的上品。此外,血豆腐的另一特色就是制作过程。土家人一般在杀猪备年货后,就开始制作血豆腐。其制作过程很讲究,只有经验丰富之人才能做出好吃的血豆腐。

土家血豆腐

豆腐是在杀年猪之前做好的。杀猪时,土家人会用小盆将仓血接下(仓血是指杀猪后残留在猪身体内的血)。接着,把花椒、辣椒磨成粉末状,把肥膘肉切成碎片;再将豆腐盛在一个大盆内,并将其捏碎。然后,将豆腐、肥膘肉及食盐、花椒粉、辣椒粉等佐料,在盆里充分进行揉捏并拌匀。再然后就是往盆里放入用来调色的猪血,在充分揉拌直至调匀后,将混合物捏成圆球状,并置于火炕上熏制。等过了半个月左右,在柴火熏烤下,血豆腐会变紧、变黑,这也就意味着它彻底做好了。

 **土家的四季萝卜酸是如何做的**

四季萝卜酸是大山深处的湘西土家人常备菜之一,是好客的山民招待远道而来的佳宾的上好佳肴。

土家四季萝卜酸

心灵手巧的土家族妇女特别擅长做四季萝卜酸。她们做四季萝卜酸的方法独特,步骤鲜明。首先,将萝卜叶拔净,留下茎连萝卜,洗净晾干。下一步是将萝卜切片,片儿要切得均匀,要方而正。泡制自然是最后一道工序,是最关键也是最讲究的。其一,要选最洁净的水;其二,水与醋的比例一定得配合适当;其三,时间精确,要泡几个小时就必须达到几个小时,多一分差一刻萝卜酸的味道都会有差异。四季萝卜酸的做法一般有三种,分别是米汤法、凉水法和冷开水法。米汤法黏黏糊糊,好吃但不中看;凉水法容易使萝卜变质变软,虽美观但风味欠佳;冷开水做的四季萝卜则是鲜光白亮,酸溜溜,甜津津,脆生生,色味俱全,被奉为上品。一般黄昏泡制,次日清晨便可上市。

另外,四季萝卜酸还是土家族青年男女挑选对象的一个重要条件。谁家的小伙子栽种的萝卜壮实、鲜嫩、甜脆,那么他就会得到众多姑娘的青睐;如果姑娘做的萝卜酸色鲜味美,那她就会被众多的小伙子争相追求。

##  德园包子有何来历及特色

说到包子,不得不提长沙的德园。

德园建于清朝光绪年间,最先是一位姓唐的人在八角亭附近开的夫妻店,并为其取名德园。民国初期,几个失业的官厨合伙买下了生意一直不好的德园。后来他们把店迁到了黄兴路樊西巷口,靠官府菜招揽客人。官府菜选用的材料都是上等的。为了避免浪费,厨师把每次剩下的余料都要剁碎放入包子中做馅心。就这样德园包子的味道逐渐与众不同,并且越来越受到顾客的欢迎。

长沙发生文夕大火后,原来的一些师傅重新集资,再度建店,取名德园茶馆,继续经营饭菜、包点,并逐步形成驰名长沙的"八大名包"。这八大名包分别为冬菇鲜肉包、水晶白糖包、叉烧包、玫瑰白糖包、麻茸包、瑶柱鲜肉包、金钩鲜肉包、白糖盐菜包。其选料精细,肉馅选用上好瘦肉,拌以香菇,油而不腻;糖馅使用玫瑰糖、冰糖、白糖或桂花糖

德园包子

相拌而成,香甜可口。每天早上,来此买包子的人络绎不绝,堪称长沙街头一景。

##  刮凉粉有何来历

刮凉粉是湖南春夏秋时节的大众小吃。其主料是凉粉(由豆粉或淀粉制成,蚕豆粉做的口感最好),再加上香油、酱油、麻油等调料调味,味道更佳。人们还可以根据个人口味适当地放入姜末、辣椒、醋等享用。

荷兰粉

刮凉粉的来源与湖南另一种小吃荷兰粉有关,二者其实是同种原料。

清朝末年,长沙的市面上开始出现以卖蚕豆粉为生的小贩。当时的长沙人把这种呈半透明胶状体的粉称为鳞皮豆腐。到20世纪30年代,在火宫殿经营小吃的周福生对鳞皮豆腐进行改进,将其切成片状,同时配以高汤,取名荷兰粉。冷天来一碗,的确令人胃口大开。等天气转热,周福生又将大块的蚕豆粉刮成细粉丝状,淋上各种调料。在大热天来上一碗,通体舒畅,消暑解渴。于是周福生就将这种粉叫作刮凉粉。

刮凉粉鲜爽可口,清凉嫩滑,是不可不品的美味小吃。

# 老湖南的购物

##  湘绣有何特色

湘绣主要是指以长沙一带为中心出产的刺绣产品,这些产品具有浓郁的湘楚特色。湘绣是我国四大名绣之一,与北京雕漆、江西景德镇瓷器并称为"中国工艺美术三长"。

湘绣是在纯丝、硬缎、软缎、轻纱等面料上用各种颜色的丝线、绒绣线绣出花卉、山水、动物、人物等形象。其针法多达70种,包括平绣、织绣、网绣、结绣、双面绣、乱针绣等,极具表现力。同时,湘绣艺人在配色上善于应用深浅灰和黑白色,结构上虚实结合,擅长留白,具有我国水墨画般秀雅的品质。湘绣丝细光滑,配色层次明暗突出,充满质感与立体感。

挑选湘绣时最主要的是看湘绣表面的光洁度,好的绣品针线绣得很密,因此图案有立体感,光洁度高。同时从湘绣花线的粗细也可以

湘 绣

辨别出绣品的优劣,湘绣中一根花线的 1/2 粗称"一绒",1/12 粗称"一丝"。"劈丝"即将一根花线分为若干份。湘绣会根据不同的布质、色彩及题材,灵活综合运针,而且花线劈丝粗细合度,从而充分表现物体形象的质感。

1922 年,末代皇帝溥仪迎娶婉容和文绣,身穿的珠冠龙袍就是特地在长沙吴彩霞绣庄定做的。湘绣来源于长沙民间刺绣,同时吸收了苏绣和粤绣的工艺精华,强调写实,质朴而优美,形象生动。

## 西兰姑娘与西兰卡普(织锦)有何传说

"西兰卡普"是土家语,意为一种土家织锦。在土家语里,"西兰"是铺盖的意思,"卡普"是花的意思,"西兰卡普"即土家族人的花铺盖。人们往往在"花铺盖"前冠以"土"字,以显示这项民间工艺所包含的土家族民族特点。土花铺盖被土家族人民视为智慧和技艺的结晶,被称作"土家之花"。按照土家族习惯,过去土家姑娘出嫁时,都要在织布的机台上制作美丽的"西兰卡普"。

关于"西兰卡普"的起源和发展,史籍中只有零零碎碎的记载。《后汉书·西南蛮夷传》所说哀牢夷"织文革绫锦"的"兰干细布",就是土花铺盖的前身,称"武陵蛮"有着"织绩木皮,染以草实""好五色衣服""衣裳斑斓"的习尚,"武陵蛮"就是历史上对土家族使用过的一种称呼。"西兰卡普"的来历虽无据可考,但土家族内却流传着这样一个传说:

相传,湖北西部山区"毕兹卡"土家族人的村寨中,有个聪明美丽的西兰姑娘,她心灵手巧,很会织布。她织出的布人见人爱,可是西兰并不满足。她采来山上各式各样的鲜花,插到机头上,用五色丝线,飞梭走杼,把一朵朵美丽的花儿织到布匹上。这种布漂亮极了,人们把它叫做"卡普"。卡普上的花朵就像带露刚刚开放,招得蜜蜂和彩蝶飞来起舞。西兰织了一匹又一匹,山里的野花一朵又一朵盛开在西兰织成的卡普上,她的屋里变成了百花盛开、争奇斗艳的花园。

土家族西兰卡普

西兰姑娘决心把世上所有的花都织到心爱的卡普上,于是她逢人就问哪里还有她没有见过的花。一位路过山里的老爷爷告诉西兰,后山上有一棵长了 999 年的红果树,它会在半夜开出一种火一样鲜艳而热烈的花,这种花白天就看不见了。西兰决心把红果花采来织到布上。她半夜起床,不怕夜寒风高,不怕露湿衣裙,跑到后山坐在红果树前,守了一夜又一夜,但红果树就是没有开花。西兰并不灰心,仍然天天夜里一个人偷偷跑到后山上等。也许是西兰的诚心感动了红果树,有一晚,红果树全身摇动,突然开满了一串串火红的鲜花。西兰摘了最大的一朵,高兴地插到机头上,织了起来。

好吃懒做又爱饶舌的嫂嫂嫉妒西兰,在阿爸面前撒谎说西兰天天晚上到后山会情人,行为不检点。阿爸连着几晚不见西兰,信以为真。他气得喝了几斤老酒,醉醺醺地冲到西兰房里,见女儿正唱着歌儿在那里织布,便不由分说地操起身边的剪刀向西兰甩去。一声惊叫,西兰倒在织机上,再也没能起来,她的血溅到布上,布上开出一串又一串火红火红的花。阿爸酒醒后看到机头上的鲜花,明白自己错怪了女儿,捶胸顿足,懊悔不已。

后来,土家族的妇女们都学着织西兰姑娘的卡普,并把它做成被子盖在身上,表示和西兰在一起,表达对她的无限思念。土家族女儿从小就学织西兰织过的布,把它当成自己出嫁的陪嫁品,人们把它叫做"西兰卡普"。

 ## 浏阳为何被誉为"花炮之乡"

浏阳位于湖南省东部偏北,至今已有近2000年的建县历史,是著名的"花炮之乡"。花炮是浏阳的传统产业,也是支柱产业,其繁盛期是20世纪80年代至今,已形成了一个庞大的产业链。

浏阳烟花

浏阳是国家命名的中国烟花之乡。其花炮历史源远流长,"始于唐,盛于宋",起源于浏南重镇大瑶镇,迄今已有1300余年的悠久历史。相传,古时南川河两岸时闻有人被山魈所害,连唐太宗李世民都被惊扰得龙体不安,遂下诏全国求医。出生于湖南浏阳南乡大瑶的李畋费尽苦心研制出爆竹,它不仅可用来驱祟避邪,保护一方平安,更能为太宗驱镇邪魅。李畋救驾有功,因此被唐太宗敕封为"爆竹祖师"。

明清时代,我国爆竹烟花已经很盛行,每逢婚丧喜庆或过节,人们都要燃放爆竹烟花来祭神祭祖,表示庆贺,求神灵祖先保佑全家顺利,万事如意。清咸丰年间,鞭炮庄号遍及湖南省内外各埠,烟花鞭炮年产量猛增,大瑶、金刚头、澄潭江、文家市及城区等地90%的居民以家庭作坊为单位进行生产,烟花鞭炮已形成大行业,素有"十家九爆之称"。在光绪年间,这里的爆竹已销往中国香港、澳门等地及南洋诸国,成为名牌产品。中华人民共和国成立后,浏阳花炮已发展到13大类3000余个品种,内销全国,外销五大洲100多个国家和地区,年出口创汇6000多万美元,国际市场占有率为60%,国内市场占有率为40%。以花炮为龙头的外贸出口,连续10多年居全省县(市)之首,已形成了一个年销售额达20余亿元的现代化产业群和产业集团,成为湖南、全国乃至全球花炮生产品种齐全、品质优良的产业基地,并已逐步建立了国际和国内庞大的市场营销网络。

1995年,浏阳市被国家授予"中国烟花之乡"荣誉称号;2002年成立的国际烟花协会(IFA),总部常设浏阳;2004年国家工商总局注册"浏阳花炮"驰名商标;2006年5月20日,浏阳花炮的制作技艺经国务院批准列入第一批国家级非物质文化遗产名录。在2008年北京奥运会、国庆60周年北京天安门庆典、2010年广州亚运会、2010年上海世博会、2012年伦敦奥运会等众多国内国际重大场合,浏阳花炮都绽放夜空,闪耀星辰,以最绚烂的姿态展现出现场的喜庆隆重氛围,让世界人民一览来自焰火之都的风采。

## 滩头年画有何特色

滩头年画是湖南省唯一的手工木版水印年画,产地在湖南省宝庆(现在为邵阳)隆回滩头镇。从明末清初到民国初年,滩头年画逐步形成了自己独特的美术风格:艳丽的色彩,夸张、饱满、个性化的造型方法。纯正的乡土材料和独到的工艺,使作品具有了浮雕一般的艺术效果。滩头年画多以祝福新年的喜庆丰登、免除灾祸的古老民间习

滩头年画

俗为题材,反映人们对生活的美好祝愿和精神寄托。从题材内容和品种来看,可分为神像、吉祥如意、故事三大类。

滩头年画以其火红、鲜艳的色彩,粗犷、夸张的造型,反映着农民的单纯、朴实、健康与乐观向上的思想情感和社会现象,对我国美术创作与民间美术的发展有着一定的现实价值和理论价值。在造型立意上,滩头年画夸张、粗犷,在似与不似之间求神而不求"形"(不追求现实中的形体比例),给人以全方位的自然感觉。这种特色与滩头年画的制作过程和用料是分不开的。

滩头年画"和气致祥"

**用纸**:滩头年画印刷用纸的选取与制作十分特别。印刷用纸是由当地的手工作坊以毛竹为原料制造的玉版纸,纸质厚、韧性强、色显奶黄。印刷前需将纸蒸煮(增加纸的韧性和柔性),并在纸上刷胶粉。这种胶粉是一种色白而细的天然矿物质,当地人称白胶泥。白胶泥经打碎、漂白、加胶后刷在蒸煮玉版纸上,这样纸就变得特别受色,并能使色彩润泽、鲜艳、厚重。

**颜料**:滩头年画在颜料的采用、调配上也非常独特。其使用的颜色除黄丹(学名橘红)和烟子(学名煤黑)外,采用的都是品色系的颜料:品桃(玫瑰红)、品蓝(群青)、品黄(淡黄)、品绿(翠绿)。并且所有的颜料都是年画作坊自己手工加工的,色彩纯度很高。在调色上滩头年画的用水也很讲究,其调色水是用当地的地下水加入篱子水(即民间做豆腐时过滤出来的水)、白胶泥等调制而成的。这种水使颜料的色彩纯度高、鲜艳、渗透性适当,可保存的时间长。

**用色**:滩头年画在用色上更有特色:艳丽、鲜明、对比强烈,能给人以兴奋、欢快而热烈的视觉张力,装饰性强。滩头年画的色彩具有"辣"味:大块面积的橘红、淡黄、玫瑰红与群青、翠绿、煤黑等同类色、近似色搭配,大小面积有机布局。滩头年画的视觉穿透力强,但又和谐柔美,形成了强烈的冷暖对比。每种色彩相互交融,产生出一种呼之欲出的浮雕效果,使滩头年画形成了"艳而不俗、厚而不浮"的色彩效果。滩头年画不仅在造型上对称,在色彩上也十分讲究对称和协调统一。

**构图**:滩头年画在构图上饱满简洁,大多对称呼应,大与小、疏与密、虚与实、动与静的处理十分得体,画面统一而不零乱、集中而不堆砌,使人感觉十分舒适。其造型古拙、幽默、变形大胆而洗练、神态优美而生动，与表现内容协调相应，表现出"以一当十""以少胜多""疏可走马，密不透风""无画处皆成妙境"的简洁。

滩头年画很少受到西洋画、文人画的影响，保持着淳朴、稚拙、幽默的美感特色，更具有一种强烈的原始生命力。它不假修饰，宛如朴素大方的山野村姑，散发着浓郁的泥土芳香，并以浓烈的湖南"辣味"而独放异彩。

## 捞刀河刀剪有何特色

捞刀河刀剪是享誉全国的著名手工艺品，产自长沙县捞刀河镇。早在明朝时，这一带的刀剪生产就已经十分发达了，所生产的剪刀与北京的王麻子、杭州的张小泉齐名，一直以来都深受欢迎。

捞刀河刀剪采用"镶钢锻打"工艺，其生产技艺超凡，巧夺天工。生产的刀剪在全国质量评比中，抛光剪位列第一，电镀剪第二，发兰剪获优质产品称号。

捞刀河刀剪

捞刀河的菜刀刃口锋利，不卷不崩，造型美观；剪刀开合和顺，经久耐用且松紧适宜。

相传三国名将关公路过捞刀河，坠刀河中逆漂数里，捞而复得，故而此河得捞刀河之名。捞刀河刀剪集刀剪锻造之精华，产品造型独特，技艺超凡，巧夺天工，炉火纯青，刃口锋利，不卷不崩，经久耐用。

捞刀河从东往西流入湘江，这条河的名字据说与当年关羽战长沙有关。传说关公领兵攻打长沙时，乘小船在捞刀河一带巡查，当船行至小河入口时，一个大浪打来，关公一个趔趄，手中的青龙偃月刀不慎落入河中。身边的周仓见状一头栽入水中，一口气追了7里水路才将宝刀捞了上来。据说是宝刀上镶嵌的青龙入水而活，宝刀因此会逆水而上。

后来人们把关公落刀的地方就称为落刀嘴；捞刀的这条河就叫捞刀河。

## 浏阳菊花石雕为何被誉为"全球第一"

菊花石，也称石菊花，以湖南浏阳大溪河所产的为上品。其"花"孕育于2亿多年前，因地质运动而形成于岩石之中，的确可以称为"取日月之精华，采天地之灵气"。

浏阳菊花石由天然天青石和方解石矿物构成白色菊花状花形,花瓣多呈放射状对称分布,组成白色花朵,花瓣中心由近似圆形的黑色燧石构成花蕊。其花形酷似秋菊,高贵典雅、纹理清晰、界线分明、神态逼真,形成了令人叫绝的"石头能开花"的绝景。

菊花石雕是浏阳县的独特手工艺品,用生成于2亿多年前的菊花石雕琢而成。据了解,到目前为止,全世界只有浏阳出产这种天然石,因此,浏阳菊花石雕被誉为"全球第一"。此石上的花像菊花一样,花蕊有单蕊、双蕊、三蕊和无蕊,有类似竹叶菊、绣球龙葵菊、蒲叶菊和金钱菊花型等。

浏阳菊花石雕

菊花石质地坚硬,外表呈青灰色,里面有天然形成的白色菊花形结晶体,看上去很像自然界的菊花。其中,"花蕊"是晶粒状矿物的集合体,"花瓣"是一个个菱面体晶体形态紧挨或断续连接所成。矿物成分依据品种不同而有所区别,其中湖南浏阳出产的菊花石主要是方解石和玉髓(石英),有的是含菱锶矿及天青石,另外还有如北京西山红柱石菊花石,存在于红柱石岩中,岩石基底为黑色、密集分布着灰白色的放射状红柱石集合体,呈菊花状,每个花瓣则是一个红柱石晶体。其主要矿物成分为红柱石。

浏阳菊花石石质细腻,软硬适中,易雕琢,其菊花造型千姿百态,形态万千,蔚为壮观,不愧为誉满全球的珍品。

##  醴陵红瓷有何来历及特色

醴陵是世界著名釉下五彩瓷的原产地,其陶瓷生产已有近2000年历史。2006年,中国红瓷在醴陵这座古老的瓷城破茧而出,浓烈的中国红象征着热情、欢乐、喜庆,一经问世就受到热烈的追捧。

中国红瓷的发展可追溯至晚唐时期,但真正成熟是在元代。景德镇发展并创新了釉里红技术,明清是釉里红在我国古代的极盛时期。明洪武时是釉里红发展史上的第一个极盛期,此时釉里红大多色较淡,红色晕散,纹饰以花卉为主,有较多扁菊花纹是一大时代特征。明宣德是釉里红瓷发展的又一高峰,该

时期红瓷创新分为釉里红和青花釉里红两大类。

到了清康熙年间,红瓷制造工艺已相当成熟,红瓷成品色调浓艳鲜亮,有不同的浓淡层次,品种也较为多样,有釉里红、青花釉里红、青花釉里红加彩、釉里三彩等。雍正年间的红瓷在工艺上已达到历史最高峰,其成品红艳,青花釉里红在色彩、设计上皆有新意,青花色调浓淡不但很鲜亮,且时有晕散。

醴陵红瓷

但到清末时,由于种种原因,红瓷的烧造技术一度失传,虽然陶瓷人在不断努力,但仍无法烧出真正意义上的大红瓷。直到1998年,中国科学家攻克了陶瓷大红色釉不耐高温的世界性难题,烧出了色泽鲜艳、表面纯净的大红色瓷器,失传近百年的中国红瓷在20世纪末得以重生。这一技术实现了中外陶瓷艺人百年的大红梦,填补了世界陶瓷史上的空白。

醴陵红瓷瓷种独特,瓷质细腻雅致,彩面润泽,花面多样,瓷形优美华贵。其烧造工艺极难,通常需要四次进炉:素烧、釉烧、红烧、金烧。每一环节都不能出错。红瓷烧造成品率极低,有"十窑九不成"之说,且原材料中所使用的钽是一种比黄金还贵重的稀有金属,而图案则用纯度为99%的黄金烤制而成,因此醴陵红瓷十分珍贵。

## 岳州扇有何特色

岳州扇是用洞庭湖一带的天鹅、野雁、鹰、鹳鹤等名贵鸟类的羽毛制成的一种羽毛扇。羽毛经过清理、梳洗和分类,然后按其形状、毛色和质地,用银丝巧织成千姿百态、五颜六色的羽毛扇。岳州扇在长期的产销过程中,以其独特的艺术风格成为与苏州扇、杭州扇齐名的全国三大名扇之一。

相传，在虞舜时代，我国就有了扇子。晋朝人崔豹在《古今注》中云："舜广开视听，求贤人自辅，作五明扇，此扇之始也。"扇字从"户"从"羽"，从中国的造字学分析，足以证明羽扇是扇子家族的始祖。

岳州书画扇

早期的扇子以羽毛为原料，长柄大羽，主要用作帝王的仪仗、装饰。帝王将相出场，常由侍者擎持羽扇随行，以示身份和威严。苏轼在《念奴娇·赤壁怀古》中有诗云："羽扇纶巾，谈笑间，樯橹灰飞烟灭。"周瑜手执羽扇指挥三军的形象，跃然纸上。

岳州扇品种繁多，工艺精湛，美观耐用，同时也是珍贵的艺术品。扇面设计想象丰富，取材广泛，构思新颖，有山水风景、名胜古迹；有花鸟虫鱼、名言警句；有历史人物、神话传说……那烟波浩渺的洞庭湖、秀丽的君山、富丽堂皇的岳阳楼、巍然屹立的慈氏塔无不展现在扇面之上，万紫千红，五彩缤纷，美不胜收。

##  湘潭槟榔有何来历

槟榔有"绿色口香糖"之称，深受消费者喜爱。湖南民歌《采槟榔》里唱道："高高的树上结槟榔，谁先摘了谁先尝。"它道出了湖南人对于槟榔特殊的感情。

湖南人对于槟榔的喜爱与迷恋甚至可以用"未入湖南境，先闻槟榔香"来形容。湖南的许多地方都有饭后嚼槟榔的习惯，而在湘潭还有着"槟榔越嚼越有劲，这口出来那口进，交朋结友打圆台，避瘟开胃解油性"的歌谣，足见湘潭人和湘潭饮食文化与槟榔的不解之缘。

槟榔

湖南人嚼槟榔起源于湘潭。湘潭人嚼槟榔已有300余年历史了。据《湘潭市志》介绍，顺治六年（1649年）正月，清兵在湘潭屠城九天，县城里数万人口，所剩户不到二三十，人口不足百。

当时有一位程姓徽商,得到一老和尚嚼槟榔避疫的方法收尸净域,从此嚼槟榔习惯也就陆续传承下来。

乾隆四十四年(1779年),湘潭发生瘟疫,城内居民集体患上鼓胀病,时任县令白景从李时珍的《本草纲目》中得到启示,将药用槟榔分给病患者咀嚼,鼓胀病竟然得以治愈,解除了瘟疫之害。于是,嚼槟榔的习惯就在湘潭传开,最后传遍全省。

湖南不产槟榔原果,但槟榔加工业创造的价值却远远超过海南和台湾地区,这无疑是食品加工界的奇迹。

据《本草纲目》记载,槟榔性温,味苦,可解油、驱虫、除胀,还可治水肿、脚气等症。适当嚼食,有利于面部神经的运动,可起到美容的功效。它又是一种果品,特别是在湘潭人的生活中有着特殊的地位。湘潭人在待客时可以不用烟、不用茶,只要奉上一口槟榔,就足以表示主人的热情和诚意了。

##  江永三香指哪"三香"

江永位于湘南边陲,香米、香柚、香芋是最负盛名的江永特产,统称江永三香。

**香米:** 香米是一种具有浓烈芳香气味的软稻米,冠于"江永三香"之首。仅产于江永县源口乡富源村的48丘田内,是一种传统特产,从唐代开始种植,至今已有1000多年的历史。古时有"永明好米、其香五里"之说。这种香米稻,禾秆细长,高1.2至1.8米,稻谷呈象牙色,煮熟后,清香四溢,经久不散。香米饭不仅柔软甘香,且营养丰富,是粮中珍品。香米自问世以来,便被历代封建王朝定为贡品。

江永香柚

**香柚:** 香柚是沙田柚的变种,"原籍"广西容县沙田村,来江永"安家落户"已有100多年的历史了。由于它从江永这块宝地中吸吮了丰富的稀土等微量元素,同时在这个独特气候的环境中,经过和风丽日的沐浴,在江永人民的精心培育下,成为香味特浓、独具风味的江永香柚。江永香柚色泽金黄,果形美观。成熟后,果底中部有一铜钱大小的突出印环,人们称之为"金钱花"。江永香柚全身都是宝,其果肉晶莹似玉,肉厚多汁,嫩脆清香,酸甜适度,且可久贮。经常食用,对人体的正常生理活动有良好的促进作用,它具有消食、化痰、润肺、止咳和醒酒等功能。柚皮可制柚皮糖、柚皮菜,柚核可做中药,也可提炼工业用油。香柚耐运输,销路广,在国内外具有广阔的市场前景。也正因为如此,江永已成为中国香柚之乡。

**香芋：**香芋又叫槟榔芋,在江永种植的历史已有1000多年,主要产于江永县桃川洞,故又叫桃川香芋。江永香芋具有个大、肉嫩、味美等特点。一般每个重2000到2500克,大的重达5000克。香芋全身都是宝,芋叶可作猪饲料;芋茎可作腌菜;芋头含有大量淀粉、蛋白质和维生素,除能制作糕点、芋粉、芋片、芋丸等副食品外,还可汤煮、油炸、红烧、热炒,芳香扑鼻,沙甜沁心,粉酥可口,能做成一道道美味佳肴,如香芋扣肉是湖南名菜之一。江永香芋,在国际市场上被称为"中国桃川香芋"。

## 擂茶为何又称"三生汤"

擂茶,就是把茶叶、芝麻、花生等原料放进擂钵里研磨后冲开水喝的养生茶饮。据说,擂茶最初始于湖南安化。后向北经桃江、益阳或向南经新化等地传播到湘中北地区。如今在益阳城乡及洞庭湖区普遍流行,成为城镇和山乡人民款待来客的必备佳饮。

制作擂茶时,擂者坐下,双腿夹住一个陶制的擂钵,抓一把绿茶放入钵内,握一根半米长的擂棍,频频舂捣、旋转。边擂边不断地给擂钵内添加芝麻、花生、黄豆、玉米、大米、绿豆、番瓜子,以及生姜、食盐和胡椒,等等。待钵中的东西捣成碎泥,茶便擂好了。然后,将捞瓢筛滤过的一把擂茶投入铜壶,加水煮沸,一时满堂飘香。品擂茶,其味格外浓郁、绵长。据说擂茶有解毒的功效,既可食用,又可药用;既可解渴,又可充饥。

关于擂茶,还有一些广为流传的故事。相传很久以前,安化、桃江一带夏日炎炎,久旱无雨,农民不但受到饥渴威

益阳擂茶

胁,而且瘟疫流行还使大多数人都受着疾病的折磨。有一天,一位仙风道骨的老汉路过此地,看到地上躺着一位中年男子,浑身上下长满了疱疮,脓流不止,苍蝇横飞,臭不可闻。一个老妇人坐在地上失声痛哭,悲惨之状难以言表。银须老汉上前向老妇人打探原因,得知那老妇人全家六口人,由于疱疮疾病不治,已经死去四人。现在只剩下小儿子也已奄奄一息了。老汉深感同情,立刻揭开他那蓝色布包,取出一个小小的瓦钵子来。又从包袱内随便抓了一些东西放入钵内,拿起他身边那根拐杖,倒转过来用衣角揩了几下,便用拐杖在钵内擂磨起来。老汉叫那老妇人取来山涧凉水,渗入钵中,钵中之水立刻由黄变白。而后,银须老汉口中念念有词,将钵中之水一半洒遍病人周身,一半灌入病人口中。一碗水下肚,病人开始哼声,两碗下肚,病人紧闭的双眼便微微睁开了,三碗水灌完时,病人完全醒了过来,而且浑身的疼痛也减轻了许多。

老妇人见儿子已起死回生,高兴得不得了。连忙转过身去,对着那老汉倒地磕了几个响头。待她起身时,才发现那老汉不见了。只见一朵白云从山间向西边飘去,老汉的拐杖、瓦钵和布包留了下来。老妇人拆开包袱一看,里面只有几包芝麻、花生、绿豆和茶叶。拐杖上面刻着"太白金星"四字。老妇人如梦初醒,才知道这是天上的神仙下凡拯救黎民百姓来了。于是,她又对着西方连磕三个响头。之后,她儿子的病情好转了许多,娘儿俩模仿着那位老神仙的做法,连续治好了不少患疱疮的乡亲。此后,每逢盛夏来临,这一带的村民们都会用芝麻、花生、绿豆、生姜和茶叶等擂成糊糊状,再用山涧水或井水冲泡喝下,自此再也没有人长疱疮了。从此,这种茶汤就被称为"三生汤"。

##  安化黑茶为何被誉为"茶中极品"

安化黑茶是20世纪50年代绝产的传统特产,是产于安化山区的山珍,其声誉之盛,不亚于著名的普洱茶,被台湾地区权威茶书称为"茶文化的经典,茶叶历史的浓缩,茶中极品"。

安化黑茶最早可追溯至汉代,长沙马王堆汉墓出土的文物中就有黑茶,这是现今可追溯的黑茶的最早时期。到唐朝时,湖南黑茶已经作为贡茶上奉朝廷,而文成公主去西藏和亲时,准备的众多嫁妆中就有安化黑茶。安化在明朝前期,制茶的方法主

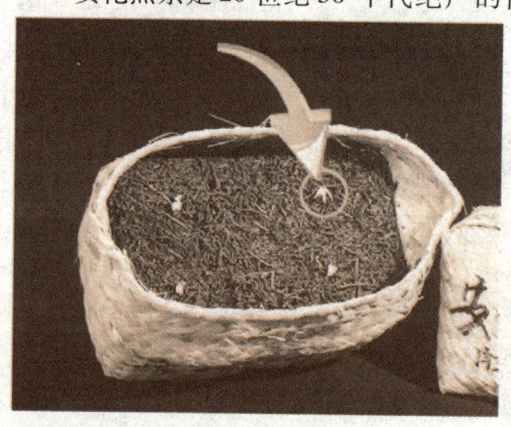

安化黑茶

要参照四川乌茶的方法。但乌茶是蒸青茶,黑茶则是炒青茶,相比之下,黑茶去掉了青叶气,滋味醇和,有松烟香。

到了清朝末期,左宗棠收复新疆,随军携带安化黑茶,其行营扎寨处与当地牧民一同分享黑茶,深受边疆牧民喜爱,茶马互市也因此再度繁盛。

安化黑茶的主要功能性成分是茶复合多糖类化合物,它可以调节人体内糖代谢(防治糖尿病)、降低血脂血压、抗血凝、血栓、提高机体免疫能力。安化黑茶是不可多得的营养饮品,万不可错过品尝。

##  君山银针茶为何有名

君山银针茶产于湖南岳阳洞庭湖中的君山,形细如针,故名君山银针,属于黄茶。其成品茶芽头茁壮,长短大小均匀,茶芽内面呈金黄色,外层白毫显露完整,而且包裹坚实,茶芽外形很像一根根银针,雅称"金镶玉"。

君山又名洞庭山,为湖南岳阳市君山区洞庭湖中的岛屿。岛上土壤肥沃,多为砂质土壤,年平均温度16℃~17℃,年降雨量为1340毫米左右,相对湿度较大,三月至九月间的相对湿度约为80%,气候非常湿润。春夏季湖水蒸发,云雾弥漫,岛上树木丛生,自然环境适宜茶树生长,山地遍布茶园。

据说君山银针茶的第一颗种子还是4000多年前的娥皇、女英播下的。此外关于君山银针,还有一个神奇的传说。五代十国时期的后唐明宗皇帝李嗣源在第一次上朝的时候,侍臣为他捧杯沏茶,热汤刚倒入茶杯内,竟然立即升起一团白雾,然后又逐渐变成一

岳阳君山石刻

只白鹤,它对明宗点了三下头后便朝天际飞去,消失于空中。明宗再往杯子里看,杯中的茶叶悬空竖起,就像破土而出的春笋,过了一会儿又慢慢下沉,就像是雪花坠落。明宗感到很奇怪,问侍臣这是何故。侍臣回答说:"这是君山的白鹤泉(即柳毅井)水,泡黄翎毛(即银针茶)缘故。"明宗听罢,心里十分高兴,下旨将君山银针定为贡茶。

君山银针由未展开的肥嫩芽头制成,芽头肥壮匀齐,满披茸毛,色泽金黄光亮,香气清新,茶汤浅黄,味甜爽。冲泡起来芽尖冲向水面,悬空竖立,然后徐徐下沉杯底,形如群笋出土,又像银刀直立。假银针为青草味,泡后银针不能竖

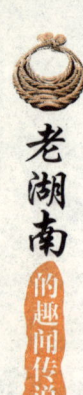

君山银针茶

立。成品茶根据芽头肥瘦、曲直、色泽亮暗进行分级,以壮实挺直亮黄为上。优质茶芽头肥壮,紧实挺直,芽身金黄,满披银毫;汤色橙黄明净,香气清纯,叶底嫩黄匀亮,实为黄茶之珍品。

# 老湖南的娱乐

 **湖南有哪些重大节日活动**

　　湖南历史悠久,文化源远流长,自古以来,这里就形成了自己独特的节日民俗文化。近年来,湖南推出了一些特色旅游节庆活动,主要可概括为"三节两会一祭典"。其中,"三节"为岳阳国际龙舟节、浏阳国际花炮节和张家界国际森林保护节;"两会"为南岳庙会和桃花源游园会;"一祭典"为株洲炎帝陵祭祖。以下是这些节庆的简要介绍。

　　**岳阳国际龙舟节**:创始于1987年,每年农历五月初举行,目前已成功举办10届。该大型龙舟节活动集体育、文化、经贸和旅游于一身,现已被国家旅游局定为"中国面向境外市场的23个重要节庆活动"之一。

　　岳阳是龙舟运动的发源地。公元前278年,爱国诗人屈原在

岳阳汨罗江龙舟赛

岳阳汨罗江以身殉国。为了纪念他,在每年的端午节,岳阳人民都会在汨罗江上举行赛龙舟活动,届时家家户户还会挂艾蒿、喝雄黄酒等,以此避邪。

**浏阳国际花炮节**:浏阳被誉为"中国烟花之乡",同时也是世界上最大的烟花爆竹生产基地和出口基地。浏阳国际花炮节创始于1991年,每两年举办一届,时间一般在10月份(第九届在5月份),现已成功举办了11届(截至2013年)。节日内容以烟花为主题,包括烟花燃放、烟花展销、烟花经贸洽谈和文艺演出等。2007年10月,在第八届中国(浏阳)国际花炮节上,全球最长的(全长20.08千米)鞭炮还被收入了《吉尼斯世界纪录》。

**张家界国际森林保护节**:创始于1991年,是目前我国唯一以森林保护为主题的公益节庆活动。现在,张家界国际森林保护节以其丰富的文化内涵得到了越来越多的国际关注,成为世界森林保护事业的重要交流与合作平台。

2013年10月12日,第18届张家界国际森林保护节开幕,主题为"绿色恋歌·美丽家园",核心主题是生态保护与产业发展问题。同时,影片《梦萦张家界》在本届森保节上首映,成为我国第一部反映国家森林公园发展与变迁的电影。

**南岳庙会**:起源于唐武宗会昌元年(841年),至今已延续了上千年,是我国江南一带传统的大型民间活动。南岳庙会不仅规模大、影响范围广,而且内容丰富、参与人数众多。

庙会期间的主要活动主题有:"三星点吉祥"活动,搭台唱戏,摆擂比武,大型法会,商贸交易,等等。现在,南岳庙会融民俗、宗教、文体、经贸为一体,已成为南岳一带最具特色的旅游项目之一。

株洲炎帝陵石雕

据当地人传说,每年农历五月十七是天符大帝下凡的日子,届时他会到衡山一带为老百姓收瘟治病。所以,在五月十七前后的半个月内,南岳人民都会举行各种宗教和民俗活动,以此来庆贺盛事。

**桃花源游园会**:桃花源风景区位于常德市桃源县境内。约南朝宋永初二年(421年),大诗人陶渊明创作了《桃花源记》一文,自此使武陵桃花源名扬天下。桃花源景区起源于晋代,鼎盛于唐宋,毁于元时战乱,复兴于明清以后。现在,景区面积达150多平方千米,已辟出四大景区近100个景点,如桃源山、桃花山、桃仙岭、秦人村等。2001年,景区已被评为国家AAAA

级旅游区。

桃花源游园会每年举办一届。现在,该活动正吸引着越来越多的中外游客来此观光旅游,吸引商人来此洽谈商贸或投资开发事宜。作为湖南的"三节两会"之一,桃花源游园会已成为当地的著名旅游品牌。

**株洲炎帝陵祭祖:** 炎帝陵位于株洲市炎陵县鹿原镇境内,自宋太祖乾德五年(967年)建庙以来,距今已有1000多年。1986年重修炎帝陵殿,现存建筑面积为3836平方米。据南宋罗泌《路史》载,炎帝陵奉祀始于唐代,五代时中断。宋朝建庙后,祭祀活动成为定制,"三岁一举,率以为常"。元明时期祭祀不曾间断。清时,祭祀更加频繁,场面更加隆重。而民间的祭祀活动,更是经久不衰。

2006年6月,"炎帝陵祭典"被列入第一批国家非物质文化遗产名录。同年10月30日,来自世界60多个国家、地区的海内外华人华侨及港澳台同胞代表等,举行了"世界华人华侨炎帝陵祭祖大典"。

##  湘剧有何特点

湘剧,名称最早出现于1920年的《湖南戏考》,民间旧称"长沙班子""长沙湘剧""湘潭班子"等,是我国的地方戏种之一。它源于明代的弋阳腔,主要流行于湖南长沙、湘潭一带。2006年,它被列入第一批国家级非物质文化遗产名录。

明成化年间(1465—1487年),外来的戏曲在长沙的长期演出中,与当地的民间艺术相结合,逐渐形成了弋阳腔。嘉靖年间(1522—1566年),徐渭在《南词叙录》中就已记载说,弋阳腔在"两京、湖南、闽、广用之"。后来,在弋阳腔演唱的基础上,湘剧高腔便发展出来。

清康熙年间(1662—1722年),长沙福秀班、老仁和班先后成立,昆曲传入长沙。由于高剧、昆曲同台演出,高腔吸收了昆腔、皮黄等声腔,从偏重武戏转变为也唱文戏。最后形成了一个多声腔剧种,包括高腔、低牌子、昆曲、乱弹四大声腔,剧目主要为高腔和乱弹,如《琵琶记》《白兔记》《拜月记》等。同治年间(1862—1874年),昆曲开始衰落,并最终退出湘剧舞台。

湘剧剧照(一)

湘剧剧照（二）

光绪二十七年（1901年），京剧流入长沙，湘剧在演唱中于是又吸收了京剧的花腔。

**高腔：** 高腔属联曲体，用锣鼓伴唱，不用管弦乐器，由一人主唱，众人帮腔。它习惯上被称为"一堂牌子"，因为一折戏中，是由引子、过曲（正曲、集曲）和尾声3部分组成的。它有300余支曲牌，一般每支曲牌由"腔""流"（放流）两部分构成。其节拍可分为两类：一为规整节拍型，一为自由散板型。按习惯，板式可分为单板、夹板、散板、滚板、回龙等。

**乱弹：** 也称"弹腔""南北路"，属皮黄系统的板腔体，如平板、安庆调、七槌半。从板式来看，南路有慢放流、慢走马、快走马、快打慢唱等，北路有慢板、快打慢唱、散板、哭头和联弹等。从节奏和情绪来看，南路缓慢，流畅委婉；北路较快，开朗活泼。唱词基本以七字句、十字句为主。

**套路：** 早期高腔重功架和特技，还融合了百戏、杂技和武术等，如射叉、爬竿、叠罗汉等。后来，青阳腔进入后，高腔的套路开始变为唱重于做，如《琵琶记》《金印记》等。昆曲进入后，开始唱做并重，如《白兔记》《破窑记》等。南北路进入后，表演程式以造型、功架为主，如《水擒庞德》《五台会兄》等。京剧进入后，又融入了花腔。

**角色：** 分为生、旦、净、丑4行，以生角居首。小生有穷、富、文、武4个做派，唱时用假嗓，念时为本音，不加土语，重做工。以穷小生戏为例，《泼粥》里的吕蒙正、《金印记》里的苏秦、《打侄上坟》里的陈大官、《打猎回书》里的娃娃生，等等，表演自如，洋溢着鲜明的生活气息。

按湘剧现行体制划分的话，角色一般分为12行，即头靠（大靠）、二靠、唱工、小生、大花、二花、紫脸、三花、正旦、花旦、武旦和婆旦。因各行所扮人物不同，所以戏路也不同。就头靠来说，它讲究"靠、唱、醉、死"，以唱、念、做为主，有白须、麻须、青须之分，还有解袍、靠子、罗帽、跂鞋等戏路之别。

**伴奏：** 习惯上称作"文武六场"。文场为2人，操二胡、月琴、竹笛和唢呐，由司鼓指挥；武场为4人，操鼓板、铙钹、大锣和小锣。

**剧目：** 现有682个传统剧目，加上散折戏则多达1155个。其中，高腔、乱弹剧目占98%以上，弹腔有500多个，高腔近100个。如高腔有《封神传》《西游记》《精忠传》《荆钗记》《琵琶记》等，乱弹有《八大连台》《江湖十八本》和《三十六按院》等。

**名家**：谭宝成、徐绍清、王华运、五大名旦（郭福霞、郑福秋、黄福艳、彭福仙、彭福娥）等。

## 湖南木偶戏有何特点

木偶戏，也称傀儡戏，是指由演员在幕后操纵木偶来表演的剧种。木偶按形式可分为布袋木偶、提线木偶、杖头木偶和铁线木偶等。据《旧唐书》载，唐咸通六年（865年），木偶戏就已在湖南桂阳一带盛行。湖南木偶戏有3种，即布袋木偶、提线木偶和杖头木偶，其中以杖头木偶最为流行。2006年，湖南杖头木偶戏被列入湖南省第一批非物质文化遗产名录。

湖南杖头木偶，一般高1米左右，操纵杆有2根。表演在一个红布台内进行，艺人一手操作操纵杆，一手操纵木偶头。木偶戏的衣冠、道具等，也极为考究，均是特制的。所以，木偶戏班衣冠越是整齐、服饰越是鲜艳，就越受观众喜爱和青睐。角色以武将和武旦最为光彩照人，因杖头木偶最擅长表演的是闹剧和武戏，所以也最受欢迎。

过去，湖南木偶戏以擅长表演传统剧目而闻名，如《拦马》《鸿门宴》《打面缸》《芦花荡》《盗仙草》《水漫金山》等，都是很有艺术特色的剧目。后来，表演家们又创作出了一大批优秀剧目，如《金鳞记》《白蛇传》《火云鸟》《马兰花》《青蛙王子》《八百里洞庭》《猎人海力布》等，同样深受观众的欢迎，并频频获得国内外各种木偶艺术奖。演出木偶戏的剧团，也叫"矮台班""低台班"。在湖南众多的民间木偶剧团中，湘乡市的莫家戏班尤为著名，是湖南木偶戏的代表。

湖南杖头木偶戏，又称"举偶"，当地俗称"棒棒戏""观音戏""矮台戏""低台戏""木脑壳戏"，前期主要在湖南湘江流域和洞庭湖地区盛行，后期扩散流行于省内全境。清时，杖头木偶戏达到极盛阶段。依据声腔的不同，当时有祁阳派、唱祁剧、溆浦派、衡山派和常德派5大杖头木偶戏流派。清嘉庆年间（1796—1820年）举人邓大酞所写的《竹枝词》，就描绘了这样一种景况："梨园弟子不知耕，一担傀儡随处行。但过重阳风雨后，村村演剧赛秋成。"

木偶戏剧照

汉代木偶

湖南杖头木偶的造型有以下一些主要特征：头大身小，臂短肩窄，体扁身宽，不同于人的体形；服装上的图案和花纹，具有粗犷朴实之风，乡土气息浓厚。湖南杖头木偶戏来源于民间，并且继承发展了传统的表演技艺，为了适应时代需要，在木偶制作、舞美制作、台词、音乐等方面不断进行着革新。比如，杖头木偶的头像、肢体、服装等就有了较大改进。再如，根据剧目需要，杖头木偶除塑造人物形象外，还创造了许多动物形象，如虎、龟、虾、鱼等。

现在，大部分地区的杖头木偶戏已渐渐消失了，只有长沙和少数地区还能看到。

细腻传神是湖南杖头木偶戏的主要特征。它的表演动作虚实结合，虚拟的如开门、关窗、趟马等，写实的如抽烟、打斗等。二者有机结合后，使得木偶戏表演空间十分自由。杖头木偶戏的舞台分为竹制、木制两种，但都具有相同结构：一般高3米，宽2.6米，深2.3米；骨架由36根棍架支撑，其中，花瑙棍6根，天平棍、金刚棍、夹子棍、吊筒棍各4根，梁棍、帽架棍各3根，撑棍、扯台棍、穿顶棍各2根，间台棍、忙中棍各1根。

湖南杖头木偶戏有十分珍贵的研究和传承价值，主要体现在四个方面：其一，艺术发生学价值。杖头木偶戏推动、辅助了地方曲种的发生，对研究湖南的地方曲种具有重要作用。其二，文化人类学、民俗学价值。杖头木偶戏与人类生活习俗和宗教等存在着某种联系，因而具有重要研究价值。其三，独特的艺术价值。杖头木偶戏是一门综合艺术，集文学、音乐、舞蹈、美术、杂技、雕塑等于一身。其四，它是中国木偶文化的重要组成部分。

##  湖南花鼓戏有何来历及特色

湖南花鼓戏，起源于民歌，是湖南著名的戏种。按流行地区和艺术风格，它可分为6个流派，即长沙花鼓戏、常德花鼓戏、衡阳花鼓戏、邵阳花鼓戏、岳阳花鼓戏、醴陵花鼓戏。花鼓戏传统剧目有400多个；音乐曲调有300余支，旋律流畅，风格活泼。伴奏乐器主要为湖南花鼓大筒、琵琶、锣鼓、唢呐、笛子等。

湖南花鼓戏由民歌发展而来，其初级形式为地花鼓，由一旦一丑演唱，最迟形成于清嘉庆年间（1796—1820年）。据嘉庆二十三年（1818年）的《浏阳县志》载："又以童子装丑旦剧唱，金鼓喧阗，自初旬起至是夜止。"同治年间（1862—1874年），花鼓戏发展成"三小"（小旦、小丑、小生）戏，且具有一定的演出规模。据杨恩寿《坦园日记》载，"花鼓词"当时已有4个角色，即书生、书童、柳莺和柳莺婢，且表演比较生动。

从声腔和剧目来看，初期花鼓戏是一种生活小戏，主要以民间小调和牌子曲为主，如《打鸟》《看相》《盘花》《送表

湖南花鼓戏（一）

妹》等。再后来，花鼓戏开始逐渐吸收了"打锣腔""川调"的剧目，出现故事性强的民间传说题材。例如，打锣腔剧目《清风亭》《芦林会》《雪梅教子》《八百里洞庭》等；川调剧目《刘海戏蟾》《鞭打芦花》《赶子上路》《张光达上寿》等。至此，花鼓戏已发展成为具有比较完整的艺术性的地方剧种。

早期花鼓戏的演出特点为农村性和季节性，而且班社也是半职业性的，他们农忙务农、农闲从艺。光绪年间（1875—1908年）以来，花鼓戏班社得到了较快的发展，被称为"半台班""半戏半调"或"阴阳班子"。过去，花鼓戏由于经常遭禁演，戏班都是以演出大戏剧目作掩护而兼演该剧种的。新中国成立后，各地才开始成立专业剧团，并纷纷进入城市公演。

**声腔：**湖南花鼓戏基本为曲牌连缀结构体，以板式变化辅之。按照曲调、音乐和表现手法的不同，可分为4类，即川调、打锣腔、牌子和小调。川调，又称正宫调、弦子调，调式和旋律变化丰富，是花鼓戏的主要唱腔。打锣腔，又称锣腔，一人启唱，众人帮和，是长沙、岳阳和常德花鼓戏的主要唱腔之一。牌子分为走场牌子、锣鼓牌子2种，风格活泼、轻快，是湘南花鼓戏的主要唱腔之一。小调分为民歌小调、丝弦小调2种，具有粗犷、爽朗的特点。

**角色：**与其他剧种一样，湖南花鼓戏也有生、旦、净、末、丑各行，但占主要地位的是小生、小旦和小丑。表演也以

湖南花鼓戏（二）

小生、小旦和小丑最为特色鲜明,具体表现为:小生风流洒脱,小旦开朗泼辣,小丑夸张风趣。当花鼓戏行当分工更加细致时,小生又发展为正小生、武小生、奶生子、风流小生、烂布小生等;小旦又派生出正旦、二旦、花旦、闺门旦;小丑又分为褶子丑、官衣丑、奶生丑、短身丑、烂布丑,等等。

**流派:**长沙花鼓戏是湖南花鼓戏中最流行、最有影响力的一个流派,主要在长沙、湘潭、株洲、浏阳、宁乡、平江等地流行,代表剧目有《芦林会》《阴阳扇》《刘海砍樵》《南庄收租》《刘海戏金蟾》等。岳阳花鼓戏主要流行于岳阳、汨罗等地,主要剧目有《思夫》《芦林记》《双盗花》《牛郎织女》等。常德花鼓戏在常德、桃源、临澧等地盛行,主要剧目有《跳粉墙》《双下山》《林英观花》《尤二姐之死》等。衡阳花鼓戏则流行于湘南地区,传统剧目有《小姑贤》《五更劝夫》等。

##  长沙第一家戏院、电影院位于何处

长沙第一家戏院和第一家电影院均位于长沙市老城区南部的太平街一带。太平街是老街区的主线,也是长沙古城现存最完整的一条古街。重点地段是其两侧的历史文化街区,如西牌楼、马家巷、孚嘉巷、太傅里等,占地面积53 300平方米。主街有87个门店,面积近3万平方米,主要经营名人字画、工艺品和特色旅游产品等。

**长沙太平街古戏台**

太平街保留了众多的文物古迹、历史遗迹和老字号,如贾谊故居、长怀井、明吉藩王府西牌楼旧址、辛亥革命共进会旧址、四正社旧址、乾益升粮栈、洞庭春茶馆、利生盐号、宜春园茶楼等。其中,宜春园戏院和百合影院就在这里。

宜春院戏院位于长沙市孚嘉巷,始建于清光绪年间(1875—1908年),集戏园与茶馆于一身,是长沙第一家戏院。其后,太平街附近又开设了多家戏院,如同春园、寿春园、湘春园、景星园等。2007年,宜春园古戏台在原地复建,戏台重建后长、宽、高分别为12.6、10.5、10.8米。百合影院位于长沙市西牌楼,是长沙第一家电影院。

至1934年,太平街一带已开设有湘剧院7家,电影院6家,话剧院3家,京剧院2家,这里娱乐业的发展达到鼎盛时期。现在,太平街历史街区内仍保留有文物单位1处,不可移动的文物5处,优秀历史建筑和传统民俗36处,成为长沙重要的旅游景点之一。

##  土家族的茅古斯舞知多少

茅古斯舞,在土家语里称作"古司拨铺",意即"浑身长毛的猎人""祖先的故事",汉语称为"茅古斯""毛猎舞"。它既是土家族的原始舞蹈,再现了土家族人从父系社会(新石器时代晚期)到五代时期的生产生活方式(渔猎、农耕)及婚姻习俗状况,同时也是中国舞蹈和戏剧的最早源头,被专家称为中国戏剧的"活化石"。2006年,它被列入第一批国家级非物质文化遗产名录。

据传说,古时候湘西土家族地区人烟稀少,十分荒凉。为了生存,土家族先民以打猎或捕鱼为生。人类进入农耕时代后,有一位土家族青年就去外面学习农耕技术。他学成后,想急着赶回山寨传授技能,所以一路上行色匆匆,等回到山寨时,衣服已被荆棘扯成了碎片。当时已是夜晚,恰逢土家新年,人们正在寨子里的调年(过年)场跳摆手舞等。

青年衣不蔽体,不好意思露面,于是躲在调年场旁的草丛中观看活动。没想到的是,几个前来参加调年活动的小伙子在草丛中发现了他。青年只好走出来,不过他当时急中生智地扯了一些茅草披在身上,就加入到了调年活动中。他一边舞蹈,一边以这种形式向乡亲们传授农耕技术,成为土家族传授农耕技能的先祖。后来,土家人为了纪念他,每逢祭祖等活动时,都要表演茅古斯舞。

表演茅古斯舞时,人数一般为10~20人。先由一人身着土家服饰,饰演土家族先祖老茅古斯,主持祭祖和表演活动。其余之人为小茅古斯,代表的是土家的子孙后代。他们均身披草衣,用草帽遮住面部,头上竖着单数草辫,其中4个单辫扮演的是牛,此外还要赤裸双脚。当开始跳摆手舞时,事先装扮好的茅古斯们要在距摆手舞场不远处的树林中等待着……而当摆手舞跳到一定阶段,他们就会突然入场,摆手舞则立刻停下来为他们让场,用土家话来说,就是"祖先爷"来了。

表演时,茅古斯们全身上下要不停地抖动,以此让所穿的草衣发出窸窣的声响;行走时也要用醉步,包括左跳右摆、摇头抖肩等;他们还要讲土家话,唱土家歌,将歌、舞、话融为一体。其程

湖南双凤村茅古斯舞

序分为以下三个大阶段：其一，"扫堂"。意即扫除瘟疫和鬼怪，祈求子孙们平安幸福。其二，"祭祖""祭五谷神""示雄"。主要是为了展现全族人的生存和繁衍状况。其三，"祈求万事如意"。细节繁多，包括打露水、打铁、修山、犁田、播种、收获、打粑粑、迎新娘等。

茅古斯的表演，反映和再现了古代土家先民的生产、生活内容，如"打猎""钓鱼""扫堂""挖土""读书""接亲""接官""祭祀请神"等。它主要于每年岁首时表演，是土家族摆手舞中的穿插性活动形式。茅古斯舞基本上具备了戏剧雏形，有情节、人物、语言及故事，所以说它是原始的戏剧。其表演风格豪放、激昂，具有原始的粗犷美，是土家族文化艺术中的一朵奇葩。

土家族表演茅古斯，用来祭祀祖先创业的功德，并以此来祈求祖先的保佑。现在，土家人保留至今的剧目有《赶肉》《捕鱼》《抢亲》《做阳春》《甩火把》等。它的传承价值主要表现在历史价值和文化价值两方面。从历史价值来看，茅古斯舞不仅记录了土家先民生产生活习俗等，也为湘西酉水流域的考古提供了丰富资料。以文化价值来说，茅古斯舞是一笔珍贵遗产。

## 土家族摆手舞知多少

土家族摆手舞源远流长，在土家语中叫"舍巴""舍巴巴"，分大摆手、小摆手2种，是土家族的传统舞蹈，距今已有1000多年历史。摆手舞主要盛行于湘西酉水流域，它融舞蹈与健身为一体，被誉为"东方迪斯科"。现在，它已被列入第一批国家级非物质文化遗产名录。

有关摆手舞的文字记载，最早见于清同治年间（1862—1874年）的《来凤县志》："（五代时）施州漫水寨有木名普舍树，普舍者华言风流也。昔覃氏祖于东门关伐一异木，随流至那车，复生根而活，四时开百种花。覃氏子孙歌舞其下，花乃自落。取而簪之。他姓往歌，花不复落，尤为异也。"

但是，对摆手舞的起源，人们众说纷纭、莫衷一是，至少有以下6种说法。

"宗教祭祀"说：这种说法认为，土家人创造摆手舞是为了纪念先祖的丰功伟绩。也就是说，摆手舞起源于宗教祭祀活动。在来凤等地，至今仍保留着摆手祭祀的习俗。从祭祀对象来看，大

酉阳摆手舞

部分地区祭祀土司王,比如彭公爵主、向老官人、田好汉,个别地方祭祀八大神。

**"演变"说**:这种说法认为,摆手舞是由白虎舞和巴渝舞发展而来的。据《华阳国志》记载:"巴师勇锐,歌舞以凌殷人。前徒仰戈,故世称之曰武王伐纣,前歌后舞也。"而据专家考证,白虎舞是巴渝舞的前身,而巴渝舞就是"武王伐纣"的歌舞。例如,摆手舞"甩同边手"模拟的是"龙行虎步"。另据杜佑(735—812年)《通典》记载,摆手舞中的"披甲""列队""拉弓射箭"等军事动作,与巴渝舞中的"矛渝""弩渝"十分相似。所以,由上可以推断出摆手舞、巴渝舞同源于周代。

湘西土家风情表演

**"战争"说**:民间有多个传说认为,摆手舞起源于战争。据此说,土家族先祖彭公爵主率军征战时,为了振奋士气,曾下令军队以摆手舞诱敌,并用唱歌来驱散将士们的思乡之情。当战斗胜利结束后,摆手舞就传到民间并保留至今。

**"娱乐"说**:此说认为,土家人天生热爱唱歌和跳舞,而摆手舞只是他们的一种娱乐活动。

**"健身"说**:该说认为,为了征服自然,并抵抗外族侵略,古代土家先民便发明了"摆手"动作来强身健体,后来就慢慢演变成了摆手舞。

**"宋代"说**:这种观点认为,土家摆手舞在宋代时已十分成熟,并且还是群舞形式。持此看法的人们,依据的是恩施州鹤峰县宋代墓葬中出土的一个陶缸。这个陶缸的口沿上刻着12个舞佣,他们动作不一,包括屈蹲的、舞袖的和左右摇摆的。总之,他们的舞姿与现在的土家族摆手舞十分相似,如单摆、双摆、回旋摆和同边摆。另外,除《来凤县志》外,《龙山县志》《永顺县志》和文人诗词等,都曾对土家摆手舞有详细记载和描述。

摆手舞的活动时间有地域性差别,但大部分地区都在正月初三至十七之间举行,并且多是在晚上。其他在农历二月初七举行的,称为"社巴日";在三月或五月举行的,称为"三月堂"或"五月堂";还有的在农历六月初六举行。活动地点一般在"摆手堂""摆手坪"或"土王庙"。

摆手舞的内容,现在主要分为狩猎舞、军事舞和生活舞3种。狩猎舞再现了先民的狩猎活动,包括"赶猴子""跳蛤蟆""犀牛看月""拖野鸡尾巴"等10多个动作。农事舞表现的是农事活动,包括"挖土""撒种""插秧""织布""砍火渣"等。生活舞主要有10多种，像"扫地""擦背""打粑粑""抖虼蚤"等。活动时用的服饰道具主要有幡旗、花被面、酒罐、五谷、提豆腐、齐眉棍、神刀、朝筒、梭镖、牛角、唢呐、锣鼓等。

## 苗族芦笙舞有何魅力

芦笙舞，苗语中称"究给"，是苗族最普遍、最具代表性的舞蹈形式，广泛流传于各苗族地区，距今已有1000多年的历史。早在明代时，《南诏野史》就这样记载："男吹芦笙，女振铃合唱并肩舞蹈，终日不倦。"清时，《苗俗记》也这样描述道："每岁孟春……男女皆更服饰妆。男编竹为芦笙，吹之而前，女振铃继于后以为节，并肩舞蹈，回翔婉转，终日不倦。"

跳芦笙舞时，芦笙手负责领舞，他要么在队前，要么在圈内。一般情况下，队列按"男前女后"来排列，行进时也按逆时针环绕。有的地区为了增加伴奏效果，用的是3.3米高的大芦笙和芒筒。每当盛大节日来临，苗族人民就相聚在一起跳芦笙舞，场面十分壮观。而在"跳花""跳月""踩花山"等苗族节日的芦笙舞中，青年男女还能谈情说爱，比如"牵羊""讨花带"等形式。

苗族芦笙舞大致可分为3类，即群众性（自娱性）、表演性（竞技性）和风俗性（祭祀性）芦笙舞，其中以群众性芦笙舞最为普遍。表演芦笙舞时，男子一边吹芦笙，一边灵活舞动下肢（胯、膝、踝），这是这种传统民间舞蹈的主要特征。现在，一些地区还出现了妇女芦笙手。

**群众性芦笙舞：**从动作来看，它又可分为"踩"和"跳"两种。"踩"的特色表现为：两膝轻微屈伸，踩着节奏向前移动；具有娴雅、端庄之美。"跳"的特色是：动力脚先落地，抬脚踹动，下肢同时颤动，上身随之自然地摆动；具有柔和、潇洒之美。

苗族芦笙舞

**表演性芦笙舞：**表演时间一般在节日或集会时，表演方式为竞技或献技。表演内容十分丰富，如"巧喝酒""芦笙拳""滚山珠""滚地龙""过门坎""牛打架""蚯蚓滚沙""猴子上树"等。有的地方盛行集体比赛，人们以村寨芦笙队为单位开展活动；有的地方以个人为单位进行竞技。竞技性芦笙舞表演动作丰富多样，包括矮步、蹲踢、旋转、倒立、腾跃等，但以曲调丰富、节奏多变和高难度动作取胜。跳舞时，伴奏乐曲不能中断。

**祭祀性芦笙舞：**表演者多为中、老年人；从表演时间看，过去只在杀牛祭祖（"吃牯脏"）时举行；从舞蹈动作来看，比较沉稳、迟缓，这是为了表示对先祖的尊敬和怀念；伴奏乐器通常为木鼓和铜鼓，大芦笙长1～10米。由

苗族服饰

于社会和文化的进步，昔日苗族庄严、肃穆的祭祀性芦笙舞现在已很少举行了。

**习俗性芦笙舞：**每年"花山节"时，苗族男女青年都要举行芦笙舞联欢，以此来择配佳偶。这种芦笙舞，古称"跳花""跳月"，一般是在月明风清的夜晚举行。流传该习俗的山寨，一般都设有月亮场或花场，专门用作跳舞的场所。

**礼仪性芦笙舞：**内容不同，形式和特点也不同。例如，在婚庆、新屋落成等喜庆活动时，舞蹈动作以跳跃、轻快为特色，因而气氛热烈；而在丧葬仪式上，舞蹈动作除了在入棺仪式上有跨棺木的跳跃外，其余均沉稳而有节制，这样做主要是向死者致哀，对死者家属表示安慰。

关于芦笙舞的起源，苗族人民有这样一个传说。相传远古时期，大地十分荒凉。那时，苗族先祖以狩猎鸟兽为生。为了更容易捕获鸟兽，一位苗族青年当时用树木和竹子做成了一支芦笙，并以此来模仿鸟兽的鸣叫声和动作，想诱惑各类鸟兽上当。果然，人们用了芦笙后每次出猎必有所获。此后，芦笙舞就在乐器芦笙的基础上形成了。

此外，还有另一个关于芦笙舞起源的传说。相传古时候，苗族村寨里生活着一位名叫葛仰香的漂亮姑娘，她与另一位名叫相播的穷青年相爱了。可是，一个财主想霸占葛仰香。葛仰香与相播无奈之下，打算双双远走他乡。然而，财主得知了他们的想法，就带着家丁尾追其后。当财主追至一座山崖前时，相播不幸坠崖身亡。失去爱人的葛仰香悲愤不已。在大年初一那天，她和同伴一起吹芦笙、跳舞，以此来悼念相播的在天之灵，没想到天黑时葛仰香便气绝身亡。后来，苗族人民为了纪念相播和葛仰香的爱情故事，就在过年或过节时举行芦笙舞活动。

##  苗家跳鼓有何美丽传说

跳鼓，历史悠久、内容丰富，盛行于湘西苗区，是苗族最普遍、最富特色的传

苗族跳鼓

统民间艺术形式之一。苗家跳鼓的种类具有地方性差异，如凤凰县有"花鼓"，吉首县有"四人鼓"，保靖、花垣等县有"单人鼓""双人鼓""跳年鼓""团圆鼓""猴儿鼓""筒子鼓"等。苗家跳鼓讲究鼓点节奏和步法特点，其中鼓点节奏包括单点鼓、双点鼓、三点鼓、五点鼓、九点鼓和行步鼓、转身鼓等，步法包括走三步、走三步踩三角和滚步翻身等。

关于苗家跳鼓，有这样一个美丽的传说。相传，苗族先民与猿猴为伍，曾经生活在原始森林和岩洞里。他们以狩猎为生，但当时有一个魔王嗜血成性，经常张着血盆大口出来残害人命。一次，魔王想害人时，却碰到了一对武艺高超的苗族青年男女。男青年使棒，女青年使剑，他们俩配合起来与魔王搏斗。这场恶战持续了三天三夜，最终以魔王被刺死、青年男女胜利而告终。这样一来，先民们除了一大祸害，人人都高兴无比。于是，他们剥下了魔王的皮，并将其蒙在一截空心树蔸上敲打。先民们一边敲鼓，一边狂欢，苗族跳鼓的雏形就这样形成了。

此外，关于苗族跳鼓的起源，民间还有其他种种说法。其一，起源于轩辕时代，用来在部落征战时助威之用。苗族先民在作战时击鼓，是为了鼓舞勇士们冲杀；而战胜归来后击鼓，则是为了庆功，以此来让勇士们和姑娘们一起娱乐，这样就形成了最早的跳鼓活动。其二，起源于古代的祭祀活动，苗家先民为了敬神祭祖，发明了击鼓仪式来通神和叩恩。其三，起源于汉代，依据是《山左金石志》和汉画像，因为汉代的鼓舞图像和红苗鼓舞相似。其四，起源于对猴子或啄木鸟的模仿。

以上有关苗家跳鼓的说法，凡此种种，不一而足。但是，据《凤凰厅志》《苗防备览》等记载，早在明清以前，苗家跳鼓就已十分盛行。如《保靖概要》描述道："……通宵达旦，名'打猴儿鼓'。"不过古时的跳鼓多与公祀活动有关。鼓为圆筒形，腰大、两头略小；用木板制成，两面蒙牛皮；直径60～70厘米，腰长120～150厘米。

苗族百鸟衣

鼓架高60~70厘米；鼓锤长15~18厘米，直径约3厘米。近年，由于《跳鼓竞赛规则》的制定，跳鼓设备和表演形式逐渐规范化。

据《永绥厅志》载，民国时期，跳鼓发展为同时并存的两种形式，一为古代歌舞式，一为民间体育式。然而，后一种形式更为普遍，多在苗家传统节日举行，如"跳年会""四月八""六月六""赶秋""鼓礼节"等。作为苗族的传统体育项目，跳鼓活动形式丰富多样，表演时以手击、脚跳、腰旋体转为特征，要求多用内功，讲究套路准确和技术熟练。跳鼓设备却很简单，由鼓、鼓架、鼓槌构成，此外只需一块露天平场和室内平场即可。

跳鼓时，先摆出一面或多面众鼓，参加者身份不受限制，男女老少、本地人或外地人，均可击鼓。击打时按套路做动作，自打自跳自转，人数可单人可双人也可多人，不需歌舞伴奏。从表演形式看，包括单打、双打、对打、男女混合打及团体打等。动作内容包括3种，即武术动作、生产模仿动作和生活模仿动作。武术动作有"流星赶月""双星拜月""猛虎下山""山马悬蹄""雪花盖顶""观音坐莲""懒龙缠腰"等；生产模仿动作有上山、下山、犁田、种地、插秧、晒谷等；生活模仿动作有照镜、梳头、织布、绣花、洗菜、淘米、煮饭等。

 ## 苗鼓舞有何震撼力

苗鼓舞，流行于湖南、贵州等省的苗族地区，是苗族的一种民间传统舞蹈。它的主要特征表现为击鼓而舞或击鼓伴舞，风格奇特，且独具民族色彩。鼓舞的名称和活动形式因地域差别而不尽相同，表演时间多在过年或"请神"时。其中，过年时的鼓舞表演称为"年鼓"，时间一般在正月初四至正月十五之间；"请神"时的鼓舞表演称为"神鼓"，时间多在秋冬时节举行祭祀活动时。

苗鼓舞不仅能带给人视觉上的震撼力，更能释放出听觉上的震撼。它体现了苗族独特的农耕文化、图腾文化和仿生文化，现已成为一种世界性舞蹈艺术形式。苗鼓舞源于苗族先民的原始巫术和宗教信仰。在祭祀活动中，人们借各种舞蹈达到沟通神灵的效果，所以跳舞既是拜神，也是祈祷。比如在求雨、求子、求神等仪式中，人们都不是直接进行祈祷，而是通过跳舞仪式来表达自己的感情，主要可分为农事舞、战争舞婚和丧仪式舞等。

苗鼓舞

凤凰苗族博物馆馆藏苗鼓

苗鼓舞以苗族的农耕形态为依据，以湘西苗族的"猴儿鼓"动作来看，有一类"农事舞"就是专门表现农业生产的舞蹈，比如"整地耕田""肩锄荷担""挖园种菜""收割打谷"等。其中，"跳香舞"用于祭献五谷神，反映了苗族先民对丰收的祈求。

苗鼓舞主要有6种，即四面鼓舞、花鼓舞、猴儿鼓舞、团圆鼓舞、踩鼓舞、木鼓舞。

**四面鼓舞**：主要流行于湘西凤凰县及贵州松桃县的苗族地区，是当地人们在新中国成立后，以鼓舞为基础而创造出来的。它由4人同时敲鼓并舞蹈，男女不限。击鼓按照统一的节奏，表演也有规定的套路。当一套动作完成后，鼓舞表演者会按顺时针方向换到下一鼓面的位置，再表演下一套动作，因而同时具有表演性和娱乐性。

**花鼓舞**：主要在湘西凤凰、保靖等县流行，是一种节日自娱性舞蹈。表演时男女均可参加，围鼓而舞，动作多模拟生产和生活，男女动作幅度不一，前者大而有力，后者动作小而柔和。鼓为扁圆形，舞时须直立起来，鼓面两侧分别由两名鼓手同时敲击，其余一人在中间敲击鼓梆。

一般而言，表演性较强的花鼓舞分单人花鼓舞和双人花鼓舞。跳单人花鼓舞时，鼓手站于鼓前，一边击鼓一边舞蹈，一般还要有两人敲鼓梆来伴奏。动作包括面对鼓面敲击、背对鼓面反手敲击和侧身敲击3种，双臂动作有上抡、下划、后甩等，下肢动作有吸腿、跳动、转身、前抬腿等。双人花鼓舞多由男子2人或女子2人同跳，也有男女各1人同舞的。舞时2人动作必须对称，节奏必须一致。

**猴儿鼓舞**：流行于湖南西部，由男子表演。因为表演者会化装成猴子用拳头或槌击鼓，故而得名。主要动作模拟的是猴子的习性，与花鼓舞相似。

**团圆鼓舞**：主要流传于湖南西部古丈县等地。它由鼓手在中间敲鼓，众人交替环绕鼓手而进行歌舞。开始时，鼓手只敲鼓不跳舞，众人舞蹈速度稍慢；随着鼓声节奏逐渐加快，众人绕鼓而舞，舞蹈速度也随之加快，鼓手也开始边敲边舞。

# 老湖南的民居

 **湘西吊脚楼有何建筑特色**

　　湘西吊脚楼是苗、侗、壮、布依、土家族等山乡少数民族的传统民居样式,多分布在我国西南山区。吊脚楼式建筑底层架空,对防潮和通风极为有利,又可防止野兽和毒蛇的侵害,带有明显的民族和地域特色。

　　湘西吊脚楼依山而建,一般分上下两层。上层住人,分为客堂和卧室,四周向外伸出挑廊。客堂由于有窗,光线充足,通风也好,家人多在此做手工活和休息,同时也做接待客人之用。堂屋左右两边称为饶间,作居住、做饭之用。饶间以中柱为界分为两半,前面作火炕,后面作卧室。堂屋的另一侧有一道与其相连的宽宽的走廊,廊外设有半人高的栏杆,

凤凰古城吊脚楼(一)

凤凰古城吊脚楼（二）

内有一大排长凳，家人常于此休息，节日期间妈妈也会在此打扮女儿。房屋的下层不设隔墙，里面堆放农具和杂物或者作为猪、牛的畜棚。房屋用当地盛产的杉木搭建而成，柱子因坡就势长短不一地架立在坡上，挑廊稳固地悬吊在半空。有的湘西吊脚楼为三层建筑，第三层透风干燥，十分宽敞，除作居室外，还会隔出小间用于储粮和存物。

湘西吊脚楼三面有走廊，带有木质栏杆。栏杆上雕有万字塔、喜字格、亚字格、四方格等象征吉祥如意的图案。悬柱有八棱形、四方形，底端常雕成绣球、金爪等各种形态。湘西吊脚楼上下铺楼板，楼上开有窗户，通风向阳。窗棂刻有双凤朝阳、喜鹊登梅、狮子滚球，以及牡丹、茶花、菊花等各种花草，古朴雅秀，既美观又实用。

不同地方的湘西吊脚楼在形貌特征与建筑结构上都有所不同。建在水边的湘西吊脚楼，伸出两只长长的前"脚"，深深地插在江水里，与搭在河岸上的另一边墙基共同支撑起一栋栋楼房；在山腰上，湘西吊脚楼的前两只"脚"则稳稳地顶在低处，与另一边的墙基共同把楼房支撑平衡；也有一些建在平地上的湘西吊脚楼，那是由几根长短一样的木桩把楼房从地面上支撑起来的。

吊脚楼按照房屋规模一般为一栋4排扇3间屋或6排扇5间屋，中等人家5柱2骑、5柱4骑，大户人家则7柱4骑、四合天井大院。其建筑形式也多种多样，主要有以下几种：

**单吊式**：这是最普遍的一种形式，有人称之为"一头吊"或"钥匙头"。它的特点是：只正屋一边的厢房伸出悬空，下面用木柱支撑。

**双吊式**：又称"双头吊"或"撮箕口"，它是单吊式的发展，即在正房的两头皆有吊出的厢房。单吊式和双吊式并不以地域的不同来区分，而主要视经济条件和家庭需要而定，单吊式和双吊式常常共处一地。

**四合水式**：这种形式的湘西吊脚楼又是在双吊式的基础上发展起来的，它的特点是：正屋两头厢房与吊脚楼部分的上部连成一体，形成一个四合院。两厢房的楼下即为大门，这种四合院进大门后还必须上几步石阶，才能进到正屋。

**二屋吊式**：这种形式是在单吊和双吊的基础上发展起来的，即在一般湘西吊脚楼上再加一层，单吊双吊均适用。平地起吊式也是在单吊的基础上发展起来的，单吊、双吊皆有。它的特点是：房屋建在平坝中，按地形来说本不需要吊脚，建造者却偏偏将厢房抬起，用木柱支撑；支撑用木柱所落地面和正屋地面平齐，因此厢房高于正屋。

## 侗族建筑三宝知多少

侗族人民的建筑独具特色，以鼓楼、凉亭、花桥最为出色，堪称侗族建筑"三宝"。那么，这"三宝"有什么特色呢？

**鼓楼：**侗乡的村村寨寨都设有鼓楼，一般寨子里有几个族姓，就建几座鼓楼。鼓楼低的有三五层，高的达十余层。在侗族它是权利与地位的象征，侗寨在当地的影响力是通过鼓楼来体现的，鼓楼层数越高，说明这个寨子在这一地区的影响力越大。侗族鼓楼是一种纯木结构建筑，不用一铁一钉，全用榫卯嵌合，飞檐重阁，层叠而上。最上层是尖顶，高插入云。有的尖顶上还装有能迎风鸣叫的铜质飞鸟，颇具匠心。鼓楼有四角、六角、八角等类型。像宝塔又似楼阁，柱头挂满金匾、对联。重檐下的彩绘，有龙、凤、鱼、鸟、葫芦、花草等图案，或装饰有双龙抢宝、丹凤朝阳等浮雕。鼓楼重檐虽多，但一般实用的只有两层。上层设有牛皮大鼓，一旦有急事商议，便鸣鼓聚众。下层设有火堂，堂内的火长年不熄。侗家劳动之余，喜欢聚集鼓楼，听歌师弹琵琶唱歌，或谈古道今。春节时，更是有很多人聚集鼓楼，与外寨青年共跳"哆耶舞"。农历八月中秋，则在鼓楼附近的岩板坪吹芦笙。鼓楼是侗家集会、议事、休息和开展文娱活动的公共场所，在侗族人心目中，它地位很高，神圣不可侵犯。

侗族风雨桥

**风雨桥：**风雨桥又称花桥，亦叫福桥，是侗族人民引以为豪的又一民族公共建筑物。桥梁由巨大的石礅、木结构的桥身、长廊和亭阁组合而成。除石墩外，全部为木结构，也不用一钉一铁。桥用巨木结构倒梯形的桥梁抬拱桥身，从而使巨木受力点均衡。桥面游廊宛如长龙，游廊上建有三层或五层的四角形或八角形的桥亭三至五座。桥檐瓦梁的末端，塑有檐铃，呈丹凤朝阳、鲤鱼跳滩、坐狮含宝形状。正梁顶上塑有双龙抢宝，还配以彩画，点缀其上。桥的长廊中间为过道，两旁铺设长凳，供来往行人休息。热心公益的侗族人民常在夏天施茶水于桥上，供行人解渴，长廊两壁上端用木板雕刻着各种历史人物，或绘制神话故事彩画，供行人休息时欣赏。

**凉亭：**侗乡除了富有浓厚民族特色的鼓楼、风雨桥外，还建有一种似房非房、似庙非庙的凉亭。这些凉亭多建于山坳或路旁，是侗族同胞特意为方便过往行人休憩而建的。亭廊全由杉木建造，一般只有四扇，每扇有四根柱子着地，构成三个空间，每一间的两侧各安放着一块宽约 30 厘米的长木板架起的坐凳。正中的屋脊上有一根扁平的大脊梁，上面写着凉亭建造的时间，以及捐款修建人的姓名。大梁的正中绘有一个表示吉祥的图案。山路从凉亭中穿堂而过。侗族人民热心公益事业，每三五里即建一亭。许多凉亭建于泉水之旁，亭畔多古树遮荫。在林木掩映、山峦叠翠的衬托下，凉亭更显得孤寂宁静、秀丽风雅。没有泉水的地方，凉亭里也有人挑去泉水，供人解渴。

## 秦人村的建筑有何独特风格

秦人村位于湖南常德，是"桃花源"四大景区之一。它幽处武陵山深腹，四围有重山阻隔，堪称先秦文化的野史余情在江南开出的一枝独秀的花朵。

常德桃花源秦人村

秦人村牌坊坐落地即秦城的入口，它是典型的江南园林牌坊，高 10 米，宽

11.8米。坊上有中国书法家协会副主席刘炳森书写的隶书楹联"村舍俨然,笑渔人迷不得路;水源宛在,偕太守常来问津"。坊额镌刻原国家农业部部长刘中一书写的"世外桃源"。

秦人古道位于西山之麓,蜿蜒千米,由古牌坊、古道、古舍、古堡、古台、古洞组成,为江南罕见的先秦建筑。秦人隧道位于烧人涧尾。长153米,弧形拱顶,垂壁直道,两口通视,车马往来。豁然台因陶渊明"豁然开朗"之句得名。台前半围,巨型秦砖砌成半墙,墙上垛口数孔。

秦人村的几处秦居均为秦代建筑式样。古窗幽壁,雕梁画栋,飞檐斗角,室内外陈设都极富先秦风味。室外田园桑竹,古意苍茫。游客光临时,主人会用擂茶款待,游客在这里能领略许多不同于外界的生活情趣。秦人村竹廊被誉为"天下第一绝",全长1168米,廊亭相闻,结构精巧,造型奇特,远观蛇行龙腾,气势非凡。廊内高挂诗词对联,两旁栽植各类花竹。秦人作坊为仿秦代建筑,内有碾房、磨、犁、锹、斧、橘榨等秦时使用的工具。公议堂为回廊形穿斗式木构古典建筑,是秦人议事之处,凡祭祀、婚丧、营造等大事,均在此公议处理。

##  高椅古村为何被誉为"古民居博物馆"

高椅古村是湖南省内迄今发现的规模较大、保存较完整的明清时期古民居建筑村落,被专家誉为"古民居博物馆""江南第一村"。高椅村因其三面环山,一面临水,地形宛如一把太师椅而得名。

高椅古村无论从古民居建筑群落的地理分布,还是从建筑的形态特点及内部结构与周围山水园林、地形水系的关系来看,都有着极具特色的人文形态和极高的旅游开发价值。那么,它为什么会被誉为"古民居博物馆"呢?

**第一,高椅村现存古民居建筑群历史悠久、规模庞大。**高椅古村现在仍然较好地保存着许多先后建于明朝洪武十三年(1381年)至清朝光绪七年(1881年)的古民居建筑104栋,总建筑面积近两万平方米。整个村寨现有近600多户共2000多人。

**第二,高椅村古民居建筑布局科学。**从整体来看,高椅古村的先辈们将优美的

湘西高椅古村民居

生态环境和富有哲理的规划布局融合在一起。古村以五通庙为中心,每栋建筑均坐北朝南,外表相似。建筑群呈梅花状分布排列,巷道与封闭式庭院呈八卦阵式,将村落分为五个自然村庄。村中道路纵横交错,宛如网状,进入村中,如入迷宫,叫人找不着出路,由于地形地物复杂,几百年来,这个村子从未受过土匪、强盗的骚扰。同时也充分表现出古人依山而建,融山水之美,达天地人之和谐的高层次建筑理念。

**第三,高椅村古民居建筑具有多种特殊功能。**高椅古民居建筑均为木质穿斗式结构,四周封有高高的马头墙,构成相对封闭的庭院,仅开小窗,故具有防风、防盗、防火等特殊功能。近百年来,高椅村尚没有一家失火殃及毗邻的先例。这种建筑格式,用小青石砌筑地基,高出地面60厘米,有较深的排水沟。房屋密集区还设有下水道和水塘。所以在保干燥、防潮湿性能上也有独到之处,建筑才能历经600多年不腐朽。

**第四,高椅村古民居建筑承载着深厚的文化底蕴。**高椅古村各古民居建筑物上都装饰有壁画、墙头画,门窗上花纹各异,或龙腾、或凤舞、或花鸟、或人物,匠心独具,技艺精湛。此外,高椅古民居建筑群中还保存着大量的丹青墨宝、石刻、石碑及镌刻艺术品。

## 张谷英村为何被称为"江南第一村"

张谷英村位于岳阳县以东的渭洞笔架山下,四周青山环绕,树木葱茏,溪水淙淙,风景秀丽。相传明洪武年间,江西人张谷英沿幕阜山脉西行至渭洞,见这里重山环绕,自然环境优美,顿生在此定居的念头。张谷英是位风水先生,经过细致勘测,他选择了这块宅地,之后便大兴土木,繁衍生息,张谷英村由此而得名。据记载,张谷英村发展至今已有600多年的历史。其建筑规模之大,建筑风格之奇,建筑艺术之美,堪称"江南第一村"。

**其一,建筑规模大。**张谷英村几经沧桑,现存有1700多座明清建筑,基本上保留了原状。比较完整的门庭有"上新层""石大门""潘家冲"三栋,各自分东、西、南方向设置,主庭高壁厚檐,围屋层层相连,分则自成系统,合则浑然一体,总建筑面积1.08万平方米。

岳阳张谷英村民居

**其二，建筑风格奇。** 张谷英村呈半月形分布在山脚下，以主屋为大门，背靠青山，门前的渭溪河成了天然的护庄河。大门门楣上有一幅太极图，是为全族人保平安、佑富贵之意。大门里的坪上有两口大塘，分列左右。它们寓意龙的两只眼睛，既用来防火，又壮观瞻。民居建筑材料以木为主，青砖花岗岩为辅。规格不等而又相连的每栋门庭都由过厅、会面堂屋、祖宗堂屋、后厅等"四进"及其与厢房、耳房等形成的三个天井组成。顺着屋脊望去，张谷英村整个建筑就变成了无数个"井"字。厅堂里走廊栉比，天井棋布，工整严谨，格局对称，形式、尺度和粉饰色调都趋于和谐统一，体现着高超的建筑技艺。

**其三，建筑艺术美。** 从高处眺望，四面青山围绕着一片屋宇，渭溪河迂回曲折穿村而过，河上大小石桥47座。屋宇墙垣相接，参差在溪流之上，形成"溪自阶下淌，门朝水中开"的格局。傍溪而铺的是一条长廊，廊里铺有一条青石板路，沿途通达各门各户，连接每一条巷口，巷道纵横交错，通达每个厅堂，共有60条，最长的巷道有153米，居民们在此起居可以"天晴不暴晒，雨雪不湿鞋"。檐内浑圆的梁柱上刻有太极图，屋下镂雕的是精巧的小鹿。窗棂、间壁以及隔屏大多以雕花板镶嵌，图案有喜鹊、梅花、猛兽之类，栩栩如生。

## 茶峒古镇有何风情

茶峒古镇位于湘、黔、渝三省（市）交界处，始建于嘉庆八年（1803年），有"一脚踏三省"之称，属湘西的四大名镇之一。

湘西茶峒古镇风光

茶峒古镇依山而筑，民居为一色青砖黑瓦，还有不少吊脚楼式建筑，是文学大师沈从文先生代表作《边城》的原型。狭窄的石板街道，雕花的栏杆、窗棂依

旧记载着边城茶峒的繁华。

茶峒人每逢农历五、十赶集,叫赶"边边场"。早上八九点钟,三省边界的各族人民便三五成群,向茶峒汇集。无论男女老少,都像节日出门做客似的会精心收拾打扮一番。特别是青年妇人,一律盛装,胸前的银饰和耳上的大耳环在阳光下闪闪发亮。当然,也有不少穿T恤、牛仔裤,脚蹬"松糕鞋"的新潮少男少女。中午时分,集市进入高潮。这时候广场上人头攒动,行人摩肩接踵。集市上除了百货、土产摊档上各色货物斑驳杂陈之外,还有拔牙的游医,占卦的相士,甚至还会出现古老的染布缸。也有个别赤膊短裤的壮汉,肩扛长管火铳,高挑几只羽毛斑斓的野鸡,昂昂然在人丛中穿行。最热闹的地方莫过于熟食摊档,柴火灶烟火四燎,大汤锅沸腾翻滚。男女老少围拢周边,手捧大碗满头大汗地吃着辣椒米粉。茶峒的"边边场"很吸引人,它保留了古朴、浓郁的民族风情。

##  王村民居有何特色

王村位于酉水之滨,是一座具有2000多年历史的古镇,素有"楚蜀通津"之称,享有"酉阳雄镇"、湘西"四大名镇""小南京"之美誉。因闻名遐迩的电影巨作《芙蓉镇》全部外景均荟萃于此,故又名芙蓉镇。

王村古镇坐落在湖南省永顺县境内,是秦汉时期酉阳城旧址,也是融自然景色与古朴的民族风情为一体的旅游胜地。王村是一座土家族人聚居的古镇,至今仍保存着完好的青石板路及古民居,主要是吊脚楼。

湘西王村土王桥

王村吊脚楼代表了湘西吊脚楼的普遍特征。其建筑框架完全采用当地的杉木,用榫卯接合方式建成。吊脚楼分两层或多层几种,下层多畅空,里面多作牛、猪等牲畜棚或储存农具与杂物。楼上为客堂与卧室,四周伸出有挑廊,楼上前半部光线充足,主人可以在廊里做活儿和休息。这些廊子的柱子有的不着地,以便人畜在下面通行,廊子重量完全靠挑出的木梁承受。三层的湘西吊脚楼除了屋顶盖瓦以外,上上下下全部用杉木建造。屋柱用大杉木凿眼,柱与柱之间用大小不一的杉木斜穿直套连在一起,尽管不用一个铁钉却也十分坚固。房子四周还有吊楼,楼檐翘角上翻如展翼欲飞。房子四壁用杉木板开槽密镶,讲究的人家会在里里外外都涂上桐油,这样会显得又干净又亮堂。第三层透风干燥,十分宽敞,除用作居室外,还可隔出小间用于储粮和存物。

## 侗族的居室有何特点

侗族分为"北侗""南侗"两个部分。北侗地区的民居与当地汉族的民居极为相似,一般都是一楼一底、四枢三间的木结构楼房。屋面覆盖小青瓦,四周安装木板壁,或者垒砌土坯墙。有些侗族民居还在正房前二楼下,横腰加建一披檐,这样做可增加檐下使用空间,形成宽敞前廊,便于小憩纳凉。南侗地区民居建筑的一大特点是层层出挑,上大而下小,占天不占地。每层楼都有挑廊。廊上安装栏杆或栏板。如用栏板,还会特意凿一圆形孔洞,供家犬伸头眺望。

怀化芷江侗族吊脚楼

聚居在黎平、榕江、从江、锦屏、剑河等县山区者,大都建造"干栏式"楼房。这种房屋多为两层或三层,两间或三间。楼下一侧隔成栏圈,关养牲畜;另一侧堆放柴草杂物,或安置"米碓"。人们由侧边的"偏厦"架梯而上。楼前半部为廊,宽约丈许,宽敞明亮,为一家人休息或从事手工劳动之所,窗前檐下,悬一横竿,晾晒衣物。从江县"九洞"一带还在横竿上垂着十笼八笼"媒鸟",别有风趣。后半部为室,室中有"火塘",置一铁质"撑架",终年烟火不息。顶上吊一方平面木格,阔宽约1米,侗语称之为"昂",汉语叫做"火炕",专门用来烘烤谷物。这里既是"祖宗"之位,又是取暖、炊薪、用餐和接待客人的地方。旁侧的靠

侗族村寨

壁安放水桶、炊具之类,两边皆为卧室。

居住在三穗、天柱、玉屏等地的侗族人民多建两层楼房,以两间或三间为多,其中有一间作堂屋,在正中的墙壁前安置神龛,贴神榜之先,内侧小间为"火房",里面筑有高30多厘米、面积约占三分之二的台阶,皆用木板铺就,上面设有火坑,有的是在地面挖一火穴,称"火铺",作用和周围陈设与"干栏式"楼房的"火塘"大致相同。其余的房间全部用作内室。楼上储藏粮食杂物,是一家的储仓、库房。这显然是人们虽已落户地屋,但仍然固有的"干栏"生活遗风所致。至于城镇的房屋形式结构和室内摆设,除了厨房另设于房侧或屋后之外,其余皆与前述的房屋基本相同。也有住高楼深院的豪门大户,"四合天井",雕坊刻柱,龙凤花窗,门悬金字大匾,堂中高挂"宫灯",摆镂刻漆椅,堂皇富丽,有如汉族的豪富之家。

# 老湖南的乡俗

 **为何说湖南人"敢为天下先,铁肩能担待"**

湖南人,有时候被外地人称作"湖南蛮"或"湖南蛮子",这是因为他们性格倔强,好认死理。对湖南人,历史上是这样描述的,"湖南人之长在强而悍"。民主人士、长沙人章士钊曾说:"湖南人有特性,特性者为何?曰:好持其理之所自信,而行其心之所能安;势之顺逆,人之毁誉,不遑顾也。"

湖南人"敢为天下先,铁肩能担待",正如唐代诗人吕温《题阳人城》一诗所云:"忠驱义感即风雷,谁道南方乏武才?天下起兵诛董卓,长沙子弟最先来。"清人杨昌浚在《恭诵左公西行甘棠》一诗中写道:"大将筹边尚未还,湖湘子弟满天山。新栽杨柳三千里,引得春风渡玉关。"

外国人对湖南人的评价也是认同"蛮"和"犟"的,比如,德国地理学家李希霍芬这样说道:"湖南人是长期保持独立的一个种族的后裔,中

曾官至武英殿大学士的曾国藩

国的军人主要出现在此,尤其是很多的官员也出生在湖南。忠实、正直、强烈的自我意识和粗犷、反抗心更是他们的性格特征。"

其实在古代,湖南最早是蛮荒之地,后来才出现了"唯楚有才,于斯为盛"的局面。纵观近代史的话,湖南出了太多太多的名人,如曾国藩、左宗棠、谭嗣同、黄兴、蔡锷、毛泽东、刘少奇、贺龙等,他们的大名都是如雷贯耳的。

近代湖南湘潭人杨度曾写过《湖南少年歌》一诗,其中这样描写湖南人的进取精神:"独从中国四民外,结此军人社会群。茫茫回部几千里,十人九是湘人子。左公战胜祁连山,得此湖南殖民地。欲返将来祖国魂,凭兹敢战英雄气。人生壮略当一挥,昆仑策马瞻东西。东看浩浩太平海,西望诸洲光陆离。欲倾亚陆江河水,一洗西方碧眼儿。"

##  湘西的竹编背篓有何特色

竹编背篓是一种生产、生活工具,很早的时候就已在湘西地区得到了普遍使用。据宋人朱铺《溪蛮丛笑》记载:"负物不以肩,用木板为中枷之状,钳其顶,以布带或皮带束之额上,名背笼。"这里所说的"背笼",是指竹编背篓的前身,也是湘西最早的背篓形式。

竹编背篓的用材为竹子,包括山竹、水竹、桂竹、楠竹、棚竹等。它最大的特色就是种类繁多,形式各异,大小相差悬殊。其种类主要有窝背、柴背、晒背、咱背、赶场背等。

**窝背**:是湘西土家人的一种生活用具,专门用来背婴儿和摇婴儿。其选材为桂竹,色彩柔和但有光亮,看起来很精致。与其他竹编背篓的不同之处在于,它的中间设置了一个凉窝。这种凉窝的最大优点是冬暖夏凉:夏天时,凉窝可通风散热;冬天时,在里面垫上棉絮等物可保暖。凉窝用布带固定在背篓的中间,为婴儿留出了相对的自由活动空间。

**柴背**:是用来背重东西的竹编背篓,可负重100多千克。其形状大小不一,制作也粗糙,但是却很结实。

**晒背**:形状上大下小,是住在高山上的土家人用来晒谷子的专用工具。其中,大晒背可负重100多千克,小的则负重几十千克。此外,它还能用来背红薯、仓谷等。

湘西背篓

**咱背**：多用来背苞谷、牛草等，形状也是上大下小。

**赶场背**：这是湘西竹编背篓中最特殊的一种，多用于在赶场或走亲访友时背物品，故而得名"赶场背"。其用材多为桂竹，用除去表层青衣的细竹篾编就，颜色水黄，是竹编背篓中的上等品。

## 出自沅陵的成语典故有哪些

出自怀化市沅陵县的成语典故有4个，分别是"夸父逐日""学富五车""书通二酉""马革裹尸"，这在我国的其他县镇中是很少见的。

**夸父逐日**：最早见于我国上古时期的神话地理著作《山海经》中《海外北经》《大荒北经》2篇。据《海外北经》载："夸父与日逐走，入日。渴欲得饮，饮于河渭，河渭不足，北饮大泽。未至，道渴而死。弃其杖。化为邓林。"据《大荒北经》载："大荒之中，有山名曰成都，载天。有人，珥两黄蛇，把两黄蛇，名曰夸父。后土生信，信生夸父。夸父不量力，欲追日景，逮之于禺谷。将饮河而不足也，将走大泽，未至，死于此。应龙已杀蚩尤，又杀夸父，乃去南方处之，故南方多雨。"

另外，先秦道家著作《列子》中的《汤问》一篇也有记载："夸父不量力，欲追日影，逐之于隅谷之际。渴欲得饮，赴饮河、渭。河、渭不足，将走北饮大泽。未至，道渴而死。弃其杖，尸膏肉所浸，生邓林。邓林弥广数千里焉。"

**学富五车**：语出《庄子·杂篇·天下》，具体地方是二酉藏书洞，用来形容一个人读书多，学识渊博。据《天下》载："惠施多方，其书五车。"明代小说家冯梦龙在《古今小说》（《喻世明言》初刻本）中写道："请个先生教他读书，到一十六岁，果然学富五车，书通二酉。"明人陈汝元《金莲记》中有这样的描述："不佞姓苏，名轼，字子瞻，眉州眉山人也。学富五车，才高八斗。"清朝时，著名小说家李汝珍在《镜花缘》里写道："大贤世居大邦，见多识广，而且荣列胶庠，自然才贯二酉，学富五车了。"

另外，据民间传说，在秦始皇"焚书坑儒"之时，有一位名叫伏胜（前260—前161年）的博士（古代学官名）冒着诛灭九族的危险，悄悄把五车书籍运到了二酉洞藏了起来，为后世保存了一批精神财富。因此，人们也用学富五车来形容藏书之多。

**书通二酉**：出处也和二酉洞有关，意思跟"学富

"夸父逐日"雕塑

马 援

五车"相同。据《郡县制》载:"大酉山有洞,名大酉。小酉山在酉溪口,山下有石穴,总有书千卷,旧云秦人避地隐学于此。自酉溪北行十余里,与大酉山相连,故曰二酉。"

**马革裹尸**:典出范晔所著的《后汉书·马援传》,用来形容军人战死沙场。据《马援传》载:"男儿要当死于边野,以马革裹尸还葬耳,何能安卧床上在儿女手中邪?"东汉光武帝建武二十三年(47年),五溪少数民族领袖相单程起义,马援当时请命前往沙场征剿,临走前对朋友说出了"马革裹尸"这句话用来表示自己的决心。

北宋大文豪苏东坡曾在《赠李彦威秀才》一诗中写道:"魏王大瓠实五石,种成濩落将安适……誓将马革裹尸还,肯学班超苦儿女……"南宋大诗人陆游的《陇头水》诗云:"我语壮士勉自疆,男儿堕地志四方,裹尸马革固其常,岂若妇女不下堂?"

明末清初,抗清将领张家玉曾写《军中夜感》一诗明志:"惨淡天昏与地荒,西风残月冷沙场。裹尸马革英雄事,纵死终令汗竹香。"1950年,毛岸英牺牲于朝鲜战场,彭德怀当时就毛岸英遗体安葬问题请示毛主席,毛主席这样说,"青山处处埋忠骨,何须马革裹尸还",表现出了他无产阶级革命家的伟大胸襟。

##  柳毅传书的典故知多少

柳毅传书的典故出自竺派越剧的代表性剧目《柳毅传书》(又名《水晶宫》,也称《柳毅奇缘》),是依据李朝威《柳毅传》改编的戏剧经典剧目。

柳毅传书讲述的是湖北秀才柳毅在前往长安赴考途中,于泾阳遇到一位在冰天雪地下牧羊的女子。那女子面容姣好,正掩面而泣。询问后才知是洞庭湖龙宫的三公主,远嫁泾水龙王的十太子。但太子生性风流,娶妻之后没有洞房,三公主独守空房,被翁姑欺凌,但慑于龙王声威,不敢传

柳毅传书绘画

书回家求救。柳毅义愤填膺,答应放弃科举,仗义为三娘传送家书。但洞庭君碍于与泾阳君多代姻缘,愿息事宁人。洞庭君的弟弟钱塘君则大表气愤,并带同水军前往解救三公主,并杀了泾水十太子。三公主得救后,深感柳毅传书之义,回宫后为柳毅奉酒答谢。席间,钱塘君见二人眉来眼去,便欲撮合二人。但柳毅碍于没有媒人,以及介怀自己间接杀了三公主的丈夫,拒绝婚事。柳毅离开龙宫,经常望湖兴叹,而三公主也日夜思念柳毅。钱塘君也颇有同感,决意化身媒婆,前往柳家说媒。于是有情人终成眷属。

## 瑶家婚俗知多少

瑶族有很多种称谓,如盘瑶、红瑶、八排瑶、平地瑶、坳瑶等,多达300余种,主要分布在广西壮族自治区和湖南、云南、广东、贵州等省。他们居住分散,但语言相通,在婚俗上也大同小异。瑶族的婚礼仪式向来古老而神秘,不但有着很多的传奇色彩,也有很深的民族文化底蕴。不同地区的瑶族婚俗有着细微的差别,但总的来说主要有以下几个特点:

**对歌定情:**这是瑶族自由选择配偶的主要方式。对歌一般在春节和外寨青年男女来本寨踩歌时进行,也有本寨青年男子相互邀约到友邻村寨对歌。对歌地点一般选择在村寨附近,届时男女各为一方,以彼问此答方式对唱。山歌曲调简单,但歌词复杂,视男女对歌感情深度而变化,一般对唱刚开始的歌都是先辈传下来的,青年们经过学习后拿来应用,然后根据情况即景生情,随口应变。经过集体对歌的观察、比较后,若某一小伙对某一姑娘产生了好感,便可与姑娘单独对唱,但地点只能选在众人都能见到的地方。双方有了一定了解后,男方即向女方透露求婚意见,如双方情投意合,便可相互赠送小件饰物作为信物。对歌是长期流行在瑶族社会中的一种自由婚姻形式,因而在发展过程中逐渐形成了一些大家共同遵守的规则,如同村寨青年男女不能对歌,老人在场不能对歌,自己家中的人更不能对歌,男女二人不得单独或在僻静地方对歌,等等。

**接亲送亲:**结婚日子择定后,由媒人转告成亲吉日,并带着礼物到对方家,征求意见并落实送亲人数等相关事宜。接亲方在接亲的头一天,就请人把备好的礼物如肉、酒、米、鸡、鸭、鱼、烟、茶等送到对方家,

瑶族民间婚俗表演

瑶族的新娘妆

对方清点完礼品后,便招待来人吃饭。瑶族人出嫁不哭嫁,接亲当天出门时,用瑶歌哭唱,这时父母也可用歌来安慰出嫁的子女。送亲的人要装扮得和新郎新娘一样,数十人走在路上,有说有笑,谈笑风生,但遇上行人观察时,各人都把手上的伞打开遮住身子,有意不让别人认出谁是新娘新郎。

**拜堂仪式**:新娘新郎换洗完毕,等待拜堂时辰一到,就由两位夫妻双全、儿女健在的中年男女分别牵扶新郎新娘进入中堂。首先跪拜高堂,二拜天地,三拜父母,四是夫妻对拜。主持拜堂人要随着新娘新郎的跪拜而配念不同的吉祥词:"一拜高堂,祖先赐福""二拜天地,同地天长""三拜父母,恩重如山""夫妻对拜,日月同在"。拜堂完毕,新郎新娘由伴郎伴娘陪同分别进房休息,等待宾主共进晚餐。在宴席上,新郎新娘由舅父母领去斟敬亲酒,然后,新郎新娘再分桌由他人陪同就餐。

以上所述是过去瑶族结婚的传统习俗,现在由于各民族的交往频繁,瑶族人受到其他民族尤其是汉族文化的影响,婚俗已有了较大变化。比如送亲时也不用送肉了,一般都从节俭出发,喜事新办。

 **湘西苗族的石姓氏族为何不吃狗肉**

湘西苗族的石姓氏族有不吃狗肉的习俗,但却养狗。关于这种习俗的由来,起源于这样一个传说。

相传古时候,苗族的石姓族长打算带领全族人迁到比高索山定居。比高索山虽偏僻,但十分富饶。这天,族长带着他的大黄狗提前来到比高索山,准备先探探情况。他开始在大山中不停穿梭。有一次,族长走累了,就躺了下来打算休息一会儿。大黄狗非常机敏,忠实地守在主人的身边,寸步不离。

原来,比高索山上还住着一个妖怪。当妖怪发现了山上躺着一个人时,不由得发起怒来。只见那妖怪从口中吹出了一阵阵寒风。族长也许是太累了,虽然被冻得发抖,但却一直没有醒。大黄狗见状,赶紧将自己的身子贴在了主人身上,以期用自己的体毛给主人送去些许温暖,从而能继续在那里熟睡。

妖怪当然看见了大黄狗的一举一动,不由得大动起了肝火。于是,妖怪释放出了真火,意欲一把火烧了比高索山。当熊熊大火燃烧起来后,妖怪便狞笑着离开了……大黄狗见势不妙,大声吠叫,可是族长睡得太死了,竟还是没有醒过来。

突然,大黄狗机智地冲向了山下的一口水塘里,它将自己的全身弄湿后,又立刻跑回了主人身边。大黄狗用自己身上的水分将主人周围的草地打湿。就这样,来回十几次后,周围的草地果然被它弄湿了,因此大火总是烧不过来。

当大火终于熄灭后,族长才醒了过来。这时的比高索山已经是一片狼藉。族长再仔细看身边时,却发现青草依旧,而大黄狗却浑身伤痕累累。族长明白了这是怎么一回事,原来是大黄狗救了自己一命。

湘西苗族

族长回到了寨子后,将大伙召集在一起,并向人们讲述了大黄狗舍身救命的事情。他同时还为大家立了一条规矩:石姓族人的后代,不能吃狗肉,并且要好好养狗;逢年过节吃团圆饭时,要先给狗吃一碗肉,然后才能开始用餐。

##  苗族后生追姑娘有何由来

关于苗族后生追姑娘的由来,与一个美丽的传说有关。

相传有一天,天上的观音菩萨下凡,来到了人间。当时,穿红着绿的苗族少男少女们正在赶边边场,你追我赶,好不热闹!观音娘娘一看此景,也动了凡心,于是化作了一位苗家姑娘。

当观音娘娘来到大路上后,却发现看不到那些少男少女了。原来,他们已经成双成对地相约到茶林里唱歌去了。她正独自徘徊之际,一位后生挑着秸秆从大路上走了过来。观音心内窃喜,于是追上了后生,并说愿意与他结识。然而,她说了好几遍,后生不但没回答,反而连正眼也没瞧她一下。

观音顿时气不打一处来,双手叉腰,并拦住后生大骂道:"你

苗族姑娘

个臭家伙竟然不识抬举,我追赶你半天,你全然不搭理我,摆什么谱嘛!"接着,她色厉辞严地说:"从现在起,我要你们后生去追姑娘,否则你们还不晓得我的厉害!"

后生被劈头盖脸地骂了一顿,当然也莫名其妙,正当他想寻根问底之时,那观音娘娘早已现出本相,飞升上天了……小伙子追悔莫及,这倒不是因为他真的不想与那位"姑娘"搭话,而是因为他挑着的秸秆又宽又干,不但挡住了视线,而且叶子之间的相互摩擦声也让他听不见后面的声音。所以说,小伙子也是哑巴吃黄连,满肚子苦。

就是这样,苗族后生们受到了观音娘娘的惩罚,不得不将原来由姑娘追后生的习俗,完全转了过来,也就是变成了后生追姑娘。这种习俗,苗族人此后代代相传。因为后生们受到"上山擒虎易,开口求婚难"的折磨,于是便编了歌来对那个挑秸秆的小伙子表达"不满":自古都是姑娘追小伙,只恨那个挑秸秆的害人精……

### 苗族姑娘出嫁为何要携带一把雨伞

苗族是有着几千年历史的古老民族,在其传统的婚嫁礼俗中,有着诸多富有浓郁民族特色的嫁娶方式。其中,姑娘出嫁须携带一把雨伞便蕴含着深刻的民俗意象。

关于苗族新娘出嫁时打伞的习俗,清代以来有诸多文献进行过记载。康熙年间的《红苗归流图》在描述湘、鄂、黔东部方言区的苗族婚礼时记载道:"苗俗无婚嫁礼,凡男女婚定之后,及笄,约日过门。女着花领袖、短衣裙,错以彩线,蔽膝,挽髻跣足,手执长柄雨伞,路远者缚鞋柄上。"另外,乾隆《永绥厅志》、同治《桃花厅志》中也有苗族姑娘出嫁携带雨伞的相关记载。大致内容是:黔东南清水流域的苗族女子出嫁时,要由新娘的姐妹拿一把雨伞,与新娘共撑同行。到了男家,新娘踏火入门后,由点火者向她敬一碗酒,然后由接伞人引导进入新房。而滇东南和滇南的苗族新娘在离开娘家时,接亲娘要用一把雨伞将其遮住,随后再把雨伞交给新娘,并由一位未婚姑娘相陪,一路打伞。到男方家时,由小姑子接过雨伞,但新娘的伞要朝门里关,陪娘的伞要往门外关。

关于苗族新娘出嫁时无论天晴下雨一路都打伞的习俗,在民

苗族凤冠

间有很多传说,版本不一。但每个版本里描写的伞都是驱魔辟邪的,在伞的庇护下小伙子和姑娘结成了夫妻,过上了幸福的生活。在民间有一说法,在娶亲期间,新娘极易遭到各种恶鬼的追随附体,对于男方来说,必须对她进行保护和防范,而最好的办法就是用雨伞来遮盖新娘,让天上地下的恶鬼看不清她的真实面容,从而也不敢轻易附身。这种做法和汉族传统婚礼中的"红盖头"习俗有异曲同工之处,其目的都是为了保护新娘,讨个吉利。在苗族先民的观念里,伞既然能用来遮挡自然界的风霜雨雪,当然也能用来遮挡各种游荡在野外的妖魔鬼怪,从而消除有可能给男方带来的灾难,成为驱魔辟邪的吉祥之物。因此,苗族姑娘出嫁时,都要带上一把雨伞。它并非是用来遮阳避雨,而是用来驱魔辟邪的。

##  湘西的覃姓人家为何不吃团鱼

在湘西古丈县野竹乡一带,苗族的覃姓人家是不吃团鱼的。这种习俗,与古代的一个传说有关。

相传清初之时,当地苗族中的覃姓先祖,因为对清王朝沉重的苛捐杂税不满,于是发动了起义。其他苗人得知后,也纷纷掀起了起义的风暴。但是,苗人终因势单力薄、寡不敌众而凄惨收场。清王朝大肆镇压起义的苗民,导致大量的无辜百姓纷纷丧命。但为了斩尽杀绝,清王朝还在继续实行大围剿,当时只有两个人逃了出去。

二人逃至一条大河前面,前路不通,也没有了退路。他们心想,与其被清兵杀死,还不如投水自尽。突然,河水里出现了一块黑色大石头,他们二人急忙跳到上面。原来,这黑东西是一只巨大的团鱼,而非什么黑石头。二人喜出望外,坐在团鱼的脊背上到了河对岸。

湖南苗寨堂屋

当二人终于摆脱了官兵的追杀后,来到了坪家寨。渐渐地,覃姓苗家人在这里慢慢发展壮大,成了一支人丁兴旺的苗族脉系。后来,人们为了感恩团鱼的救命大德,并以此来教育后代,就决定覃姓人家不准吃团鱼。这种习俗,一直延续到了今天。

## 土家的吃郎女酒习俗知多少

吃郎女酒是湘西凤凰县一带土家人的一种古老习俗，它是指嫁姑娘时，新娘的族属长辈或同辈男性要吃酒表示祝贺。

郎女酒仪式一般在姑娘出嫁前的某个晚上举行。按照当地习俗，郎女酒是男方家在过礼那天送来的一份酒。而吃郎女酒时，寨子里的同姓一族，每家每户都要有一个代表参加，不管平时两家是否有过节，作为主家的一门，则都要参加。不过，女人是不能吃郎女酒的。

吃郎女酒时，还有一些其他的规定，比如：不能吃米麦饭，不能吃糖果食品，下酒菜只能是牛肉，参加宴席的人都要说祝福语，敬酒时要互相道贺。

郎女酒习俗中的牛肉，也是男方家送的，而且要和郎女酒一起送来，并要能保证大家够吃。不然的话，媒人可就有"麻烦"了：大家就会将他"抓"起来，拉手的拉手，扯腿的扯腿，总之，他是无路可逃。

凤凰古镇酒吧

当然，送酒之人会在一边观察"形势"，见大家玩得尽兴的时候，他就会把事先准备好的酒肉再拿出来，供大家品尝。其实，这一切都是媒人从中动了"手脚"：因为郎女酒和牛肉都是经了他的手的，他肯定心里有数，只是他将一部分酒肉提前藏了起来，或者藏在女方家，或者在亲友家。等到大家闹得高兴时，媒人就会吩咐送酒客将藏着的郎女酒和牛肉拿出来，交给大伙们处理。这样做的目的，主要是为了让大家玩得更开心。

## 土家姑娘出嫁为何要"哭嫁"

土家族在结婚时有"哭嫁"的习俗，即姑娘出嫁时一定要哭，而且要哭得动听、哭得感人，才会被人称赞是聪明伶俐的好媳妇。新娘一般在婚前一个月开始哭嫁，也有在出嫁前两三天或前一天开始哭的，但高潮都是在新娘出嫁那天。土家族"哭嫁"有专门的"哭嫁歌"，这是一门传统技艺，土家姑娘从十二三岁就要开始学习"哭嫁"。过去，不哭的姑娘不准出嫁。现在，偏僻的土家山寨还有这种习俗。

"哭嫁"是土家人婚礼的序曲,他们认为"不哭不热闹,不哭不好看"。亲朋好友前来送别,哭是一种友好,哭是一种礼貌。在大喜之日,出嫁女子为何要大放悲声呢?这跟当地的一个民间传说有关。相传远古时期,土家族作为母系氏族社会,是"女的坐天下"。后来,当地出现了一

土家族哭嫁习俗

个身高力大的男人,是个蛮狠的角色。一天,这个狠男人看到一女子在溪边独自摘野果,吃得很开心。他便硬把这个女子抢到屋里,强迫成了夫妻。从此以后,当地便沿袭成了男婚女嫁的风俗习惯。由于妇女不高兴,想起就伤心,所以,姑娘嫁出门之前,都要数七数八、摇肝动肺地哭个几天几夜。

"哭嫁"习俗的形成,除了传说以外,还有一个近因,就是盛行于湘西一带的封建包办婚姻的某些陋习(诸如"骨种亲"——姑表婚,"扁担亲"——姨表婚,"坐床亲"——哥死嫂必嫁弟)所致。细究起来,封建时期土家姑娘"哭嫁"的原因大致如下:第一,新娘通过哭,以表达感激父母养育之恩和亲友姊妹难舍难分之情;第二,新娘要告别女儿角色,因而内心充满了对往日生活的依恋之情,另一方面也借哭来宣泄对即将开始的媳妇职责的压抑情感;第三,封建时期,土家族的自由婚姻逐渐被包办婚姻取代,讲求"父母之命、媒妁之言",婚姻大多都是不自主的,新娘借哭来表达自己对封建包办婚姻的怨恨;第四,土家的哭嫁歌还表达了在"男尊女卑"的封建观念下,新娘对封建社会男女不平等现状的控诉。

新中国成立后,土家族包办婚姻的现象几乎已经绝迹,但不管婚恋形式如何发展,土家族姑娘在出嫁前亦喜亦悲的挥泪恸哭却亘古不变,这已经成了土家族婚嫁的风土民俗了。土家姑娘的哭嫁歌听其音是哭,究其谱却是唱,这已成为土家族的一种寓意丰富的人生礼俗,也是一种饶有兴趣的婚俗现象。即使在现代化的今天,土家族姑娘在出嫁前也要向前来贺庆的亲朋好友献上一曲曲悲欢离合的哭嫁歌。

##  土家姑娘为何喜欢做鞋

绣花鞋是土家族姑娘赠送给意中人最珍贵的礼物,可以被视作定情信物。如果土家小伙子看上哪家的姑娘,就会搭讪并试探着问姑娘可否送一双鞋垫,

姑娘若是有意，就会亲手纳一双漂亮的鞋垫送给自己的心上人，以显示自己的心灵手巧。当小伙子自己或约上媒人到姑娘家去，土家姑娘便会遵照本民族婚姻礼仪中的规矩送给小伙子一双做工精细的布鞋，这是姑娘花费无数个日日夜夜做出来的定情信物。布鞋送出，就表示亲事已经定下，不允许反悔。如果姑娘不喜欢来提亲的小伙子，那小伙子就只能喝上一口待客的茶水。

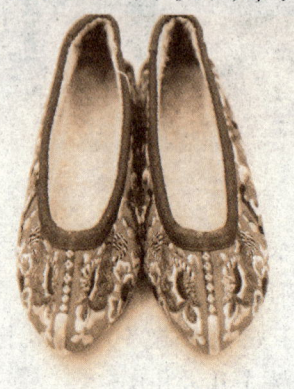

土家族女花鞋

过去，土家姑娘一生忙于做鞋。十三四岁开始学做，十七八岁成年时要负责一家人有鞋穿。无论哪家姑娘要出嫁，提前半年就得开始忙乎——为娘家及未来婆家的亲人每人做一双绣花鞋。如果对方的家庭人丁兴旺，姑娘还要提前几年开始做鞋。结婚后的土家妇女白天忙活，晚上做鞋，从公婆到丈夫、到儿女、到亲戚，年年岁岁辛勤做鞋直至女儿成年。一针一线绣出寓意吉祥的图案，既表达对亲人们的祝福，又借此显示自己的聪明能干。

纯手工绣花鞋垫由人工精心缝制和刺绣而成，一双鞋垫制作一般需要七天时间，纳1000针到12 000针，寓意着希望家人早日平安归来。相传这种用千针纳成的鞋垫为民间喜悦祥和之物，传说有消灾避难之效，可保佑主人不受邪物侵害，永保长寿、步步平安。所以，土家姑娘喜欢做鞋，不但因为这是土家族的传统习俗，同时也表达着土家姑娘对家人身体健康的美好祝愿。

## 土家族的"猪尾巴信"有何寓意

"猪尾巴信"是土家族地区的一种婚姻习俗。男女双方相爱以后，媒人会到女方家里求亲。定下亲事以后，男青年就须在逢年过节时送礼物给女方父母，若男家希望结婚，就得在当年拜年时准备丰盛的礼物，尤其是得必备一只腊肉猪腿（要后腿），留下一条猪尾巴，俗称拜朝年。只有带尾巴的猪腿才能传达男家请求明年成亲的信息。女方父母见了这份特殊的礼物，也不当面回答。若不同意第二年为女儿办婚事，只需将那猪尾巴割下，用红纸包好，放于赠送给男方的布鞋内，男方便明白这是拒绝之意，只好来年拜朝年再求婚。如果女方父母同意，则在回赠的布鞋内放一枚红鸡蛋或一个小红包即可。

## 何谓土家族的"赶仗"

土家族人善于狩猎,每年冬春的"赶仗"是其传统的狩猎活动。《永顺府志》(卷一二)在概括明清时期湘西土家族人民"赶仗"的情形时说:"龙山(今湖南龙山县)深林密箐,往日皆土官围场,一草一木,不许轻取。每冬狩猎,谓之'赶仗';先令舍把、头目等视虎所居,率数十百人用大网环之,旋砍其草,以犬惊兽,兽奔,则鸟铳标枪立毙之,无一脱者。"

湘西土家族吊脚楼前挂着的牛头

土家族人的"赶仗",主要不是为了猎食野兽肉,而是为了驱逐害兽保护庄稼和纪念猎王,属于一种娱乐活动。所猎野兽以前是虎,后来土家族从渔猎生活转入农耕时代,老虎少了,野猪便成了糟蹋庄稼的大害兽,众人恨之入骨。同时,在土家族传说中,野猪是猎王的仇敌,是纪念猎王的最佳祭品。当时的猎王名叫禾撮(土家语是"围猎"的意思),为了保护庄稼,他率众赶杀野猪。土家族中一位名叫梅嫦的打猎女英雄在一次与野猪的搏斗中牺牲,猎王禾撮给她立了一座小神堂,供奉在屋右侧外面。猎王率众猎得野猪后,便抬来祭祀这位女英雄,以表示替她报了仇。后来,每一村寨选一户猎王,都会在其屋右侧外面供一梅嫦神。梅嫦也因此成了一位猎王,似神明一般保护着土家族的庄稼。土家族的"赶仗"活动就这样世代流传了下来。所以,土家族赶仗主要是赶杀野猪等有脚蹄的野兽,对老虎等有五个脚爪的兽类只是进行个别或小型赶杀,不搞聚众狩猎,也严禁用五爪兽肉作祭品。这是传统猎规,不得违犯。新中国成立后,龙山县土家族聚居的靛房、坡脚等乡村,土家族人聚众"赶仗"还很盛行。

土家族人的聚众"赶仗"活动在每年农历的正月初一至十五日进行,共持续半个月的时间。土家族人在农历腊月二十九日(小月

土家族服饰

是二十八日）过年后，到天黑时就请猎王回家。据说，猎王禾撮还在山上狩猎，土家族人要把他从山里请回家来保佑"赶仗"的胜利，须连请两个晚上，即请到三十晚上为止。请的方式是以三五人为一小组，分成若干小组，备好鸟铳、火把，分头到村寨周围的每个山头上等候号令。派一至三个小组到离村寨很远的山里，从中心围场把猎王请回村寨，间隔地呼喊着"呵——喂——"由一人领喊三声，喊到第三声时众人呼应，齐喊"呵——喂——"这样边喊边回寨，走一段，喊三声，鸣一排枪炮，一直喊到近村寨的地方，同村寨周围山上的各组相呼应。枪炮声、呼喊声响彻云霄，熊熊火把映红夜空，伴随着三十晚上的各种娱乐活动，整个土家山寨显得热闹异常。各个山头上的喊声、枪声和火光徐徐下山，逐渐汇合于梅嫦神堂前，同时大放一阵鞭炮，就意味着猎王已请回家。

## 崇山人为何不吃黄鳝

　　黄鳝炖芮菜是土家名菜。可张家界崇山人不仅不吃黄鳝，反而把黄鳝奉为他们的祖神。这是为什么呢？原来，这跟当地的一个传说有关。

黄　鳝

　　相传4500多年前，欢兜因与共工、三苗、鲧"作乱"，被舜流放到崇山。欢兜并不屈服，一边开发大庸，一边厉兵秣马，准备讨伐舜帝。舜帝很害怕，派大军南下征"蛮"。欢兜因寡不敌众，只好退进崇山一处山洞里，凭险固守。舜兵封住洞口，日夜攻打，洞内终于粮尽水绝，八百将士生命垂危。这天，欢兜正倚在岩包上打瞌睡，忽然觉得脚趾发痒，睁眼一看，见是一条黄鳝正咬着他的脚趾往一边拖呢。欢兜大惊，一脚将黄鳝踢到一边。一会儿，那黄鳝又啃脚趾来了。欢兜心里一亮：有黄鳝必有水源！忙俯身对黄鳝说："黄鳝黄鳝，你若是来搭救我欢兜的，就给我指点生路吧！"那黄鳝听罢，松开口，掉头往洞内溜去，欢兜紧跟不舍，终于找到了水源。将士们喝饱了水，一鼓作气，打败了舜兵。此后，欢兜便下令所有将士不得吃黄鳝。崇山人也将黄鳝奉为祖神，从不吃它。

## 湘西保靖土家族为何一年要过四个年

湘西保靖的土家族,一直有"一年过四次年"的习俗。关于这种习俗的由来,当地还流传着这样一个传说。

相传,土家族在古时候生活在江西地区。因为当地头人对他们十分嫉妒,就伙同官府抢夺了他们的土地和山林。但令人感到意外的是,被掠夺去了的山林和土地中,根本长不出树木和农作物。官府和头人恼羞成怒,便秘密计划要在一个夜晚将土家人斩草除根。

到了这天晚上,土家族的男男女女仿佛得了某种奇怪的病一样,都睡不着觉。最后,大家一致认为这是不祥的预兆,于是约定要迅速离开此地。结果可想而知,头人、官府的阴谋落空了。这一天是农历的四月初八,也成了土家人的第一个年,即"四月年"。过"四月年"时,人们要在天亮前吃饭,并且做饭、吃饭时还不准点灯,不准说话。这就是土家人所说的"四月八,半夜三更摸摸呷"。

湘西土家族腊肉

从江西逃离出来的土家人,长途跋涉,于农历六月二十五来到了湖南西北部的武陵山地区。这里有树,有泉水,是一块适合生活的乐土。于是土家人宰牛、酿酒、点燃野火,开始唱歌跳舞,又过了一个欢乐而热闹的年。因为这个年的时间在六月,故称"六月年"。

"六月年"之后,土家人迎来了金秋时节的第一次丰收。现在,人们不愁吃不愁穿,也没有任何其他族人的欺压,于是他们打算再过一个年,以庆祝这样美好的生活。这时家家户户开始杀猪,蒸苞谷酒,打小粑,并相互登门拜年。这时候是农历十月初,因此称为"十月年"。

到了腊月的时候,又快到全国各族人民共同的年了,这也是土家人的第四个年。但是,当时有可靠消息称,有一伙强人会在大年三十来土家人聚居地——保靖这里抢年货。土家人于是打算提前过年,并在"腊月年"这天做好了一切预防措施,那就是家家户户闭门不出。后来,强人听说土家人已提前过年,就放弃了抢掠计划。

所以说,湘西保靖土家人一年要过四个年。

## 苗族的上刀梯有何传说及特色

苗族"上刀梯"表演

上刀梯是苗族人民的传统体育项目，每当赶年场或重大节日都有勇士表演。所谓刀梯，即一根高10米以上、安插满钢刀的木杆，钢刀长一尺五寸，刀背厚0.5～1厘米，刀刃锋锐。安装时，加闩固紧，以防摇动。一尺一梯，共36梯。桩杆四周拉线固紧，即可攀登。刀梯会这天，苗家男女老幼，身着节日盛装，佩戴金银首饰，气宇轩昂，从四面八方涌来。上刀梯的场所选择在一块开阔的平地上，刀梯上的刀口在上刀梯前均用纸条紧封，以表示神秘和庄严。表演者穿一条短裤用赤脚采着锋利的刀刃而上，爬至梯顶时头发往刀上一搁，即断成两截。登梯者还要在刀梯上表演倒挂金钩、大鹏展翅、观音坐莲等节目以显示高超的武功和过人的技巧。

相传民族英雄吴八月就是利用"刀梯会"聚集苗民起义才打响反清第一炮的。关于上刀梯还有一段奇妙的传说。很久以前，苗山出现了一个兴风作浪的妖怪。一位叫石巴贵的青年自告奋勇为民除害。百姓们有的提公鸡，有的扛供桌，簇拥着身带36把钢刀的巴贵来到苗山上。巴贵将钢刀全钉在一株古树上，一步一步攀上树顶，站在树尖舞动手中降妖鞭，吹响大海螺。与此同时，树下百姓点燃鞭炮和铁铳，敲起响具，终于把妖怪吓跑了。为纪念为民除害的英雄石巴贵，上刀梯的活动便世代流传了下来。

关于刀梯还有另一个传说。据说远古时期，有一个跛子后生叫张二郎，父母双亡，兄妹惨死，孤身一人，因饥饿倒在路旁奄奄一息，后来被一个姓赵的人救起并抚养，因此改名为张赵二郎，以此表示对救命恩人的感谢。有一天，一场飓风袭击了山寨，寨子里所有的人都被风沙吹瞎了眼睛，据说只有月亮上的露水可以洗

德夯苗寨"上刀梯"

净他们的眼睛。为了拯救父老乡亲,张赵二郎决心上月亮取露水。他背着一把黄伞来到高耸入云的大树上,将刀一把一把插在树干上,然后沿着刀梯攀上云天,36天后,只见一把黄伞从天空慢慢落下,伞上沾满露水。苗家人用露水洗亮了眼睛,得以重见天日。而张赵二郎却永远没有回到人间。为了纪念张赵二郎,上刀梯便成了苗家人流传至今而且有新发展的文化习俗。

过去上刀梯者均属酬神还愿,有的是家里有人凶死,为死者谢罪而上刀梯;有的是家里添了贵子,为贵子能够得到荣华富贵而上刀梯。新中国成立后,上刀梯经过改革,抛弃封建迷信糟粕的部分,保留了精华之处。现在上刀梯者,多为对美好事业的执着追求和对幸福生活的向往。那些有深厚武功基础的苗族小伙子每逢热闹场面都要参加表演。上刀梯之前表演者必须运足气力,气贯涌泉和劳宫二穴,才能节节向上攀登。流传至今的苗家刀梯会的场面十分壮观,不得不让人佩服苗家人的智慧和勇气。

 ## 苗家三脚架为何如此神圣

在湘西一带的苗寨,每座木屋里都有一个四方形的大火塘,中间安放着一具生铁铸成的三脚架。这三脚架在苗语中叫做"果刚",上面是一个圆形的铁圈,下面是三根微微外敞的铁脚,烧水、煮饭时的鼎锅就放在这个三脚架上。苗家有一个规定,不准人用脚踩这三脚架,谁要用脚踩了,那家主人就会很不高兴。为什么苗家人对三脚架会这么敬重呢?这跟当地的一个传说有关。

很久以前,苗族的祖先被迫从很远的董代务平原逃进了湘西的深山老林。由于走得急,他们把火种忘在老家,苗家只好过着生食和饥寒交迫的痛苦生活。一天,三个苗家后生聚在一起,一个叫果刚的小伙子提议回平原把火种取回来,另外两个青年(一个叫果受,一个叫果洛)欣然答应。但平原距湘西路太远,火种不好带。果刚说:"巴旺阿公有个青石凿的果塔,我们可把火种装在里面带回来。"于是他们三人就来到巴旺阿公家,说明要借果塔回老家取火种的事。巴旺阿公自然很高兴,只是担心他们可能遇到危险。果刚说为了全族人的生存,就是拼上性命也要把火种取回来。巴旺阿公很感动,将果塔递到他们手里,约定好下一个月圆的日子和乡邻来接他们。

苗家火塘的三脚架

神秘的湘西苗寨

果刚三人手提果塔下了山,风餐露宿走了10来天,终于回到了老家董代务。他们不敢明着进村,因为那里已经被凶残的得龙头人占据了,他们几次试着悄悄进去,都被撵了出来。三人蹲在一株树下冥思苦想,抬头看见树枝上歇着一只鸟,果刚一眼就认出这是常住在他家屋檐下名叫奴贞的小鸟。果刚望着小鸟,心潮起伏,情不自禁地请求小鸟帮忙找火种。那小鸟点点头,叫了几声便飞走了。果然,没过多久,奴贞真的衔着一粒快要熄灭的火种飞回来了。它把火种放在果刚的面前,嘴里还滴着血。他们三人喜出望外,小心翼翼地将火种放进果塔里。为了躲避追击,他们拔腿就往回跑。

为了早一天把火种带回苗山,他们日夜赶路,眼看只差半日路程就要到家了。谁知忽然天空闪起电光,地上刮起狂风,倾盆大雨骤然来袭。原来这是凶残的得龙头人得知火种被盗后,亲自驾着风雨赶来了。他想用狂风暴雨把火种扑灭,让苗家永世处于生食挨饿的困境。果刚三人为了保住火种,就手挽手抱成一个三角形,围着盛火种的果塔,用自己的身子护住火种。不知过了多久,雨停了风止了。巴旺阿公看着天空中的月亮又圆了,但却没有看到果刚三人回来的迹象,于是他邀集寨上的乡邻去找,终于在一个坡坳里发现了果刚三人。可是,他们的身子被雷电击得漆黑,僵硬地环抱在一起,已经长眠不醒了,但火种却被保护了下来。大家看着这一切,忍不住悲痛地哭了起来。

苗家为了让后辈人记住果刚三人用自己的生命为大家换回了火种,就在苗族家家户户的火塘里用生铁铸一个与三人护火种时样子相似的三脚架。当大家在铁铸三脚架上烧煮食物时,就会记起为取火种而牺牲的三位英雄,这种三脚架也因此而十分神圣。

##  苗族的"椎牛"祭祀知多少

"椎牛"俗称"吃牛",苗语叫"弄业"(即吃牛或吃牯脏),是湘西苗族最隆重、最盛大的祭祖祀典。"椎牛"祭典一般历时四天三夜,大体进程为:第一天,送黄牯和敬祖先;第二天,活动最多,白天是接舅辈、迎亲朋,晚饭后请神降临,由"觋师"(巫师,俗称"苗老师")讲述《吃牛古根》。其内容包括述说天地产生、山川形成、人类繁衍、苗族迁徙、"椎牛"的原因,等等;第三天,主要为舅辈椎牛;第四天,收牛柱,敬牛头,欢送舅辈亲朋,最后由觋师默敬祖师,祝贺主家吉利兴旺。

关于这一民族祭典的来源,湘西苗族民众中至今流传着的《苗族椎牛古根》是这样说的:三皇五帝时期,苗族的祖先蚩尤与黄帝轩辕打仗,轩辕兵马多,把蚩尤打败了,并且紧紧地

苗族椎牛

追击蚩尤。好在蚩尤随时随地都有苗人掩护,加上他又能散布弥天大雾,所以轩辕总是找不到蚩尤的踪影。后来,轩辕发明了指南针,辨清方向,才把蚩尤捉住,并在农历四月初八将蚩尤杀了。但是,蚩尤冤魂不散,时常给苗家人托梦,含着眼泪说:"我为你们受尽苦难,含冤而死,你们要永世敬奉我啊!"于是,苗家人就找仙娘"扛仙"。蚩尤的魂灵依附于仙娘的身上,借仙娘的口说道:"按照我打仗时的祭典,杀猪椎牛,布置坛头,用芭蕉叶架阴桥,敲响竹筒,我(蚩尤)就来了,为你们消灾消难。"从此以后,每年农历四月初八,苗家人就举行盛大的椎牛祭祖祀典,隆重祭祀他们祖先蚩尤的英灵。经世代承袭,它成为了苗族最古老的祭典。

旧社会,苗民"椎牛",一是为了解除重病,另一则是为了求子。一般在"椎牛"之前先许愿,到冬季才举行"椎牛"。"椎牛"祀典仪式开始时,不但家族邻里要参祭,亲朋好友也要来。祭祀礼仪烦琐、冗长,而且耗资甚巨。苗族谚语说:"吃牛难,大户动本钱(把积存的钱花光),小户卖庄田。"而且,吃牛的迷信色彩甚浓。雍正七年(1729年)"改土归流"之前,祭祀长达14个昼夜。迄今,全堂法事仍有20余堂,"剽牛"只是其中的一堂。按仪式程序先后有:敬雷神、祭蚩尤、祭主家祖先、敬大舅爷、二舅爷茶酒、杀鸡祭天;献九杯酒九碗肉给玛媾、跳鼓、敬神农、敬盘瓠、求财等节目。

##  土家族有哪些敬奉祖先的习俗

土家族聚居的湘鄂渝黔边区,自古以来重祠祀、敬鬼神,崇拜敬奉祖先的氛围古朴浓郁。新中国成立前湘鄂西一带流传着"人无神灵,寸步难行""举头三尺有神灵"等俗谚,土家人的图腾崇拜已与祖先崇拜合为一体。土家乡村至今仍有祭祀家祖的习俗,各户都在堂屋正面板壁上设置家祖神龛,上置香炉、蜡台

以供奉香火，其祭祀牌位一般书写"天地君亲师"或"天地国亲师"。两侧为本堂历代祖先及诸神灵之位，再外侧则是为家祖神龛撰写的对联。其祭祀对象主要是近五代的祖先，但通常并无具体的灵位，只是用"历代祖先"四字笼统概括，其祭祀形式多样，一般可分为三种类型。

**第一种，年节祭祖。**春节、清明、四月八、中元节等时节，土家族通常要进行正规的祭祖活动。尤其是春节，给祖先送亮是湘鄂边界土家族严肃而郑重的礼节。从除夕那天起一直到正月十五，土家人都要给祖先送香奉火，其中除夕、初一、初二、初三、初九、十五一定是不可少的，而且一定要周到，有香也有火。到正月十五日，才将家神牌位等物归放神龛。中元节前三

土家婚礼

天，各家各户备酒馔放于户外阶台上，男女老幼依次跪于门前祭祀，并呼唤先祖进家过节，这一仪式称为迎祖；到七月十四日晚，又拜于门前欢送家祖灵魂回天，称为送祖。月半是土家族另一隆重节日，俗有"年小月半大"之说。湘鄂边界土家族的月半是农历七月初七，也有的是七月十三。这天，所有的结婚妇女都要回娘家，或带上孩子给祖先们奉香、烧纸钱、送亮，在娘家也还有"叫饭"仪式。

**第二种，婚育告祖。**土家族有向祖先禀告婚嫁、生育诸事的习俗，以求得祖先的佑护。土家族姑娘出嫁前夕要哭辞祖宗，出嫁时还要举行祭祖告别仪式：新娘跪在筛子上，请祖宗放行并保护自己；男方则在大门外设香案迎轿，祭谢女方祖先；在婚嫁的酒席上，要先盛一碗饭菜，众人围站在桌边，由辈分最大的人洒酒于地祭祖，随后才宣布入席。生育子女所举行的祭祖仪式，一般在孩子满月后举行，由夫妇俩怀抱子女向男女双方家祖行跪拜礼并献祭酒肉。

**第三种，日常祭祖。**在湘西地区，土家族祭祖活动已经日常化、普遍化了。对家祖的祭祀也十分虔诚。过年、过节时要大敬，初一、十五时要小敬。吃饭时，用筷子夹菜插在饭碗上，敬默一分钟，再动手吃。无论在自己家或是在别人家都是如此。祭祖的食品有猪

湘西米酒

头、团徽、粑粑、鸡鸭和五谷种等。农历六月初六为祭土王,每个村寨都要设摆手堂,将猪头、果品等祭品放在摆手堂前。农历十月朔日祭冬,宰鸡鸭设筵宴客。此外,土家族还敬灶神、土地神、五谷神、豕官神,在修房造屋时祭鲁班,如遇迁居、建屋、患病、灾害、丧葬等也要祭祀祖先,祭品除酒肉外,还要一只大公鸡。

## 苗家"接龙"习俗知多少

"接龙"是苗族群众祈求五谷丰登的法事,已有5000多年的历史,如今以湖南湘西州凤凰县禾库镇苗区保存最为完好。苗族称接龙为"然戎",一趟法事要做三天,人数最多的时候有上万人,敲锣打鼓非常热闹。按照苗家民俗,苗族人家新居落成,要举行传统的"接龙"仪式。也有同村的人在秋收时联合起来"接龙",庆祝丰收。故而接龙有家庭和村寨两种方式,差异仅是规模大小而已,其过程基本相同:先祭龙,再接龙,最后安龙。

家庭"接龙"活动中,主家首先选定吉日,一般选在十月之后。在举行"接龙"前期的半月或一月之前,寨上的男女老少会云集主家"道戎":每晚去主家敲锣打鼓,听长辈说古道今,青年人练击鼓、吹唢呐、学唱歌,直到半夜喝了甜酒后才散去。"接龙"前几天,主家要派专人去舅父家报信,请后辈亲来背棒腿(主人要赠用棒打死的猪的猪腿)。

"接龙"那天,亲朋都来道贺,宾主穿戴一新。正式"接龙"时,主家把备好的雷神粑分成三堆,每堆三个,摆在屋外的桌子上。堂屋内设神座,在一张桌子上摆花红利米、酒碗五个、龙神粑五堆,龙粑之上放一条米龙,龙身上又装有用白粑揉成的三个"龙宝"。地上铺晒一床有五色花带的簟,中央摆一大盘"龙粑",四个角也放四盘龙粑。花布上置满金银首饰、绣花衣裙等物。神座前后左右、屋里屋外都挂满五彩纸花束。门外摆一张桌子,桌上摆七个酒碗,桌边绑一把长矛,矛尖刺在木板上。用两根木桩将两只绑着四脚的猪钉卧于地下,分别祭雷神和龙神。

到了"接龙"当晚午夜,人们便开始"摸龙"。由巫师起场接龙祭祀,分别敬雷神和龙神酒。将肥猪先"交生",即用咒语通呈后宰杀。然后"上熟",即破开五脏洗净,放锅里煮熟。巫师从龙的始祖唱到龙子龙孙,虔诚地代主人向龙神祈祷。充当"龙女"

苗家"接龙"习俗

的女主人则着盛装，静坐一旁。"敬龙"完毕便开始"请龙""接龙"与"接雷"：两主妇身穿接龙衣裙，头戴接龙帽，由巫师带领，分别去两个水井"接龙"和"接雷"；走的线路一般是东方道上去，西方道上归，途中插满五色花纸；到了井边，接龙巫师念咒语请四方五位之龙，然后在井中取一壶"龙水"交给女主人；主妇身背包袱，手提清水，打伞回家；众人吹吹打打，簇拥相随；返回途中，男主人点燃鞭炮相迎。

湘西苗族法师祭山

"接龙"到家门口时，又由巫师念请"接龙"。五方之龙请毕，户主三跪九叩，"接龙"正式入屋。入屋后"接龙"人群绕堂三周，就位而坐，巫师跪拜"安龙"：用一只盛满"接龙"主妇提回之水的碗放在下面，里面放银粉朱砂；另一只碗覆盖在上面，深埋于正堂屋的地穴中，然后掩土，再用一青圆珠石封牢，这叫"龙宝"。其间，巫师再念安龙咒语。安放好"龙宝"，就算把"龙"接回了家里，这样便可保佑家庭避灾去邪，年年五谷丰登。之后便开设酒席庆祝，年轻人唱歌跳舞，通宵达旦。

村寨接龙与家庭接龙大体相同，但也有细微差别。如接村龙，一定要用小白水牛牯；在小村，引龙的妇女须数十人，大村则上百人，"接龙"时全村欢腾，场面壮观，气氛热烈。

##  苗寨迎贵宾有哪些传统仪式

苗家人有自己独特的迎贵宾礼仪，像"拦门"、唱"拦门歌"、敬苞谷烧酒等。这些仪式反映了苗族人热情好客、民风古朴的传统。

当贵宾来到苗寨门前时，苗家人就会以"拦门"来迎接他。苗家汉子们吹着唢呐，敲着锣鼓，舞着狮子，抱着酒罐，大概有10多人；苗家姑娘们则装扮隆重，身穿彩丝绣花衣，佩戴银首饰，有的还打着苗鼓，端着青花大瓷碗，里面当然盛满了苞谷烧酒。

当客人走近时,两位苗家姑娘会上前扯开一条绣花带子,俗称"拦门花带",主要是为了将客人"挡"在外面。这时,其中在花带后面的一位姑娘会一展歌喉,唱"拦门歌",歌词大意是:

贵客你从哪里来?好比凤凰落苗寨。
苗家只有好山水,招待不周莫见怪。

客人也得应歌,如果人多的话,可选一名代表来对歌。不过歌词并不要求多么正式,可随意唱几句。比如:

德夯美名天下扬,四方人儿心向往。
不辞千山与万水,今日得把梦来圆。

张家界袁家寨子苗族"拦门酒"

等到"拦门歌"和"应歌"一唱一和之后,"拦花带"自然就会被收起来。这时,姑娘会给客人敬上一碗苞谷烧酒。当然这也是礼仪性的,客人可以一饮而尽,或连喝几碗,或者小抿几口。接下来,客人就可正式走进苗寨了。

##  大、小龙洞有何传说

大、小龙洞位于湘西州州府吉首市,是吉首市母亲河峒河的主要水源。大龙洞风景区是双龙风景区的核心景区,景区内溪河纵横、溶洞暗河相连、奇峰突兀、怪石林立、古树参天、野藤蔓延,其间不乏奇花异果、珍禽异兽。

老湖南的趣闻传说

湘西大龙洞

相传远古时期,北海龙王应黄帝之约追赶蚩尤的九黎部落至双龙景区境内,被秀丽的山水所迷不思归北海而定居于此。龙婆居大龙洞,龙公居郎龙山,龙媳居小龙洞,七位公主化作七大瀑布呈七星状依附大龙洞四周,龙太子与凡间绝色美女黛帕流光一见钟情,生下苗族的先祖三位王爷。此举震怒天庭,龙太子被赶出大龙宫而深囚于龙潭。黛帕流光化作山峰,深情地凝望着龙潭,守候数千年,成为被后人传颂的美丽神话。

关于大、小龙洞的传说还有另外一个版本。相传在远古时代,龙婆、龙媳两人由于长期不和,经常斗法。她们布云降雨、打斗较劲,使峒河上游的牛角河和高岩河山洪频频暴发,淹毁沿河两岸的村寨、农田,卷走了房屋及畜禽。老百姓深受其害,民不聊生,苦不堪言。后来,土地老人在玉帝前告了龙婆、龙媳一状,玉帝责令龙王来调解此事。龙王站在俩人中间,将婆媳劝走、隔开,龙婆从那时起住在"雾丘"(大龙洞),龙媳住在"雾昂"(小洞龙)。但龙婆、龙媳心里彼此不服,常暗暗较量,往往"雾丘"打雷,"雾昂"也跟着打雷,"雾丘"下雨涨水,"雾昂"也下雨涨水。龙公没办法,只好用自己的身体横躺在俩人中间。久而久之,他就变成了一座大山,其形状酷似龙公。后来,高岩河、牛角河一带的老百姓为了纪念这条老龙公,便把此山称为郎龙山。但大龙洞和小龙洞两股水在两河口汇合一起,仍然不服气,不是这边水清,就是那边水浊,形成泾渭分明的奇特景观。

 **苗族人的服饰有何特点**

苗族服饰样式繁多,据不完全统计多达200多种,且中国历史上每个朝代的服装样式都能在苗族服饰上找到痕迹。苗族服饰是我国所有民族服饰中最为华丽的,银饰、苗绣、蜡染是其主要特色。苗服有性别、年龄及盛装与常装之分,且有地区差别,分为湘西型、黔东型、川黔滇型、黔中南型及海南型等五大类别和若干款式。

苗族服饰以夺目的色彩、繁复的装饰和耐人寻味的文化内涵著称于世,保持着中国民间的织、绣、挑、染的传统工艺技法,造型上采用中国传统的线描式或近乎线描式的、以单线为纹样轮廓的造型手法;制作技艺运用服饰发展史上

苗族服饰

的五种形制,即编制型、织制型、缝制型、拼合型和剪裁型;用色上善于选用多种强烈的对比色彩,努力追求颜色的浓郁和厚重的艳丽感;构图上并不强调突出主题,而只注重适应服装整体感的要求;形式上分为童装、男装和女装,在此基础上又有盛装和便装之分,男装的色彩和装饰不及女装鲜艳与丰富,女装便装的色彩及装饰不及节庆时和结婚时穿的盛装鲜艳。

**图案特点**:苗族服饰图案内容大多取材于日常生活中各种活生生的物象,将流传千年的故事、先民居住的城池、迁徙漂泊的路线等一针一线绣进衣冠服饰,世代"穿"承,有表意和识别族类、支系及语言的重要作用。因而,苗族服饰被誉为"穿在身上的史诗"。

**男装特点**:大部分苗族地区流行对襟男上装,由左右前片、左右后片、左右袖六大部分组成。衣襟钉五至十一颗布扣,左襟为扣眼,右襟为扣子。上衣前摆平直,后摆呈弧形,左、右腋下摆开叉。其质地一般为家织布、卡其布、织贡呢和士林布,色多为青、藏青、蓝。下装一般为家织布大裤脚长裤,裤脚宽盈尺许,与裤腿一致,由左、右前、后片四片组成,制作简便。男盛装为左衽长衫外套马褂,外观与便装相同,质地一般为绸缎、真丝等,颜色多为青、蓝、紫色,各地无异。

**女装特点**:女便装上装一般为右衽上装和无领胸前交叉式上装两类。右衽上装结构与男上装中的左衽上装大体一致,只是方向相反。无领胸前交叉式上装是传统的苗族女装,无纽扣,以布带束腰。其质地一般为家织布、灯芯绒、平绒、织贡呢、士林布等,颜色一般为青、蓝等。女盛装一般下装为百褶裙,上装为缀满银片、银泡、银花的大领胸前交叉式"乌摆"或精镶花边的右衽上衣,外罩缎质绣花或挑花围裙。"乌摆"一般全身镶挑花花块,沿托肩处一般镶棱形挑花花块,无纽扣,以布带、围腰带等束之,颜色为红、黄、绿等暖调色。

**配饰特点**:湘西苗族地区流行银饰,苗服的配饰有头饰、银饰、银梳、银镯和银项圈,等等。除小部分地区的部分成年人蓄发挽髻于头顶外,绝大部分苗族老年男子多戴上皮帽。

苗族银饰品

苗族儿童头饰多留头顶左、右两撮，梳成两根小辫或扎成两把。妇女头饰一般挽高髻于顶，别上银针、银簪及插上银梳、塑料梳、木梳等梳子。苗族妇女比较重视耳饰，绝大多数妇女都佩戴耳环、耳坠、耳柱等饰物。

## 瑶族人的服饰有何特点

瑶族历史悠久，在文化方面一直保持着本民族的传统特点，尤其在服饰文化上更为明显：五彩斑斓、绚丽多彩是瑶族传统服饰文化的普遍性特征。自远古时代，瑶族服饰便成为瑶族文化的重要标志之一，也是区分内部各族系、支系的重要依据。据统计，瑶族服装的款式多达100余种，头饰也不下100种。这种多样性首先是由各支系的不同造成的，其次还因居住分散，又表现为地域性的差别，而在多数支系中，服饰还表现出明显的性别和年龄特征。其特点主要表现在以下方面：

瑶族服饰

**印染技术**：瑶族人民精于蓝靛印染，在蓝靛布上染花，有蜡染、针线折染两种方式。瑶族人民至今仍保留着一套完整的印染技术，一般是将自织布匹"家织布"铺于桌上，用蜡刀蘸取已溶解的蜡汁，直接在布上绘出各种花纹图案，然后将布料放入染缸浸泡一小时，提起晒干后再浸泡。色彩通常有红、绿、黄、白、黑五种，服饰制作采用挑花、刺绣、织锦、蜡染等工艺。

**男女服装**：瑶族传统男子服装以青蓝色为基本色调，以对襟、斜襟、琵琶襟短衣为主，也有的是交领长衫；配长短不一的裤子，有的长及脚面，有的短至膝盖，多以蓝、黑为主，束腰带，扎头巾、打绑腿，朴实无华。相对而言，瑶族妇女传统服饰更加丰富多彩。各地瑶族妇女上衣多穿无领无扣对襟绣花衫或右衽长衫，下穿褶裙或绣花滚边宽脚长裤，扎红、黑、白等多种色彩的彩色腰带或织带，围绣花围裙，包绣花绑腿。但在形制风格和彩色花边图案上千差万别，不同族系、支系、地域的区别很大。

**头饰丰富**：瑶族头饰特点更为突出，有"龙盘"形、"A"字形、"飞燕"形等。头饰主要有如下两种：一是分别包红、黑、白、蓝头巾；二是蓄留长发，在头顶上束发髻，扎红头绳或盘长发。女子则将发结细辫绕于头顶，围以五色细珠。已婚和未婚的女子头饰也有区别。瑶族男女长到十五六岁，要换掉花帽改包头帕,标志着自己身体已经发育成熟了。

**银饰特点**:瑶族历来把银饰视为高贵、富有和华丽的装饰品。各支系瑶族妇女均以佩戴银饰品为美。制作银器也是他们的传统手工业之一。银饰品的种类大致相同,有的在盛装时才佩戴,平时收藏,有的则经常佩戴。由于受家庭经济条件的影响,有的饰品以铝或锡代银制成。包括妇插银簪、耳戴银环、颈戴银圈、腕戴银镯、手戴银戒指等。在新婚时,佩戴的银饰更多,有的还要戴上凤冠,上系金属挂牌。

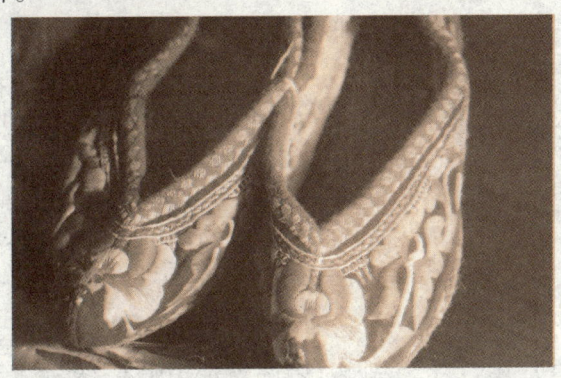

瑶族的"定亲鞋"

**刺绣工艺**:瑶族妇女善于刺绣,织绣工艺闻名遐迩,多以红、黄、绿、白等颜色绣于深青色布上,其衣襟、袖口、裤脚镶边处都绣有精美的图案花纹。刺绣一般不预先描绘图案,而是直接在布底上绣。图案都是日常生活中常见的花鸟鱼虫等,图案生动活泼,表现出了鲜明的民族特色。

 **土家族人的服饰有何特点**

土家族服饰历史悠久,自秦汉之后,便已具有浓郁的民族特征。《后汉书》中所记述的"武陵蛮""五溪蛮""好五色衣",表明了土家先民喜"斑斓"服饰的审美倾向。土家族服饰的衣料一般为自织、自染的土布,史书上称为"溪布""洞布",多为青、蓝二色。土家族服饰的结构款式以俭朴实用为原则,结构简单,但是注重细节,喜宽松、衣短裤短、袖口和裤管肥大。男女老少皆穿无领滚边右衽开襟衣,衣边衣领会绣上精致艳丽的花纹。

古时土家族流行"男女一式"的百褶裙,它是最古老的裙子样式,类似围裙,为一帘式样。"改土归流"之后,土家族服饰男女一式的外观形式得以彻底改变,男性由穿刺花衣裙而改穿满装;妇女则上穿满装,下着汉裙。从此,土家人逐渐形成了以年龄和性别为区分的服饰特征。

凤凰古城土家族女装

**男性服饰：** 男子头包青丝帕或青布，白布帕长2~3米，包成人字路，没有完全盖住头发。较古老的上衣叫"琵琶襟"，安铜扣，衣边上贴梅条和绣"银钩"，后来逐渐穿满襟衣（多指中年以上者）和对胸衣。青年人多穿对胸衣，正中安5对至7对布扣。裤子是青、蓝布加白布裤腰，鞋子是高粱面白底鞋，鞋底厚。

**女性服饰：** 较男式服饰，女式服饰要复杂得多。上衣分为四种：第一种称"大襟"，左开襟袖大而短，无领，滚边，衣襟和袖口有两道不同的青边，但不镶花边；第二种是"银钩"，矮领，衣襟和袖口镶宽青边，袖口青边后再加三条五色梅花边，胸襟青边则用彩线绣花；第三种为"三股筋"，衣大袖大，袖口镶16.5厘米宽边，领高1.65厘米，镶三条细边；第四种是结婚衣，新娘喜穿"露水衣"（即红衣），长而大。土家族妇女服饰上的衣袖与裤脚图案完全采用挑花法，也就是在布上用针刺上连贯的"小十字"，以之联成线条或方块，再组合成花鸟鱼虫等图案，并用绿、红、黄或为黄、绿、红等色彩将呆板的、单一连续的纹样丰富起来，给人以美的享受。下穿"八幅罗裙"，裙褶多而直，后改为裤脚上镶三条彩色花边的大筒裤；姑娘素装是外套黑布单褂，春秋季节多为白衣，外套黑褂，色似鸦鹊，被称为"鸦鹊衣"。中老年妇女通常在外衣上罩一件围裙。

**儿童服饰：** 主要注重的是鞋帽。一般按年龄、季节确定帽形：如春秋戴"紫金冠"，夏季戴"冬瓜圈"，冬季戴"狗头帽""鱼尾帽""凤帽"等。这些帽子前额有金银打就的13个菩萨像，中间大的一个为观音坐像，两边钉有十八罗汉像，虎帽两侧至两腮前有银钩，用于小孩系帽用，帽顶两侧用白兔毛做成虎耳，上前挂银铃。虎帽用大红绸缎做面料，前檐绣有一个"王"字，后脑绣有双龙抢宝等图案，胸前持有金锁银牌，上打有"福、禄、寿、禧"字样，帽后悬有金链银梁。小孩的鞋为老虎鞋，用红绸缎做面料，鞋尖向后翻，两耳插有兔毛，前绣一个"王"字，两侧绣花。

土家族童装

## 侗族人的服饰有何特点

侗族的服饰大致分南北两种类型，各具特色。北部地区由于水陆交通较为便利，因此生产水平较高，文化也较发达。因此，男子服饰的演变与汉族服饰基本相似，而妇女的服饰除县城外仍保持着传统的特色。南部侗族地区的服饰则迥然不同。由于地处山区，交通不便，因而至今仍保持着较为古老的裙装。

北部侗族服饰和南部侗族明显不一样，一般由上装和下装（裤）组成，颜色均为浅天蓝色，腰系红绸宽带。南部侗族服饰十分精美，妇女善织绣，侗锦、侗布、挑花、刺绣等手工艺极富特色。南部侗族服饰分为盛装和便装，没有明显区别，便装一般由黑色土布制成，只是少银饰装饰和挑花刺绣而已，盛装则配有银帽、银项链、银耳环、银围腰。南部侗族的银围腰和北部侗族的宽红绸腰带具有识别是否已婚的功能，有银围腰者和系宽红腰带者为未婚。

总的来说，侗族服饰的特点体现在以下几个方面：

**女子服饰：** 侗族女性的服饰千姿百态，或款式不同，或装饰部位不同，或图案和工艺不同，或色彩和发型、头帕不同，她们平时穿着便装，讲求实用，盛装时注重装饰审美，朴素与华贵相得益彰。根据整个侗族妇女服装特点，侗族服装可分为三种款式，即：紧束型裙装、宽松型裙装和裤装。侗族女子喜穿无领大襟衣，衣襟和袖口镶有精细的马尾绣片，图案以龙凤为主，间以水云纹、花草纹。下着短式百褶裙，脚蹬翘头花鞋。发髻上饰环簪、银钗或戴盘龙舞凤的银冠，佩挂多层银项圈和耳坠、手镯、腰坠等银饰。

**男子服饰：** 男子装束，近城镇者与汉族无异，唯边远山区略有差别：穿右衽无领短衣，着管裤，围大头帕，着立领对襟衣，系腰带，外罩无纽扣短坎肩；下着长裤，裹绑腿；衣襟等处有绣饰；有的头留顶发，也有着汉装者。

**头饰和银饰：** 侗族妇女重头饰和银饰。她们擅留长发，用红头绳扎发盘在头上再包黑纱帕，脑后别有银簪、银梳，头戴银盘花、银头冠，耳吊金银环；领口两组银扣对应排列，外加斜襟扣两组；颈戴五只大小不同的项圈；胸佩五根银链和一把银锁用以镇魔压邪；手腕戴银花镯、四方镯等。银饰品中有雕龙画

侗族织锦锁绣男服

侗族银项圈

凤、鸟虫花草等图案,均为当地匠人所制造。

**颜色特点:** 侗族人民大都穿自纺、自织、自染的侗布,有黑、青(蓝)、深紫、白等四色。黑青色多用于春、秋、冬三季,白色多用于夏季,紫色多用于节日。女裙不分季节,多用黑色。讲究色彩配合,通常以一种颜色为主,类比色为辅,再用对比性颜色装饰。主次分明,色调明快而恬静,柔和而娴雅。侗族少女穿裙分季节,多用黑色。讲究色彩配合,通常以一种颜色为主,类比色为辅,再用对比性颜色装饰。主次分明,色调明快而恬静,柔和而娴雅。

# 老湖南的名人故居

##  "神农创耒"的传说知多少

神农,即炎帝,号神农氏,也称赤帝,中国远古时期义和部落的首领、"中华上古三皇"之一,与黄帝并称"中华始祖"。神农创制的耒是我国历史上最古老的农具,所以"神农创耒"被看做是中华农耕文明的标志。湖南省耒阳市,也因是炎帝创耒之地而得名。一些古人类学家甚至认为,作为南中国农耕文明发祥地之一的耒阳,其农业起源比黄河流域还要早。

"神农创耒"不仅对中华乃至世界农耕文明都产生了重大影响,另外它对整个人类文明的进程也产生了重要的推动作用。关于这个重大历史事件,一直以来流传着这样的传说。

远古时代,人们居无定所,过着饥寒交迫的日子。后来,神农被拥戴为南方各部落联盟

株洲炎帝陵墓碑

的首领,他决心改变这种现状。于是他开始遍游天下,尝百草,并发现了稻、黍、稷、麦、菽五谷,于是向人们传授五谷种植技术。但是因土地十分板结,人们种植的五谷往往会枯萎,并且还要用手挖,用石块铲,没有多少收获。人们于是纷纷向神农报告这一情况。

神农为了找到解决土块板结的办法,便领着得力助手垂,沿湘江而上,来到了衡山之顶。他眼观耳听,看到一条神奇的河,而且还听到一阵欢声笑语自那儿传来……神农大为惊喜,立即和垂奔至那个一派祥和景象的地方。

这天风和日丽,神农的目光被这片土地深深吸引了。男的在河里抓鱼捉虾,女的在旁边烧火做饭,其中一个中年男子正在用一根木棍撬石块,后来捉出了一只一只的肥蟹。神农走了过去,自己要来木棍后连撬了几块石头,竟发现比用手扳省了不少力。接着,他随手将木棍插在土块上撬了一下,那板结的土块立即就松散开了。

神农喜出望外,立即叫来了助手垂和捉蟹的男子,他们开始研究起了用木棍撬土的方法。多次试验后,他们得出了这样的结论:略微弯曲的木棍比直木好使,下端尖利的木棍更易入土。正在这时,神农看到,有几只舞着大钳的肥蟹,只一会儿工夫就在泥土中扒出了一个洞。他于是灵机一动,就在木棍下端做出了像蟹钳一样的尖叉,这样用它松起土来就变得更加顺畅了。最后,耒耜的雏形就被这样创造出来了。

神农发明了耒耜后,生活在河畔的人们发现了他其实就是人们仰慕已久的炎帝,于是一齐欢呼雀跃,整个河畔地区沸腾了起来……为了制造更多的耒耜,捉蟹汉子和他的伙伴们进入一座座深山老林开始寻找曲木,但却始终很难找到大小和长短均适合做耒耜的曲木。

神农一时无策,一个人信步来到做饭的灶火前。当时,他看见一位大嫂正在把湿木塞进火中,而那湿木经大火烘烤后就自然弯曲了。神农从中得到启示。他立即叫助手垂架起火堆,开始烘烤木棍,并按自己的想法折弯。最后,一柄漂亮并且适用的耒被造了出来。这就是史书上记载的"揉木为耒"。

自从耒被制作出来,神农便亲自使用耒耕作。其后,他不断地对耒进行改进,定准了耒的长短尺寸,还将其下端的尖叉削成了上宽下窄的锋面耜。这就是历史上所说的"斫木为耜"。耒总长6尺6寸(2.2米),底长1尺1寸

株洲炎帝陵塑像

（约 0.37 米），中间直的部分长 3 尺 3 寸（1.1 米），勾长 2 尺 2 寸（约 0.73 米）；在下端向前弯曲的地方，接上耟。这种规格，使平均身高 7 尺的男人能够得心应手。终于，在神农氏的带领下，一柄柄规范的耒耜被人们创制了出来。江南于是成为古代农业发达的地区。

为纪念耒耜发明这一创举，神农氏便将这里的河流命名为耒水，加封垂为垂神、捉蟹汉子为耒神。秦始皇时，耒水流域建耒县，汉时改称"耒阳县"。几千年来，耒阳民间一直使用着禾叉，它带有耒的痕迹。并且，这里的农民对农具还有神圣的崇敬感，每年开春时要先祭祀然后再下地耕作。而在他们修建的神农庙里，至今仍供奉着神农、垂神和耒神，香火未断。

##  "囊萤夜读"的典故出自何处

"囊萤夜读"的典故，出自东晋吏部尚书车胤，故事载于房玄龄、褚遂良、许敬宗 3 人主持编纂的《晋书》。车胤（约 333—约 401 年），字武子，东晋南平郡新洲车渚（今湖南津市）人，先后担任过东晋的中书侍郎、侍中、国子监博学、骠骑长史、太常、护军将军、丹阳尹、吏部尚书等职，死后追谥忠烈王。

车胤从小聪颖好学、学而不倦，但因为家境贫寒，父亲无法为他提供更好的学习环境。家里要维持温饱，因此没有多余的钱买灯油供他晚上读书。夏天的一个晚上，当他正在自家院子里背书时，忽见低空中有许多萤火虫飞舞着，并一闪一闪地发出光亮，在黑暗中显得很是耀眼。

当时，车胤想：如果将很多萤火虫收集到一起，不就能当做一盏灯了吗？于是，他随即找来一只自制的纱囊口袋，然后抓了几十只萤火虫放到里面。当把袋口扎住并吊起来后，萤火果然可以供他勉强看书了。此后，只要夜晚有萤火虫，他就会抓一把装进纱囊口袋当灯用。他开始变得更加勤学了，学识与日俱增。

车胤不但学习刻苦用功，成为后世学子的楷模，而且长相出众、为人正直，在未做官之前就已名满乡梓。东晋穆帝永和元年（345 年），他受到大司马桓温的赏识，被选为荆州从事，后升任主簿。不久，桓温出兵伐蜀，他迁任为别驾、征西长史，声名日甚。

车胤囊萤

车胤雕塑

孝武帝宁康年间（373—375年），车胤升为中书侍郎、关内侯。晋安帝隆安四年（400年），升为吏部尚书。当时，东晋王朝皇权日趋没落，内部斗争不断。会稽郡世家子弟元显骄矜放荡，车胤建议朝廷要遏制他。不料事情泄露，元显逼迫车胤自尽。临死前，他大怒道："我难道是怕死吗？我只求一死以露权奸！"他死后，举国无不为之悲哀。

《世说新语》中还载有一个"明镜不疲"的故事，也与车胤有关：晋孝武帝说将要给大臣们讲《孝经》，谢安、谢石二兄弟于是在自己家里先和一些人开始互相讨论了起来。车胤当时也在其中，他听了讨论后有些犯疑，但又不敢亲自问谢家兄弟。于是，他对身边的袁羊说："我不问吧，怕遗漏了精彩的讲解；多问吧，又怕劳烦谢家兄弟。"袁羊对他说："我看他俩决不会因你多问而厌烦的。"车胤问道："你怎么知道呢？"袁羊答道："哪里见过明亮的镜子厌倦人们常照，清澈的流水害怕和风吹拂？"另外，据《晋书》载，车胤做事不拘俗套，敢于创新；还能说会道，当时人说，"无车公不乐"。

## 张飞在耒阳的故事知多少

**马家巷**：耒阳城里有条马家巷，但它不是马姓人家的巷子，而与三国蜀将张飞的马槽有关。张飞有一匹叫乌龙驹的战马，它不仅非常灵敏机警，而且通晓人意。本来，张飞的军队是驻扎在马阜岭的，但是因为耒水泛洪，他就把队伍拉到了耒阳城里休整。

一天晚上，张飞听到战马嘶鸣，于是从梦中惊醒。原来，他发现自己的乌龙驹在向西南方向狂啸。当时，他心生疑虑：难道西南方向要发生什么事吗？他灵机一动，随即明白了这是连日来的暴雨要冲垮大堤的征兆！于是，他骑上乌龙驹，唤起军民，和大家一起加固河堤，以此抵挡洪水。

桃园结义泥塑

张飞为耒阳人民立了大功,百姓十分感激他和他的乌龙驹,于是用一块大石头凿了一个马槽,当做乌龙驹的饲料槽。后来,人们就把置放马槽的地方称为马家巷。现在,该马槽已被作为文物收藏于蔡伦纪念馆。

张飞年画

**张飞寨**:原名矮子冲,因张飞曾在此安营扎寨达月余,后人便称其为张飞寨。矮子冲位于耒阳城东的竹市镇阳光村,距市区5千米,海拔600米。它巍峙于群山之中,南接高岭、朱子铺诸山头,气势磅礴、十分壮观。如果登临寨岭,可将整个耒阳城收入眼底。

寨子占地约3.3万平方米,寨栏内现仍有人家居住。当年蜀相诸葛亮命张飞在此驻扎,是为了监视东向来犯之敌。据载,张飞驻军此地时,每天都要在大草坪中调遣兵马,指挥操练。

**点心店**:张飞在耒阳古城时,结识了一个开点心店的小商人,为该店题写了招牌,并在店内题了几条谜语。当时,人们纷纷前来观赏他的书法,因而吸引来了不少顾客,点心店生意非常红火。店里张贴的谜语都被顾客一一猜中,只是招牌上的"心"字少了中间一点,人们还是百思不得其解。因此,前来揣测"点心店"招牌的人总是源源不断,店里生意也不错。

时间长了,店主觉得招牌上的错别字很别扭,于是就在"心"字上加了一点,使其得以成为完整无缺的字。但是没想到的是,此后顾客便一天天地少了。店主不解,慌忙跑去请教张飞。张飞说:"你这个点心店是专等空着肚子的人来吃点心的,你现在给人家点了东西进去,人家肯定填饱了肚子,谁还会来呢?"店主恍然大悟,后悔莫及,他不知道这招牌竟也是一道谜!

##  "凤雏"庞统是如何醉理耒阳的

庞统(179—214年),字士元,号凤雏,荆州襄阳(今湖北襄阳)人。他与诸葛亮齐名,同拜为蜀汉的军师中郎将,并称为"卧龙凤雏"。不过就名声而言,庞统远没有孔明知名度高。后来他在进围雒县时中流矢而亡,年仅36岁,死后追赐关内侯、谥靖侯。其所葬之处名落凤坡。

三国时,徐庶在离蜀去魏之际,将庞统推荐给刘备以辅佐他。刘备见了庞统后,觉得其相貌丑陋,于是就给了他个耒阳县令当。庞统到了耒阳,心中闷闷

庞统雕塑

不乐,时常借酒消愁,酗酒成性。最严重的是,他还连着三年不升堂理事,大小案件一律压着不判。

面对这种情况,耒阳百姓颇为不满,于是议论纷纷,并写状纸告到刘备那里。刘备得知后,立即派义弟张飞速去耒阳,考察庞统政绩。庞统早知道张飞爱喝酒,因怕他误酒醉事,于是吩咐耒阳的各家酒店卖酒时一律掺水。同时,他还传呼所有案犯人员,都到县城听候发落。

张飞来到耒阳后,四处找酒喝,但只饱不醉。他一进县衙,便斥问庞统道:"为何积压案件不判?"庞统答道:"区区小事何足为奇!请三将军明日看我断案就是。"第二天,庞统升堂,但见公堂上积压着厚厚的一大堆诉状。原告、被告们都争先恐后地要求先判自己之案,庞统却平淡地说道:"尔等不必争先恐后,只管同时诉来。"

接着,只听几百张嘴叽叽喳喳地同时诉起了状……庞统一边听诉状,一边判案,时而点头,时而皱眉,一副胸有成竹的样子。坐在公堂一边的张飞,却听得稀里糊涂,不知所然更不知其所以然。就这样,积压3年的所有官司,庞统当着张飞的面,只用3天就结得一清二楚了,并且老百姓也都心悦诚服,公认他判案公正廉明。至今,耒阳这里还流传着这样一句俗语:"庞统的官司,三年积案三日清。"

当时,张飞在看着庞统处理完所有案件后,暗道:"好一个奇才,竟有眼观千人面、耳听万人言的本事。"他心想,以庞统这样的才能,让他当一名小县令的确是大材小用了。于是,他急忙回朝复命,告知蜀主刘备。刘备大喜,马上派人将庞统接回国都,并封其为左军师。

当然,这个故事是在《三国演义》里写到的。真实的历史是,庞统没将耒阳县治理好,因此被刘备罢免了官位,后经鲁肃和孔明说情,才被重新起用。

##  造纸术的发明者蔡伦知多少

蔡伦(约61—121年),字敬仲,东汉桂阳郡(今湖南耒阳市)人,"中国古代四大发明"之一的造纸术的改造者。美国麦克·哈特在《影响人类历史进程的100名人排行榜》一书初版中,将蔡伦列在了第6位。2007年,美国《时代周刊》

蔡伦画像

评出了"有史以来的最佳发明家",蔡伦榜上有名。

蔡伦约生于东汉明帝永平四年(61年),永平十八年(75年)被选入洛阳宫内做太监。他由于读书认真,且成绩优异,于章帝建初元年(76年)任小黄门,属于宦官中较低的职务。此后,他升任黄门侍郎,并一直掌管宫内外的公事传达和引导诸王朝见、安排就座等事宜。

当时,正宫窦皇后一直与章帝不和。她先是指使蔡伦诬陷章帝妃子宋贵人,说其"挟邪媚道",并通令她自杀。而宋贵人所生的太子刘庆也被贬为清河王。后来,窦皇后又指使人诬陷章帝妃子梁贵人,抢夺其子刘肇为养子并立为太子。章帝死后,10岁的刘肇登基,即和帝,由窦太后听政。在窦太后干政的过程中,蔡伦因功被提拔为中常侍,地位与九卿等同,秩俸二千石。当时,他常侍幼帝左右,并参与国家机密大事的解决。

永平九年(97年),窦太后卒,和帝开始亲政。永平十四年(102年),和帝立邓绥为皇后,蔡伦随即投靠邓皇后。因邓皇后喜好舞文弄墨,为投其所好,蔡伦便兼任起了尚方令,主管宫内的御用器物和御用手工作坊。正是在此期间,他总结了西汉以来的造纸经验,并改进了造纸工艺,以树皮、麻布、渔网等为原料制造出了优质纸张。

元兴元年(105年),蔡伦将其改进的优质纸张奏报了朝廷,受到和帝的称赞。自此,蔡伦的造纸术开始得到广泛推广,由他监制的纸还被称为"蔡侯纸"。同年,和帝驾崩,邓后之子即位,但不到两年便去世了。邓后再立皇侄刘祜嗣位,称安帝。刘祜为刘庆之子,当年其祖母宋贵人和父亲刘庆曾遭蔡伦诬陷,但由于邓太后仍把持朝政,蔡伦仍继续受重用,还被封为"龙亭侯"(封地在今陕西洋县),成了贵族。

约元初五至六年(118—119年),蔡伦又被邓太后升为长乐太仆,成为她的首席近侍官。这时的蔡伦,权位已达顶峰,因而受到满朝文武的奉承。建光元年(121年),邓太后死,安帝开

蔡伦雕像

始亲政。当初，蔡伦曾受窦太后指使，参与过迫害安帝祖母宋贵人、剥夺其父皇位继承权的事，因而当安帝要审讯查办他时，他自知死罪难免便自尽而亡了。

蔡伦一生在内廷为官，曾位尊九卿，却以自杀了结，不能不说是他亲手为自己挖了坟墓。但在推动工艺技术的发展史上，他留名后世，并得到了史学家的肯定。他对工艺技术最突出的贡献是在造纸方面，大致体现在三个方面：其一，组织并推广了高级麻纸的生产和精工细作，促进了造纸术的发展；其二，促进了皮纸生产创始并使其发展兴盛；其三，监典内廷所藏经传的校订和抄写工作时，形成了大规模的用纸高潮，并促使纸本书籍成为文化传播的重要工具。

## 柳宗元与永州有何渊源

柳宗元(773—819年)，字子厚，河东(今山西永济)人，世称"柳河东""柳柳州"。诗人，哲学家，儒学家，政治家。柳宗元少年成名，永贞元年(805年)参加王叔文政治革新。元和元年(806年)，因改革失败，"改革派"首领王叔文被赐死，王伾被逼死，柳宗元、刘禹锡等其他8名革新派人士分别被贬，史称"二王八司马事件"。

柳宗元被贬永州后，一待就是10年。永州位于湖南、广东交界处，当时人烟稀少，还很荒僻。刚到永州时，他连住处都没有，后来才寄宿于龙兴寺。但是因为生活艰苦，不到半年，他的母亲卢氏便去世了。母亲的死给柳宗元造成了很大的打击。

虽然遭遇了政治上的失意，但永州却成全了他的哲学和文学成就。因为有了更多的时间，他开始专心研究哲学、文学、政治、历史等各个方面的问题，并著书立说，写出了《封建论》《六逆论》《非〈国语〉》《天对》《捕蛇者说》等一系列名作。

柳宗元在永州写的诗文作品，一方面表达了他忧国忧民、抨击愚昧和落后的思想、情怀，一方面体现了他热爱生活的态度。其中，《黔之驴》等寓言讽刺了社会的黑暗；《捕蛇者说》等传记揭露暴政，赞美了劳动人民；《田家》等诗篇反映了民生疾苦；《永州八记》则是描绘当地山水景物的优美游记；此外他还撰写哲学论文对"天命""君权神授"等迷信思想进行了批判。

《永州八记》包括《石渠记》《石涧记》

柳宗元

《钴姆潭记》《袁家渴记》《小石城山记》《始得西山宴游记》《钴姆潭西小丘记》《至小丘西小石潭记》8 篇,是柳宗元山水游记的典范之作,可谓脍炙人口,千古流传。《永州八记》对应了当地 8 处名胜。柳宗元因此又被誉为"游记之祖"。

在永州的 10 年,是柳宗元一生中最辉煌的时期,因为他最好的著作都是在这里完成的。所以有人说,永州成就了柳宗元,柳宗元成就了永州。后人为了纪念他,还在此建了柳子庙。

##  吕洞宾三醉岳阳楼的传奇故事知多少

众所周知,范仲淹的《岳阳楼记》让岳阳楼名满天下,他在此文中描写了岳阳楼的美景:"至若春和景明,波澜不惊,上下天光,一碧万顷。沙鸥翔集,锦鳞游泳,岸芷汀兰,郁郁青青。而或长烟一空,皓月千里,浮光耀金,静影沉璧,渔歌互答,此乐何极!"其实,岳阳楼还流传着有关吕洞宾的故事。

话说吕洞宾从蟠桃宴会上归来,忽见岳阳郡上空有妖气,于是落下云头,并扮成了一个卖墨的先生。他来到岳阳楼上,跟店主要了酒喝,等喝得大醉后就上楼睡觉去了。一会儿,店主上楼来想把他叫醒,告诉他这楼上有妖精,可是吕洞宾睡得太死,店主只好不再管他。没想到的是,这店中果然有千年柳树精和白梅花树精二妖作祟。一天,二妖上了楼来,正巧被吕洞宾发现。他们见吕洞宾是神仙,心里怕得要死,于是就答应吕洞宾跟他出家。接着,吕洞宾便点化了他们,让柳树精化成一个叫郭马的男子,在岳阳楼下卖茶;而白梅花精则在某贺姓人家托生为女,名叫贺腊梅。最后,吕洞宾还让他们结为夫妻,并说 30 年后会再来度他们成仙。

30 年转眼即逝,吕洞宾又一次来到岳阳楼。他果真发现,那二妖自托生后结成了夫妻,并开了一家茶店。吕洞宾走进茶店,说要找郭马,但见他正在睡觉,于是就把他弄醒了。郭马醒来一看,眼前站着一位道士,便问:"你是干什么的?"吕洞宾答道:"我来喝茶,你们夫妻二人是树精转化的,我今天前来是专门度你们成仙。只要你们吃了我这残茶,就会有神仙之缘了。"郭马、贺腊梅二人疑虑重重,说道:"我们跟你出家,有什么好处?"吕洞宾说:"我

吕洞宾

们道家有很多好处,可修身养性、消除烦恼,还可长生不老、逍遥自在。"郭马还是不信,吕洞宾于是只好下了楼去。

清代岳阳楼模型

自从吕洞宾走后,郭马夫妻便不再卖茶,改成卖酒。一天,吕洞宾又来到岳阳楼下,只见茶楼换了招牌,便走上楼来,要了酒菜来吃。郭马见是前几日的道士,也不介意,就和他大喝起来。喝了一会儿后,吕洞宾再次提起了出家之事。这次,郭马认真考虑了一下说道:"我要是出家了,我媳妇该如何安排?"吕洞宾叫郭马把自己的妻子杀了,并给了他一口宝剑。这话让郭马为之一震,他心中虽十分生气,但却面不露色,也拿了宝剑,不过他心想:宝剑当切菜刀使还是不错的。

郭马回到家中时,猛然发现有人拿剑把自己的妻子给杀了。此外,剑上还留有一首诗:"朝游北海暮苍梧,袖里青蛇胆气粗。三醉岳阳人不识,朗吟飞过洞庭湖。"剑的背面还有落款:"洞宾之作。"郭马气急败坏,跑去找吕洞宾,并拿出那口宝剑质问他道:"你为何要杀我媳妇?"吕洞宾答道:"你媳妇和别人好,杀了活该。"郭马不信,说要把吕洞宾送到官府去。吕洞宾说:"让你媳妇复活也行,不过你就成了千年老柳,她是白玉堂前的一棵梅树。"郭马央求他说,快把他媳妇还身成人。但最终却徒劳无益,他便把吕洞宾送到了官府。

到了官府后,公堂老爷怒斥道:"清平世界,朗朗乾坤,你怎敢杀人?"吕洞宾答道:"我没有杀他妻子,他妻子没有死。"官老爷面露疑色,问道:"那她在哪里?"吕洞宾便使了一下法,果然变出了郭马的妻子贺腊梅。那官老爷一见,人果真未死,于是判郭马诬告他人,并将其定为死罪。郭马见势不妙,于是央求吕洞宾救他。正在这时,神仙汉钟离率众仙来到岳阳楼下,并向郭马和贺腊梅点明了其中玄机。郭马夫妇方才恍然大悟,于是拜谢了众仙,终于修成功德圆满的神仙。

## "人心不足蛇吞象"出自谁人之手

"人心不足蛇吞象",出自明代状元罗洪先。罗洪先(1504—1564年),字达夫,号念庵,江西吉水人,学者,地理制图学家。卒后赠光禄少卿,谥文庄。有

《念庵集》22卷、《冬游记》1卷传世。

罗洪先出身于官员之家，自幼勤奋读书，并立志将来要当学者。嘉靖五年（1526年），罗洪先考中举人；嘉靖八年（1529年）中状元，被授予翰林院修撰一职。嘉靖十八年（1539年），他担任廷官，因冒犯皇帝明世宗而被撤职，从此远离政治，潜心做了一名学者。

作为王阳明哲学的继承者和开拓者，罗洪先自从被罢归后，终日以著书讲学为主。曾讲学于岳麓书院。他专心考究王阳明心学、地图学，并广泛涉猎天文、地理、水利、军事、礼乐、典章、术数等领域，可谓无所不涉。

罗洪先

罗洪先一生奋发研究地理学等科学，亲自外出调查，并创立了地图符号图例，绘成《广舆图》一书，成为我国历史上最早的分省地图集。可以说，他是当时的东方世界里与墨卡托一样伟大的地图学家。此外，在文学方面，他也有一定的造诣。

##  王船山的湘西草堂有何特色

湘西草堂位于衡阳市衡阳县曲兰镇船山村，它占地2100平方米，建筑面积180平方米，建于清康熙十四年（1675年），因坐落在湘江之西而得名。它是我国明末清初著名思想家王船山（即王夫之）的隐居之地，现为全国文物保护单位、全国爱国主义教育基地、湖南省重点文物保护单位、衡阳爱国主义教育示范基地、湖湘文化基因库。

湘西草堂

湘西草堂院内环境清幽古雅，可谓茂林修竹、绿荫如盖。草堂中最大的特色，是其中生长的一棵古枫和一株古藤。古枫的树干粗大而弯曲，形状就像是一匹昂首前跃的骏马，王船山生前称其为"枫马"。古藤为王船山亲手所栽，其状盘旋上升，俗称"藤龙"，是目前发现的全国寿命最长的藤科植物。枫马、藤龙至今仍生机盎然，它们的奇异形貌被中外游客誉为"草

老湖南的趣闻传说

王夫之

堂奇观"。

草堂正厅面首挂着"湘西草堂"四字匾额，为赵朴初先生题写。厅堂内正面的墙上挂有王船山画像，以及自撰联："六经责我开生面，七尺从天乞活埋。"画像上面则挂着一些匾额，如清道光年间（1821—1850年）两江总督陶澍书写的"衡岳仰止"。厅堂内两侧的墙上挂有清代名人题写的楹联。正厅左边为住室，陈列着王船山的床铺、被席、书桌、七弦琴等复制品；右边正房为书房，陈列着王船山的部分著作，以及当代著名书画家撰写的条屏和楹联。

草堂附近的大罗山上有王船山墓，为光绪三十四年（1908年）衡永郴桂道道台谭启瑞修建，1981年进行了重修，主体占地100平方米。坟圈为青石砌成，正中立有汉白玉石碑，上刻"伟大思想家王而农先生之墓"。墓志铭曰："抱刘越石之孤愤而命无从致，希张横渠之正学而力不能企。幸全归于兹邱，故衔恤以永世。"旁边还有两副石刻对联，一曰"前朝干净土，高节大罗山"，一曰"世臣乔木千年屋，南国儒林第一人"。

王夫之（1619—1692年），字而农，号姜斋，衡州府城南王衙坪（今衡阳市雁峰区）人。他是湖湘文化的精神源头，也是中国朴素唯物主义思想的集大成者和启蒙主义思想的先导者，与黄宗羲、顾炎武并称为"明末清初三大思想家"。他同时还是世界上最著名的思想家、哲学家、史学家、文学家、美学家之一，与西方的黑格尔并称为"东西方哲学双子星座"。

顺治五年（1648年）清军南下时，王夫之曾在衡山县举兵阻击。后来见抗清复明之事不可为，遂于顺治十七年（1660年）定居在衡山下的石船山，并在此专心课徒著书。所以，世人称其为"船山先生"或"王船山"。康熙十三年（1674年），兵变后的吴三桂北上攻占了湖南全境，王夫之在实地考察了清军、吴军双方军事力量对比后，做出了继续归隐的选择。

王船山一生著述甚丰，共400余卷、800多万字，其中以《读通鉴论》《宋论》为代表作。他主张"经世致用"思想，坚决反对程朱理学。他的思想深刻影响了晚清重臣曾国藩、维新派人士谭嗣同和毛泽东等人。

##  长沙板仓因谁闻名

湖南省长沙市长沙县板仓乡，是杨昌济和她的女儿杨开慧的故乡，板仓乡也因为他(她)们而闻名于世。

**杨昌济**(1871—1920),名怀中,字华生,伦理学家、教育家。他曾两次参加乡试不中,后在家设馆授徒。1898年,他就读岳麓书院之时,加入了南学会,并积极宣传新学、新政,支持"戊戌变法"。变法失败后,他开始研究经世学问,并说:"吾无过人者,唯于坚忍二字颇为着力,常欲以久制胜。"他的这种坚忍精神,被学子们称为"达化斋法门",并竞相效仿。

1903年,杨昌济东渡日本留学,1909年又留学英国。1913年回国,先后在湖南省立高等师范学校、第四师范、第一师范、商专、一中等校任教。"新文化运动"爆发后,他积极支持这一思想变革,并努力宣传《新青年》的主张。1918年6月,应蔡元培之聘,执教于北京大学伦理学院。期间,他筹措经费给赴法勤工俭学的学生,并推荐毛泽东到北大图书馆工作,最后还促成了毛泽东与女儿杨开慧的婚恋关系。

1919年,五四运动时,杨昌济发表《告学生》一文,对青年表达了热切的期望,并和马叙伦等人发起成立北京大学哲学研究会。他十分关心毛泽东、蔡和森、萧子升等一批进步青年,还支持他们成立新民学会,并时常用自己平生的志愿鼓励他们:"强避桃源作太古,欲栽大木拄长天。"1920年1月17日,杨昌济因病于北京德国医院逝世。死后归葬于故乡板仓。因其世居板仓,后来被人们称为"板仓先生""杨板仓"。

杨昌济著有《达化斋日记》《杨昌济文集》等,译有《西洋伦理学史》等。他人格高尚、节操廉洁、治学严谨,深得毛泽东等学生的敬佩与爱戴,毛泽东后来称赞他是"给我印象最深的教师""一个道德高尚的人"。

**杨开慧**(1901—1930年),字云锦,号霞,杨昌济和向振熙之女、毛泽东第一任妻子,与毛泽东育有毛岸英、毛岸青、毛岸龙3个孩子。

杨开慧不满3岁时,父亲杨昌济便出国留学,她是在母亲的抚养下度过童年时光的。7岁时,入长沙第四十初级小学学习。1913年杨昌济从英国回国后,全家迁往长沙。在长沙居住期间,13岁的杨开慧第一次与毛泽东相识。

那时,毛泽东是杨昌济最欣赏的学生。而杨开慧由父亲指导,完全在家自学。并且自从迁居长沙直到杨昌济去世,她再没有入读过任何学校。每当毛泽东等学生来家向父亲请教时,她总

长沙板仓杨公庙

老湖南的趣闻传说

长沙板仓杨开慧纪念馆

是搬一个小凳坐在旁边,听他们谈论治学、做人、救国救民的话题。毛泽东和杨开慧逐渐熟悉后,像兄长一样照顾和爱护着她。

1918年,杨昌济任北大教授后,举家迁往北京。同年秋,毛泽东来北京看望老师杨昌济并在杨家小住。后来,毛泽东经恩师介绍在北大图书馆任助理员。在暂住杨家期间,毛泽东和杨开慧开始相爱。1920年,杨昌济病逝后,杨开慧随家回到湖南。同年冬天,在长沙市的船山书院内,杨开慧和毛泽东举行了简朴的婚礼。

1921年,杨开慧加入中国共产党,成为中国共产党第二个女党员。1921年,毛泽东任中共湘区委员会区委书记,杨开慧则担任区委的机要和交通联络员,成了毛泽东的助手。她一边要照料毛泽东的生活起居,一边还要经常秘密传送党的文件、指示等。1923年冬至1927年8月,她随毛泽东在上海、长沙、武汉、广州等地从事革命活动。

1927年,大革命失败。同年秋,毛泽东领导秋收起义后上了井冈山,从此与杨开慧断了联系。1930年11月,杨开慧因拒绝跟毛泽东断绝夫妻关系,在浏阳门外识字岭被国民党枪杀,年仅29岁。2001年,纪念杨开慧烈士100周年诞辰时,朱镕基总理亲题了"骄杨丽质,英烈忠魂"8字。2009年,在"100位为新中国成立做出突出贡献的英雄模范人物和100位新中国成立以来感动中国人物"评选中,杨开慧入选。

##  魏源为何被誉为"睁眼看世界的第一人"

魏源(1794—1857年),名远达,字默深、墨生、汉士,号良图,湖南邵阳县(今隆回县司门前)人,清代政治家、文学家、启蒙思想家,被誉为近代中国"睁眼看世界的第一人"。

清乾隆五十九年(1794年),魏源生于湖南邵阳。7岁时,跟随塾师刘之纲、魏辅邦学习,因刻苦读书常熬到深夜。母亲为了督促他按时作息,每夜必定时熄灯,但他等到父母睡熟后,又开始偷偷遮灯默读。9岁时应童子试,考官以画着"太极图"的茶杯提出"杯中含太极"的上联嘱对;他摸了一下怀中的两个麦饼,对出下联曰:"腹内孕乾坤。"这令考官大为吃惊。

魏源

嘉庆十五年（1810年），魏源考中秀才。嘉庆十六年（1811年）岁试补廪膳生。嘉庆十八年（1813年）考取选拔贡。嘉庆二十五年（1820年），举家迁往江苏扬州。道光二年（1822年），考中壬午科中式举人第二名。道光五年（1825年），受江苏布政使贺长龄之聘，辑成120卷的《皇朝经世文编》；此外还协助江苏巡抚陶澍办理漕运、水利等事，并撰《筹漕篇》《筹鹾差篇》《湖广水利论》等文。

道光九年（1829年），魏源与龚自珍应礼部会试，同时落第，因房考刘逢禄作《两生行》哀其事，从此龚魏齐名。后来，魏源捐了内阁中书舍人候补，由于内阁藏书丰富，为他博览群书提供了有利条件。当时，清政府政治腐败，社会动乱加剧，燃起了他的忧国忧民情怀。

道光十二年（1832年），魏源来到南京乌龙潭边，在此建了三进草堂，初名"湖子草堂"，后名"小卷阿"，此外，他还在潭边浅水处建了"宛在亭"。从此，他长年居住于此。其间，他与时任江苏巡抚的林则徐交往甚密。道光二十年（1840年），鸦片战争爆发，外国侵略中国的危机进一步激发了他的爱国热情。

道光二十二年（1842年），魏源完成了《圣武记》一书，叙述了从清初到当时的军事历史和军事制度。在该书中，他提出了自己的"人才论"观点："今夫财用不足国非贫，人材不竞之谓贫；令不行于海外国非羸，令不行于境内之谓羸。故先王不患财用，而唯亟人材；不忧不逞志于四夷，而忧不逞志于四境。官不材，则国祯富；境无废令，则国柄强。"

道光二十四年（1844年），魏源考中进士，先后任东台、兴化知县。在此期间，他一边改革盐政、筑堤治水，一边以林则徐编译的《四州志》为基础撰写成50卷的《海国图志》，后增补成为百卷本。该书内容极其丰富，涉猎面极广，囊括了几乎世界地理、历史、政治、经济、宗教、历法、文化、物产等各个方面。

在《海国图志》中，魏源探索了强国御侮、

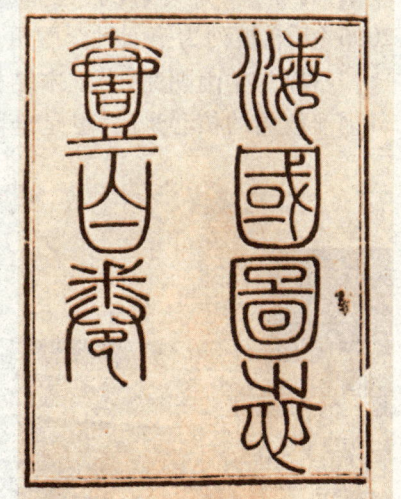

《海国图志》书影

匡正时弊和振兴国脉的道路，并且提出了"以夷攻夷""以夷款夷""师夷之长技以制夷"的观点，主张中国要向西方学习先进的造舰、火械等技术和军事制度。他号召"以甲兵止甲兵"，提倡创办民用工业，提出"变古愈尽，便民愈甚"的革新主张，成为实际上近代中国改良思想的前驱。正是因为此书的出版，魏源被称为近代中国"睁眼看世界的第一人"。梁启超曾在《中国近三百年学术史》中指出："《海国图志》之论，实支配百年来之人心，直至今日犹未脱离净尽，则其在中国历史上关系不得谓细也。"

咸丰元年（1851年），魏源任高邮知州。咸丰三年（1853），他完成了《元史新编》一书。此后，他弃官归隐，潜心向佛，取法名承贯。咸丰七年（1857年），卒于杭州东园僧舍，享年63岁。死后葬于杭州南屏山方家峪。

魏源一生著作等身，除《圣武记》《海国图志》《元史新编》外，还有《书古微》《诗古微》《公羊古微》《曾子发微》《子思子发微》《默觚》《净四土经》《古微堂诗文集》《高子学谱》《孝经集传》《孔子年表》《孟子年表》《小学古经》《大学发微》《两汉古文家法考》《论学文选》《明代兵食二政录》《春秋繁露注》《老子》《孙子》《吴子》等。

## 曾国藩故居位于何处

曾国藩故居，又名毅勇侯第，位于娄底市双峰县荷叶镇，总面积4万多平方米，主体建筑1万平方米，始建于清同治四年（1865年）。它是按中轴线对称分布的典型明清回廊式建筑群，颇具园林风格，主要建筑包括富厚堂、白玉堂、黄金堂、万年堂、大夫第（敦德堂、奖善堂）、修善堂、有恒堂、华祝堂、文吉堂等。2006年，它被列为第六批全国重点文物保护单位。

富厚堂坐南朝北，为土木结构，由曾国荃、曾国潢、曾纪泽主持修建。这是曾国藩故居的核心景区，也是全国保存无几的"乡间侯府"，现为全国重点文物保护单位、国家AAAA级旅游区、"新潇湘八景"之一。进入前大门，首先看到的是广宽的内坪，里面植有多种奇花异草。经坪中石板道可达中厅门，门上悬有曾国藩亲书的"富厚堂"3个红底金字匾额。

正堂是富厚堂的主体，分为前后2进。前厅为"八本堂"，厅

长沙曾国藩祠故址

内悬有匾额,为黑地金字,也是由曾国藩亲笔题写的。额下是曾国藩的"八本"家训,由其长子曾纪泽以隶书写成:"读古书以训诂为本,作诗文以声调为本,侍亲以得欢心为本,养生以少恼怒为本,立身以不妄语为本,居家以不晏起为本,居官以不要钱为本,行军以不扰民为本。"

中厅后面是神台,神龛造型为"五龙捧圣",上有曾纪泽书写的"曾氏历代先亲神位"匾额。神龛照壁上,有"肃雍和鸣"白地蓝字横匾,为同治二年(1863年)曾国藩自书。顶上悬挂着"勋高柱石"黑地金字横匾,为同治九年(1870年)皇帝御书钦赐。横匾两旁的墙上,还挂有御赐的"福""寿"2字直匾。

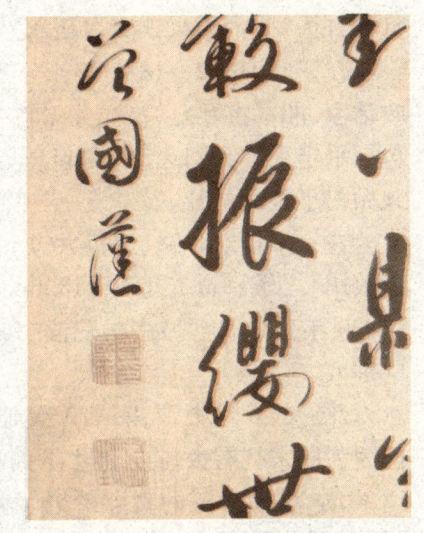

曾国藩书法

后厅两旁是正房,一为曾国藩夫人欧阳氏住室,一为长子曾纪泽夫妇住室。前面左大门是南厅,两侧有正房4间,为次子曾纪鸿夫妇住室;右大门是北厅,为曾纪鸿长子夫妇住室。后厅的南北两端还有3座藏书楼。南端有2座书楼,分别为曾国藩的公记书楼(求阙斋)和曾纪泽的朴记书楼,北端则是曾纪鸿的芳记书楼。书楼是富厚堂的精华所在,藏书曾达30多万卷,是中国近代最大、保存最完好的私家藏书楼之一。

曾国藩曾先后担任过两江总督、直隶总督,授"武英殿大学士""光禄大夫",加封"太子太保""一等毅勇侯",谥"曾文正公"。他辞官后,嘱托曾国潢、曾国荃按侯府规模主持营造了富厚堂。整个建筑历时10年建成,古朴大方而不显富丽堂皇,体现了曾国藩对建宅的意旨:"屋宇不肖华美,却须多种竹柏,多留菜园,即占去四亩,亦自无妨。"

富厚堂,原称八本堂,取自曾国藩"八本"家训,后曾纪泽按《后汉书》中的"富厚如此"一句改成现名。其实,关于富厚堂可否称为"曾国藩故居",历来有争议。文物部门认为,作为清代规模巨大的仿宋、明回廊式建筑群,富厚堂具有重要的历史、艺术价值。

##  左宗棠为何被誉为"晚清中兴四大名臣"之首

关于"晚清中兴四大名臣"有两个版本,一是左宗棠、曾国藩、李鸿章、张之洞,另一是左宗棠、曾国藩、胡林翼、彭玉麟。不管哪种说法,左宗棠都在其中,且被誉为"晚清中兴四大名臣"之首。

左宗棠(1812—1885年),字季高、朴存,号湘上农人,湖南湘阴人,军事家、政治家、湘军将领之一、洋务派首领之一。他一生经历了许多重要的历史事件,包括平定太平天国运动、发起洋务运动、镇压陕甘回变、收复新疆等,为晚清中兴做出了很大贡献。

左宗棠自幼聪颖,少负大志。他一边攻读儒家经典,一边则更多地学习"经世致用"之学。道光七年(1826年),14岁的他考中童子试第一名。道光十年(1830年),入长沙城南书院读书,次年入湘水校经堂。道光十二年(1832年)考中举人。

此后的6年中,左宗棠3次赴京参加会试,均不及第。他虽然失意于科场,但因为向来拥有大志向和才干而得到当时许多名流显宦的赏识和推崇。早在18岁时,城南书院的贺熙龄老师就对左宗棠这位弟子非常喜爱,后来还结成了儿女亲家。封疆大吏陶澍,曾主动提议让他唯一的儿子和左宗棠的长女订婚。林则徐对左宗棠也十分器重,称赞他是"非凡之才""绝世奇才",并认定他将来可"西定新疆",还特地将自己整理的新疆的资料全部交给了他。

**平定太平天国**:咸丰元年(1851年),太平天国起义爆发,左宗棠先后进入湖南巡抚张亮基、骆秉章府做幕僚。他为了展示才能,经常因一件小事与别人争吵,而成为重臣后,脾气却越来越小。诚如他自己所说:"穷困潦倒之时,不被人欺;飞黄腾达之日,不被人嫉。"

咸丰六年(1856年),左宗棠因功被命为兵部郎中。咸丰十年(1860年),在湖南招募5000人组成楚军。次年任浙江巡抚。同治元年(1862年),升为闽浙总督。同治三年(1864年),太平天国灭亡,论功封一等恪靖伯。

**平定回乱**:同治元年,陕西回民发动叛乱,宁夏同时也爆发了大面积回民民变。太平天国被消灭后,左宗棠率湘军开始平定回乱。同治五年(1866年),回军退守甘肃。同治十年(1871年),左宗棠进驻甘肃,当地回军领袖马占鳌投降,被编入清军。同治十一年(1872年),以白彦虎为首的回军退出青海,次年退到新疆,最后逃往俄国。自此,陕甘回变告终。

**平定新疆之乱**:同治三年,英、俄两国支持新疆割据纷争,局势一片混乱。同治十一年,左宗棠率师进驻兰州,准备收复新疆。为表示自

左宗棠

已平定叛乱的决心,左公携带棺材行军。光绪元年(1875年),左宗棠被授为钦差大臣,全权节制三军平叛。光绪三年(1877年),"阿古柏之乱"终告平息,新疆收复。事毕,他被诏封为二等侯爵。

**收复伊犁**:早在新疆叛乱时,沙俄就趁机侵占了伊犁。光绪六年(1880年),左宗棠建议朝廷与俄国会谈归还伊犁之事。为表示收复伊犁的决心,左宗棠当时称:"壮士长歌,不复以出塞为苦也,老怀益壮。"光绪七年(1881年),《中俄伊犁条约》订立,沙俄归还伊犁。光绪十年(1884年),新疆正式建省。

岳阳左宗棠故居

**中法战争**:光绪九年(1883年),中法战争爆发。次年11月,左宗棠组成"恪靖援台军",参加战争。这次反侵略战争,中国本可取得最后胜利,但由于清政府统治者的妥协,最后使得"中国不败而败,法国不胜而胜"。最后,双方签订《中法新约》。

当时,左宗棠对主和派李鸿章签订这样的条约完全不能理解,并作出"对中国而言,十个法国将军,也比不上一个李鸿章坏事""李鸿章误尽苍生,将落个千古骂名"的评价。李鸿章得知后恼羞成怒,并指使亲信陷害左宗棠的下属,致使他们失去兵权并丧命。左宗棠想上书朝廷鸣冤,但一个月后就在福州病故了,享年73岁。

##  中国近代第一位公使是谁

郭嵩焘(1818—1891年),字伯琛,号筠仙、云仙等,湖南湘阴城西人,湘军创始人之一、中国首位驻外公使。

道光十五年(1835年),郭嵩焘考中秀才,两年后中举人。道光二十七年(1847年),会试中进士,授为翰林院庶吉士。咸丰二年(1852年),曾国藩创办湘军,他成为曾国藩的得力助手。咸丰三年(1853年),因使湘军由劣势转为优势而得功授为翰林院编修。此后三年,郭嵩焘受曾国藩派遣专门筹饷,在途经上海时,他参观了外国人办的图书馆和外国轮船,并接触、了解了一些外国人和西方的情况,思想很受震动。

咸丰八年(1858年),郭嵩焘入值上书房。次年,郭嵩焘受命协助僧格林沁布置防务。此时,他将多年来对西方的思考写成奏疏呈递咸丰皇帝,提出"制御

郭嵩焘

远夷"的观点,主张先了解外国情况,然后仿制西式战舰以制夷。咸丰对此大感兴趣,并且召见了他询问具体方略。

同治元年(1862年),郭嵩焘先后授苏松粮储道、两淮盐运使。次年任广东巡抚,镇压境内的太平军残部。同治五年(1866),因与两广总督瑞麟不合而被罢官,后回原籍并讲学于长沙城南书院、思贤讲舍。

光绪元年(1875年),经军机大臣文祥举荐,郭嵩焘被授为福建按察使。这时,清政府正在筹议兴办洋务的方略,他将自己的主张写成《条陈海防事宜》上奏。他在奏疏中表达了自己的看法,只学习西方的坚船利炮不是根本之法,只有学习西方的政治和经济,发展中国的民族工商业才有出路。

同年2月,云南发生"马嘉理案",英国要求中国派遣大员赴英道歉。最后,清政府派郭嵩焘亲往。8月,郭嵩焘被正式授为出使英国大臣,他也因此成为了中国历史上的第一位驻外使节。消息一经传出,顽固派对其冷嘲热讽,甚至有无聊文人还编了一副对联讽刺他:"出乎其类,拔乎其萃,不容于尧舜之世;未能事人,焉能事鬼,何必去父母之邦。"当时只有李鸿章为他叫好:"当世所识英豪,与洋务相近而知政体者,以筠仙为最。"

光绪二年(1876年),郭嵩焘率副使刘锡鸿等30余人赴英,住在伦敦的大使馆。到达英国后,他专心考察英国的政治、教育和科技,访问专家学者,并潜心学习英语。其间,他还将考察心得和建议不断寄回国内。

光绪三年(1877年),为了能更好地保护华侨利益,他奏议清廷在华侨集中的各埠设领事。清廷接受了他的建议,并于第二年在新加坡、旧金山、横滨等地设立了领事馆。在英国,郭嵩焘两次上疏清廷要求严禁鸦片。此外,他建议总理衙门编纂《通商则例》作为处理外交事务时的参本,发给各省和各国驻华公使;他还接待了中国第一批海军留学生,并与严复等人建立了友谊。他在对外交往中不卑不亢,且能把握好分寸,因而在国外留下了良好印象,并被英人称誉为"所见东方最有教养者"。

郭嵩焘书法

同年7月，郭嵩焘与副使兼驻德公使刘锡鸿发生冲突，刘借鸡毛蒜皮之事故意对郭进行指责，此举得到了国内顽固派的响应，翰林院编修何金寿还参劾他有二心。郭愤然托病辞职。光绪五年（1879年），郭黯然回国。他蛰居乡野后，仍十分关心国家大事。光绪十七年（1891年），因病逝世，终年73岁。

##  中国变法流血的第一人是谁

"戊戌变法"是指1898年（农历戊戌年）以康有为为首的改良主义者所倡导的资产阶级政治改革运动。但这次运动终因遭到慈禧太后的强烈反对而告失败，前后历时仅103天，故又称"百日维新"。变法失败后，康有为、梁启超等人逃往国外，谭嗣同等6人被杀害，史称"戊戌六君子"。其中，谭嗣同是为变法流血的第一人。

谭嗣同（1865—1898年），字复生，号壮飞，湖南浏阳人，近代著名的资产阶级政治家、思想家。他认为中国只有发展民族工商业，学习西方政治制度，才能强盛起来；并提出了"废科举、兴学校、开矿藏、修铁路、办工厂、改官制"等变法主张。主要代表性著作有《仁学》《寥天一阁文》《莽苍苍斋诗》《远遗堂集外文》等。

谭嗣同自幼学习刻苦，10岁时拜学者欧阳中鹄为师。他博览群书，尤其喜读顾炎武提出的"经世致用"学问。他很有文章才华，但对八股文非常反感。因其仰慕草莽英雄，当时曾和北京的"义侠"大刀王五结交，并成为生死挚友。

1877年，他师从涂启先，系统学习中国典籍，并开始接触自然科学如算学、格致等，后又到兰州他父亲的道署中读书。1884年，他开始四处游历，足迹遍布甘肃、新疆、河南、湖北、江西、浙江、山西等多省，并在途中广交名士。

1888年，在学者刘人熙的指导下，他开始认真研究王夫之等人的著作，并广泛阅读当时介绍西方情况的书籍。1895年5月2日，康有为、梁启超等1000多名举人联名上书清政府，要求拒绝签订《马关条约》，并实行迁都和变法。这次政治事件，被称为"公车上书"。

1897年夏秋间，谭嗣同写成《仁学》一书，成为维新派的第一部哲学著作。他在该书中指出，世界万物处于不断运动和变化之

谭嗣同

谭嗣同家书

中，万物的发展法则是"仁—通—平等"，这是不可抗拒的规律。此外，他还在书中抨击了封建君主专制和"三纲五常"。

1898年初，他应倾向于维新的湖南巡抚陈宝箴之邀，回湖南时务学堂办新政。他加强了学堂中的维新派力量，安排唐才常任中文教习，并亲任分教习协助任总教习的梁启超。在教学中，他大力宣传变法理论，向学生们灌输革命意识，使学堂成了真正培养维新志士的机构。3月，他和唐才常等人又创建了南学会，并创办《湘报》作为南学会的机关报，并由他亲任主笔。自此，他以"新政人才"而著称。

变法开始后，谭嗣同受到光绪帝召见。9月5日，光绪帝授给他和林旭、刘光第、杨锐四品官衔，命其参与新政。光绪帝实行变法的决心及对维新派的信赖，使谭嗣同等人非常感动。18日，谭嗣同夜访袁世凯，请其带兵入京除掉顽固派。袁表面上假惺惺地表示同意，但暗中却向荣禄告密。

21日，慈禧太后发动政变，谭嗣同得知后置自己的安危于不顾，企图营救光绪帝，但计划均告落空。最后，他决心以死来殉变法事业。当时，日本使馆派人来向他表示，说能为他提供"保护"，但他毅然拒绝，并对来人说："各国变法无不从流血而成，今日中国未闻有因变法而流血者，此国之所以不昌也。有之，请自嗣同始。"

24日，谭嗣同被捕。在狱中时，他曾赋诗明志："望门投止思张俭，忍死须臾待杜根。我自横刀向天笑，去留肝胆两昆仑。"28日，在北京宣武门外菜市口，他与其他5位维新志士英勇就义。临刑前，他神色不变，在刑场上大声说道："有心杀贼，无力回天，死得其所，快哉！快哉！"1899年，他的遗骸被运回湖南原籍，葬于浏阳城外的石山下。

## 谭嗣同故居、谭嗣同祠位于何处

**谭嗣同故居**：即"大夫第官邸"，位于浏阳市城关镇北正路，是谭嗣同曾经生活过的地方，现为全国重点文物保护单位。谭嗣同的父亲谭继洵，考取进士后在京为官。后来，谭继洵买下了始建于明末清初的周家祠堂作为私第，因其官位显赫,皇上下令赦封其宅院为"大夫第官邸",简称"大夫第"。

谭嗣同故居坐西南朝东北,为砖木结构,占地约10 000平方米,建筑面积约1200平方米。故居的布局,整体可概括为"深三进,广五间,三栋二院一亭"。前栋面阔5间,为2层硬山顶。中堂、后堂之间有一过亭,基本保存完整。5间西房中的北套间,就是谭嗣同的书斋,其自题名曰"莽苍苍斋"。书斋有一副门联,上联为"视尔梦梦,天胡此醉",下联为"于时处处,人亦有言"。

谭嗣同故居的建筑有一个特点,就是除厅堂、过道以青砖和卵石铺就外,所有房间都

浏阳谭嗣同故居

以木地板装饰地面,且卧室的木地板颜色还不一致。建筑不仅装饰精巧、富丽堂皇,更因谭嗣同而著名。谭嗣同生于北京,15岁时第一次回到祖居地浏阳,并住在"大夫第"内,直到17岁时离开这里。1890—1897年,他又多次回到浏阳"大夫第",并在此会友并商议国策,以图寻求救国之道。谭嗣同殉难后,其夫人李闰一直居于"大夫第",在此度过了晚年。

**谭嗣同祠:**也称谭嗣同专祠、谭嗣同烈士纪念馆,位于浏阳市才常路89号,与谭嗣同故居毗邻。谭嗣同祠坐北朝南,为砖木结构,有二栋一亭,始建于1913年。当时,刘人熙(谭嗣同老师)呈请民国政府褒奖谭嗣同,时任中华民国大总统的袁世凯和内阁总理唐绍仪颁布了褒奖令。同时,浏阳知事公署划出了浏阳城西的一块空地,用来建祠。而谭嗣同夫人李闰为了筹集款项,还变卖了一些地产和自己的首饰。

现在,这里是湖南省省级文物保护单位、湖南省第一批爱国主义教育基地,里面设有"谭嗣同生平事迹陈列展"和"戊戌变法纪念展",包括50多幅照片和谭嗣同所用过的菊花石砚、毛笔等实物,以及梁启超题写的"民国先觉"(原件)横匾和康有为书写的挽联(复制品)。

## 黄兴对近代革命有何突出贡献

黄兴(1874—1916年),原名黄轸,字克强、廑午,号庆午、竞武,湖南省长沙府善化县高塘乡(今长沙县黄兴镇凉塘)人,近代资产阶级革命家、中华民国开国元勋。他还是孙中山先生的第一知交,与孙中山并称为"孙黄"。黄兴对近代

革命的贡献表现在,辛亥革命从酝酿、准备到发动再到最后的胜利,以及失败后再次斗争,他都亲自参与其中并发挥了重要作用。

1874年,黄兴生于长沙的一个名门望族,早年曾系统地接受过传统儒家教育。1893年,他入长沙城南书院读书。黄兴本不热心功名,他去应考秀才前对亲友表示,读书是为了求真学问,而应试只因母命不可违。这时的黄兴已表现出强烈的爱国情怀,也对科举制度不满。1895年(22岁)考中秀才。

1898年,黄兴被调入长沙湘水校经堂学习,后又被调入武昌两湖书院深造。他喜好军事,课余时间曾请日本军官为他讲授军事课程。此外,他每天清晨必坚持练习骑马、射击,这为他日后领导起义准备了良好条件。1901年(光绪二十七年),他于武汉两湖书院毕业。次年春,湖广总督张之洞选派赴日留学生,他被选中后进入日本的东京弘文学院师范科学习。

在日本期间,黄兴的思想经历了从改良到革命的变化过程。光绪二十九年(1903年),为对沙俄侵占我国东北表示抗议,他与200余名同学组织了拒俄义勇队,后改称学生军、军国民教育会。同年回国,在家乡长沙,他与陈天华、宋教仁等20余人发起成立革命团体——华兴会,并被公推为会长。

随后,他开始联络会党,拟定乘慈禧太后70岁生日时(1904年)在长沙发动起义。最后,事情泄露,他被迫逃亡日本。光绪三十一年(1905年),他在日本结识了资产阶级民主革命先行者孙中山先生,大力支持孙中山筹组了革命组织——同盟会,并担任同盟会庶务,成为同盟会里仅次于孙中山的领袖人物。随后,他在发展革命分子和组织武装起义上,倾注了主要精力。当时,他亲自掌握着留日陆军学生的入会工作,并从中选拔了一些坚定分子组成"丈夫团",以期为日后的武装起义做好准备。

黄　兴

1907年(光绪三十三年),黄兴来到了越南的河内,其间他先后参与、指挥了多次起义,如钦州、防城起义,镇南关起义,钦州、廉州、上思起义,云南河口起义等,但均告失败。1909年(宣统元年)秋,他受孙中山之托在香港成立了同盟会南方支部,并计划于次年发动广州起义,但这次起义仍以失败告终。

1910年10月,在南洋槟榔屿(今马来西亚),他与孙中山等人集会,会议决定将集中全部力量在此发动广州起义。1911年春,广州起义领导机关统筹部在香港成立,他担任部长。4月27日,广州黄花岗起义爆发,他亲率百余人的敢死队，攻入两广总督衙门，但总督张鸣岐早已闻风而逃。后与清军在巷内遭遇，展开激战，敢死队中有多人牺牲，黄兴的右手也负了伤，最后逃回香港。黄花岗起义又告失败。

10月10日，武昌起义爆发。黄兴于11月3日来到汉口，被湖北军政府拜为将军。11月13日，他就任战时总司令，亲赴前线指挥督战武汉。尤其在阳夏战役中，他与清军激战相持1月，为各省独立赢取了宝贵时间，奠定了革命胜利的基础。

1912年，南京临时政府成立，黄兴任陆军总长。袁世凯窃取革命果实后，他继续留守南京，后退居上海。8月，国民党成立，他任理事。1913年7月，孙中山兴师讨袁，二次革命爆发。

长沙步行街黄兴雕像

14日，他被推为江苏讨袁军总司令。事情失败后，逃往国外。1915年，袁世凯称帝，他为云南讨袁护国军筹措军饷，后回国。1916年病逝于上海。

##  宋教仁为何被孙中山称为"宪法流血的第一人"

宋教仁（1882—1913年），字遁初，号渔父，湖南桃源（今常德市桃园县）人。中国资产阶级民主革命先行者之一，中华民国的主要缔造者之一，中华民国临时政府唐绍仪内阁的农林部总长，国民党主要筹建人之一，民国初期第一位倡导内阁制的政治家。

宋教仁

宋教仁6岁时入私塾读书，17岁时入桃源漳江书院学习。光绪二十八年（1902年），考入武昌普通中学堂。在校期间，他常与同学议论时政，并开始走上反清革命道路。同年8月，在武昌结识黄兴，从此成为挚友。不久，因反清言论被驱逐出武昌，随后回到湖南。

光绪三十年（1904年），华兴会在长沙成立，宋教仁任副会长。12月13日，他来到日本，同盟会在东京成立后，成为同盟会主要领导人之一。1910年底，他从日本回国，抵达上

宋教仁对联手迹

海。后任《民立报》主笔,开始撰写大量宣传革命的文章,笔名"渔父"。1911年7月,与谭人凤、陈其美等人组成同盟会中部总会,在上海发展革命势力。

民国二年(1913年)初,宋教仁任国民党代理理事长,成为当时国民党的实际掌权者,开始在上海、杭州、南京等地视察党务。其后,在中华民国国会大选中,国民党大获全胜,成为国会最大党。作为党首的宋氏,政治前途可谓如日初升,其所到之处,广受欢迎。但宋随时随地也不忘推广宪政理念,想遵循欧洲"内阁制"惯例,先制宪,后依法选举总统。

3月20日22时45分,打算北上参加竞选的宋教仁,在上海火车站被杀手刺杀。当时,凶手开枪后逃逸,子弹从后背射入他的体内。在火车站为他送行的黄兴、于右任等人,随即将其送往沪宁铁路医院急救。

在医院里,宋教仁向于右任留下了3条遗嘱:"一、所有在南京、北京及东京寄存之书籍,悉捐入南京图书馆;二、我本寒家,老母尚在,如我死后,请克强(黄兴)与公及诸故人为我照料;三、诸公皆当勉力进行,勿以我为念,而放弃责任心。我为调和南北事费尽心力,造谣者及一班人民不知原委,每多误解,我受痛苦也是应当,死亦何悔?"此外,他还授意黄兴代拟电报给袁世凯,讲了自己的中弹经过和革命生涯。

其后,医院为宋教仁做了手术,但其情况并未好转,最终于22日凌晨4时48分不治而亡,年仅32岁。事后,警方经追查确认凶手为武士英,并牵涉出内阁总理赵秉钧、青帮大佬应桂馨和内务府秘书洪述祖等人,但幕后凶手是否为袁世凯,至今仍有争论。这就是震惊中外的"宋教仁案"。

"宋教仁案"发生后,孙中山作出了第一反应。21日,正在访问日本的孙中山立刻中止行程并回国,最后于25日抵达上海。当天晚上,国民党高级干部会议在黄兴家中召开。孙中山在会上表示,"若有两师兵力,当亲率问罪",甚至不无激愤地说道:"事已至此,只有起兵,因为袁世凯是总统,总统指示暗杀,则断非法律所能解决,所能解决者,只有武力。"

后来,孙中山为宋教仁题写挽联曰:"作公民保障,谁非后死者;为宪法流血,公真第一人。"章太炎在报纸上评点说,孙中山只有"元老之才""至于建制内阁,仆则首推宋君教仁,堪为宰辅""谓总理莫宜于宋教仁"。蔡元培在《我之历史》一书的序言里写道:"(同盟会)其抱有建设之计划者居少数。抱此计划而毅然以之自任者尤居少数,宋渔父先生其最著也。"

## 熊希龄有何传奇

熊希龄(1870—1937年),字秉三,号明志阁主人、双清居士,晚年佛号妙通,湖南省凤凰县镇竿镇(今沱江镇)人,中国资产阶级政治家、民国第一任民选总理。

清同治九年(1870年),熊希龄生于湖南凤凰县一个军人家庭。他天生聪慧,自幼勤奋好学,少年时已初露锋芒,被誉为"湖南神童""熊凤凰"。他的父亲熊兆祥有感于自己为军人出身,因此一心想让自己的儿子熊希龄读书成才,好光耀门庭,所以对其家教甚严。

光绪十年(1884年),年仅14岁的熊希龄考中秀才。光绪十四年(1888年),朱其懿任沅州太守,决意从振兴本地教育着手,并于次年落成沅水校经堂。该校为新型书院,以"实学课士"为宗旨。熊希龄进入该校学习后,眼界大开,除经史学问有长足进步外,他对历史、地理等也特别钟情,这为他以后建功立业奠定了基础。

光绪十六年(1890年),熊希龄在湖南学政按试沅州中名列第一,后被调入长沙的湘水校经书院继续深造。光绪十七年(1891年),在本省乡试中,他位列第19名,一时誉满三湘。当时,阅卷官写给他的评语道:"边楚蛮荒,前无古人,才华之高,乃三湘有为之士。"光绪二十年(1894年)高中二甲进士,被授为翰林院庶吉士。

光绪二十一年(1895年),爱才心切的朱其懿,为自己同父异母的妹妹朱其慧和爱徒熊希龄牵线,使其结为连理。朱其慧十分贤淑,成为熊希龄一生的知心伴侣。然而,就在同一年,甲午中日战争爆发了。在亡国灭种的紧急关头,熊希龄感慨地说:"国家都要灭亡了,读书有什么用?"不久,中日海战以清政府签定丧权辱国的《马关条约》而告终。从此,熊希龄从迷梦中惊醒,转而投笔从戎。

光绪二十二年(1896年),熊希龄给张之洞上书,强烈要求变法维新,随后被张委为两湖营务处总办。其间,他写成《军制篇》,主张

熊希龄

凤凰古城熊希龄故居

改革军制,以增强清军战斗力,时人誉其为"中国改革新军的嚆矢",但最终也泥牛入海。同年秋,他被湖南巡抚陈宝箴挖到湖南效力,从此加入了湖南维新运动的阵营。

当时,熊希龄等人打算在湖南建立枪械厂,经过反复沟通和交涉,他从两江总督刘坤一手里要来一些枪支弹药,但最终流于破产,不过还是为湖南编练新军打下了很好的基础。随后,他又将工作重心转入了实业。他成立了"宝成善制造公司",发展湖南内河航运,并抵制了西洋势力的进入。另外他还积极勘察、开采湖南省矿产资源,并力争将粤汉铁路改道湖南而不是江西。自此,他在军事、实业方面的才干得到了官场的初步承认。

光绪二十三年(1897年),蒋德钧提出在湖南兴办时务学堂,熊希龄负责具体事务。这次,他又从两江总督刘坤一那里筹集到了办学经费,还聘请梁启超、李维格等为教习。后来,熊希龄创办了《湘报》,成为湖南最早的报纸。光绪二十四年(1898年),因其锐意维新的行为引起湖南守旧派的忌恨,最终被免去学堂总理职务。变法失败后,他被指为康梁党徒,受到"永不叙用"的处分。

1912年,熊希龄出任中华民国唐绍仪内阁财政部长。1913年当选民国第一任民选总理,但因反对袁世凯复辟,被迫辞职。宦途受挫后,他转向了慈善和教育事业。1917年,他被特派督办京畿一带水灾河工善后事宜。1918年在北京成立香山慈幼院,专门培育人才。1925年任长沙六中校董会董事长。1928年任国民政府全国赈济委员会委员。1931年"九·一八"事变后,他投入了抗日救国活动。1937年抗战爆发后,赴香港为难民、伤兵募捐。12月25日,在香港因病辞世,享年68岁。

##  黄公略为何被誉为"飞将军"

黄公略(1898—1931年),原名黄汉魂,字公略,湖南省湘乡市桂花乡人,中国共产党早期领导人之一。

黄公略少年时性情刚烈,经常惹出事端。后来,父亲对他说:"你脾气暴躁,只能做绿林好汉,当不了大英雄。"这令黄汉魂羞愧难当,此后他更名黄石,发誓以张良为楷模。17岁时,他离开家乡至长沙投奔湘军。在湘军中,他遇到了彭德怀。1927年初,黄公略通过黄埔军校考试,被高级班录取。这一年,大革命陷入低潮,但他毅然加入了中国共产党,并参加了广州起义。

1928年2月,他从黄埔军校毕业,并由时任团长的彭德怀推荐为随营学校副校长。8月24日,起义部队改编为红五军,他任四团党代表。月底,红五军向井冈山进发。9月,红五军与各县游击队混编为5个纵队,黄公略任第二纵队纵队长。其后,由他统一指挥红五军一、二、三纵队,保卫和发展湘鄂赣根据地,成为根据地的最高军事首长。在包围与反包围的实践中,他创造、总结出了一些游击战术,并将其写成《游击战术》小册子,印发给军中的广大将士。据考证,这本小册子是红军历史上第一部研究、阐述游击战术的军事著作。

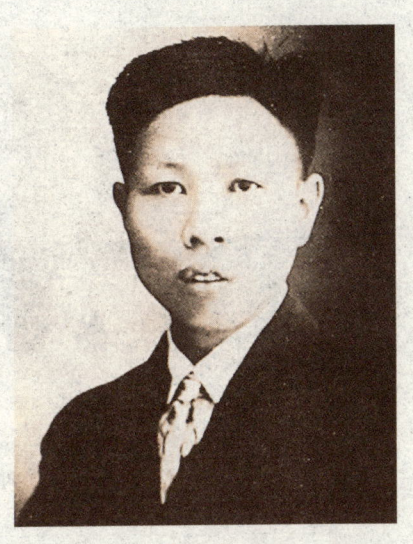

黄公略

1930年,黄公略展开部队整训工作,他将地方武装提升为正规红军,并在战斗中由游击战转向运动战。2月,朱、毛率红四军来到赣西南,毛泽东随后提出了"傍着发展的工作路线",就是红军要依靠已有的根据地波浪式向外发展。黄公略按照总前委的决定,不断开辟新的红色区域,有力地拱卫了中央苏区。当时,毛泽东对黄公略的业绩大加赞赏,并在《蝶恋花·从汀州向长沙》一词中写道:

六月天兵征腐恶,万丈长缨要把鲲鹏缚。赣水那边红一角,偏师借重黄公略。

百万工农齐踊跃,席卷江西直捣湘和鄂。国际悲歌歌一曲,狂飙为我从天落。

6月,中央军委统一红军编制,黄公略任红四军军长,林彪、伍中豪分别任红三军、红十二军军长。因为他们3个人都曾就读于黄埔军校,并且年轻有为,所以被党内称为"朱毛"麾下的"军中三骁将"。

1931年4月,蒋介石集结20万兵力向中央苏区发起第二次"围剿"。5月14日,在白云山指挥部,毛泽东当面对黄公略、林彪和彭德怀部署了任务:"黄公略的红三军、林彪的红四军负责攻打正面,彭德怀的军团全部用来打包抄,腹背夹击,敌人一定会垮下来。"5月15日子时,各军按指令快速挺进。

凌晨时分,毛泽东亲自赶到红三军军部。毛泽东和黄公略2人经过商量,

湘乡黄公略故居

决定改变原定行军路线。5月16日,国民党公秉藩军在谷底遭遇红军埋伏,一支万人之师很快被歼灭。这本是一场阻击战,可黄公略却巧妙地将它演变为了伏击战,并以迅雷不及掩耳之势打乱了敌军指挥系统,立下了头功。尤其是他率军从天而降的英姿,给观战的毛泽东留下了深刻印象。毛泽东遂赠给他和红三军"飞将军"的美誉,并将其写入《渔家傲·反第二次围剿》一词:

白云山头云欲立,白云山下呼声急,枯木朽株齐努力。枪林逼,飞将军自重霄入。

七百里驱十五日,赣水苍茫闽山碧,横扫千军如卷席。有人泣,为营步步嗟何及!

然而不久,蒋介石带领30万大军向中央苏区发动第三次"围剿"。9月15日,方石岭战斗胜利后,黄公略率红三军走在行军途中。此时,3架敌机突然对红三军开始疯狂扫射,黄公略指挥机枪对着空中还击。不幸的是,他当场中弹牺牲,年仅33岁。第二天下午,毛泽东在兴国莲塘村亲自主持了黄公略的追悼会,并题写挽联高度评价了黄公略的一生:

广州暴动不死,平江暴动不死,如今竟牺牲,堪恨大祸从天降;
革命战争有功,游击战争有功,毕生何奋勇,好教后世继君来。

##  何叔衡的故居位于何处

何叔衡故居,位于长沙市宁乡县沙田乡杓子冲,占地约2600平方米,是一所普通农舍,始建于清乾隆五十年(1785年)。1972年后,故居经过多次修缮,并复原了何叔衡及其父母的住房和书房等。2013年,它被列入"第七批全国重点文物保护单位"名单。

故居坐东朝西,平面布局呈方形,共有正房、左右厢房23间。屋前有田园和小塘,屋后是崇山峻岭。房屋均为土木结构,小青瓦屋面,院墙由土砖泥筑成。平头槽门上悬着"何叔衡烈士故居"匾额,为廖沫沙题字。门内有长35米、宽23米的地坪,经过地坪即到正堂屋。正屋为双页木门,方格窗,檐下还附设走廊,中辟天井。

何叔衡(1876—1935年),谱名启璇,学名瞻岵,毕业于湖南省立第一师范,无产阶级革命家。1914年,他在长沙结识毛泽东,二人成为挚友。1918年4月,他与毛泽东、蔡和森等在长沙成立了新民学会,曾任执行委员长。1920年,他又与毛泽东等发起成立俄罗斯研究会,并参加长沙共产主义小组。

何叔衡

1921年7月,何叔衡与毛泽东代表长沙小组在上海出席中共一大。会后,任中共湘区委员会委员。1927年5月21日,"马日事变"发生,此后他开始在上海创办地下印刷厂,做党的地下工作。1928年,与徐特立、吴玉章、董必武、林伯渠等赴苏联莫斯科中山大学,并被编在特别班学习。

1930年7月,何叔衡回国,任共产国际救济总会和全国互济会主要负责人。当时,他一边营救被捕同志,一边组织革命者去苏区。1931年11月,何叔衡赴中央苏区,与毛泽东等参加中央的领导工作,先后担任中华苏维埃共和国中央执行委员、工农检查人民委员、内务部代理部长和中央政府临时法庭主席等职。

其后,由于"左"倾错误统治中央,何叔衡被撤销了全部职务。1934年10月,"左"倾冒险主义致使中央苏区在第五次反"围剿"中遭到失败,中央红军主力开始长征,何叔衡坚持留在中央根据地打游击战。1935年2月24日,在从江西转移福建的行军途中,壮烈牺牲,终年59岁。

##  雷锋故里位于何处

雷锋(1940—1962年),原名雷正兴,长沙市望城区人,中国人民解放军战士、伟大的共产主义战士。

1940年,雷锋出生于一个贫农家庭。3岁时,他的爷爷雷新庭被地主活活逼死。5岁时,他的父亲雷明亮遭到国民党和日寇毒打,因没钱治病,不久就去世了。因为家里穷,他的哥哥雷正德12岁时就去当了童工,后来由于染上肺结核而不幸去世。1947年,雷锋的母亲因受到地主凌辱而悬梁自尽。雷锋从此沦

雷 锋

为孤儿，在其六叔公、六叔奶奶的拉扯下，艰难地活了下来。

1949年，长沙解放，雷锋进入小学读书，并加入了中国共产主义少年先锋队。1956年，他小学毕业后即参加工作，先后干过通信员和公务员。1957年2月，他进入团山湖农场工作，并加入中国共产主义青年团。1958年11月，18岁的他来到鞍钢参加工业建设。他先后在沩水工程指挥部、团山湖农场和鞍钢当拖拉机手和推土机手，因为工作出色，多次被评为"红旗手""劳动模范""先进生产者""社会主义建设积极分子"。

1960年1月，雷锋参加中国人民解放军。同年11月加入中国共产党。在部队的2年零8个月内，他热爱集体，关心战友和群众，并身体力行"毫不利己、专门利人"的精神。他把自己节省下来的钱送给家庭困难的战友，寄给受灾人民，还经常在节假日和休息时间到附近去为人民服务。因为他在部队中表现良好，曾荣立1次二等功和3次三等功，被评为"模范共青团员""节约标兵"，并被授予中士军衔，还被称为"毛主席的好战士"。

1962年8月15日，雷锋在执行公务时因公殉职，年仅22岁。他殉职后，几万人拥到部队，想见他最后一眼。当时，原本准备在部队举行的追悼会，因为要求参加的群众太多，不得不改成全市公祭，抚顺市委书记还捐出了他为母亲备办的寿材。最后，10万人为雷锋洒泪送行，将其灵柩一路护送至当地的烈士陵园。

1963年3月5日，毛泽东发出"向雷锋同志学习"的题词，全国掀起学习"雷锋精神"的热潮。此后，我国把3月5日定为"学雷锋纪念日"。1966年，湖南省、市政府在雷锋家乡建雷锋纪念馆，并于1968年落成开放。1984年，雷锋故里安庆乡更名为雷锋镇。1990年，"雷锋叔叔永远和我们在一起"塑像在荷叶坝小学（雷锋母校）建成，2002年被列为湖南省重点文物保护单位。

##  齐白石有何杰出艺术贡献

齐白石（1864—1957年），名璜，字渭生，别号白石、白石山翁等，湖南湘潭人，20世纪国画艺术大师，"中国20世纪十大杰出书法家"（吴昌硕、林散之、康有为、于右任、毛泽东、沈尹默、沙孟海、谢无量、齐白石、李叔同）之一，世界文化名人。

清同治二年（1864年），齐白石出生于湘潭县白石铺杏子坞。他从小家境贫寒，只有短暂的私塾读书经历。16岁（1878年）时，师从周之美学木工，因雕花手艺好而闻名。26岁（1888年）转而学画像，师从民间艺人萧芗陔、文少可。27岁（1889年）开始习诗文书画，以胡沁园、陈少蕃为师。在得到胡的帮助后，他不再做木工，而是专心习画，以为人做肖像养家。

37岁（1899年）起，齐白石从师于硕儒王闿运习诗文，并先后和王仲言、杨度等人结为师友。同年，他的第一套印谱《寄园印存》刊印。38岁（1900年）时佃居于梅公祠，自称"百梅书屋"，并在院内盖一小屋，自称"借山吟馆"。从此致力于绘画和作诗。40岁（1902年）时应夏午诒之邀，赴西安教授绘画。同年转变画风，走上了写意画道路。

41岁（1903年），由西安到北京，后又到上海，最后回湖南。这是他人生中"五出五归"的第一次远游。42岁（1904年）时，随王闿运外出游历。同年刊印《白石草衣金石刻画》。43岁（1905年）时赴广西游历，结识蔡锷和黄兴。47岁（1909年）时结束远游生活。其后在老家建了"寄萍堂"，潜心于吟诗作画，从此开始了8年的山居生活。

55岁（1917年）时，在北京结识陈师曾、姚茫父等，其中陈师曾对晚年齐白石的绘画产生了极大影响。57岁（1919年）时与胡宝珠结婚，从此定居北京。60岁（1922年）时，好友陈师曾在日本开中国画展览会时展出了齐白石画作，并且全部以高价售出。63岁（1925年）时，梅兰芳拜其为师学画。

65岁（1927年）时受林风眠之邀，执教于北平艺术专科学校。66岁（1928年）印行《白石诗草》（手写本影印）《借山吟馆诗草》，71岁（1933年）印行《白石诗草》（八卷铅印本）。74岁（1936年）游历四川，与黄宾虹相识。84岁（1946年）时，恢复卖画刻印。

87岁（1949年），新中国成立，任中央美术学院名誉教授。88岁（1950年）被聘为中央文史馆馆员。同年参加北京的"抗美援朝书画义卖展览会"，并为《人民日报》画《和平鸽》。90岁（1952年）时，为北京亚太地区和平大会作《白花与和平鸽》，同年还创作多幅名为《和平胜利》《和平万岁》的作品。

91岁（1953年1月7日），"齐白石91岁生日庆祝会"举办，周恩来亲自出席晚宴，北京文化艺术界有200余人参加，文化部授予他"中国人民杰出的

齐白石雕塑

齐白石画作

人民艺术家"称号。同年任北京中国画研究会主席,并当选为中国美术家协会第一任理事会主席。

92岁(1954年),在故宫博物院,中国美术家协会为他举办"齐白石绘画展览会"。93岁(1955年),与陈半丁、何香凝等14位画家,为世界和平大会合作巨幅《和平颂》。同年,民主德国艺术科学院授予他通讯院士荣誉状。94岁(1956年)4月27日,世界和平理事会授予他国际和平奖金。95岁(1957年)任北京中国画院名誉院长。同年9月16日,于北京逝世。22日上午,周恩来等参加了为其举行的公祭。1963年,在齐白石诞辰100周年纪念之际,世界和平理事会推选他为"世界文化名人"之一。

齐白石绘画的最大特色,就是一生不搞妄作,对于他从没见过、没研究过的东西,他不画。崇尚自然是其绘画的第二大特色,因此他的绘画题材大都极普通,为平民百姓所熟悉。他著有《借山吟馆诗草》《白石诗草》《白石印草》《白石老人自传》等,绘画代表作有《蛙声十里出山泉》《墨虾》等。

##  任弼时故居位于何处

任弼时故居,也称"任家新屋里",占地面积3800平方米,位于岳阳汨罗市弼时镇。任弼时自出生后,在此度过了童年和少年时代。故居坐东朝西,是典型的江南院落民居,始建于清末,为上下3进2偏屋1罩厅的格局。

故居北面和西面砌有土坯围墙,院内松柏、竹林茂盛。大门前有半圆形池塘,水面约600平方米;门上挂有黑底金字匾额,1980年由邓小平手书。房屋共37间,占地面积1204平方米。房顶覆以青瓦,地面为三合土,墙壁上部为土坯,下部为青砖。

正房4间,窗户和偏屋的一样,采用的是回纹窗格和透雕人物、花鸟图案。前进堂屋陈列有任弼时胸像,两边墙壁上挂着毛泽东等人的亲笔题词。其中,毛泽东的题词为"任弼时同志的革命精神永垂不朽"。二进堂屋的中厅,挂有"浩气长存"巨匾,为赵朴初手书。三进的正厅设了纪念室,挂有任弼时遗像。上进堂屋的正中,摆有任氏神龛位,两边各有一把太师椅。

堂屋北边有 6 间房屋,是当时任弼时一家的生活用房。在任弼时的住房内,还复原陈列着他使用过的东西,包括床铺、茶桌和课桌等。在其父母的住室里,陈列有床铺、大柜、书桌、茶桌、纺车等。在其夫人陈琮英的住室里,陈列有床铺、大柜、茶桌。另外,火房、厨房和餐厅里均陈列着各种炊具和用具。北偏房上首是家族的蒙学馆,

岳阳汨罗任弼时纪念馆

称作"时中馆",里面设有 10 多张旧课桌;下首是农具屋和杂屋,里面放有犁、耙、风车、筛子,等等。故居南边是其邻居的住房,现在也被辟为陈列室,用来陈列展览任弼时的生平事迹。

故居现为全国重点文物保护单位,里面保存、陈列有 146 件任弼时生前使用过的文物。1988 年,南面堂屋被改建为 4 间陈列室,分 6 部分简要概括了任弼时的一生,即"忧国忧民探求中国革命真理""反帝救亡领导革命青年运动""西征北上夺取长征胜利""坚持抗战宣传党的正确路线""竭尽心力参与党中央重大决策""骆驼精神在人民心中永放光芒"。

在任弼时故居内,还建有"任弼时纪念馆"。纪念馆面积达 8 万平方米,由 4 部分组成,即展览区、纪念区、服务区和休闲区。其中,展览区占地 1200 平方米,里面陈列有实物、图片 400 多件。广场上有任弼时铜像。

任弼时(1904—1950 年),原名任培国,湖南湘阴(今汨罗市)人,革命家、政治家,中国共产党的主要领导人之一,曾任中国共产党中央委员会政治局和书记处书记。1920 年,他加入中国社会主义青年团,并赴苏联学习。1922 年加入中国共产党。1924 年回国后,先后任共青团中央组织部长、中央委员、中央书记。

1927 年,"中共五大"上,任弼时当选为中央委员。其后又当选为中国共产党临时中央政治局委员。1929 年任中共中央长江局委员兼中共湖北省委书记。1931 年当选为中央政治局委员,后又任苏区中央局委员兼

岳阳汨罗任弼时纪念馆任弼时雕像

组织部部长。1933年任中共湘赣边区省委书记兼军区政治委员,领导了湘赣边区的革命斗争。1934年任红六军团政治委员会主席,后开辟了湘鄂川黔革命根据地。

1936年,任弼时到达陕北与中央红军会师,任红军前敌总指挥部政治委员。抗战爆发后,任八路军政治部主任、军委政治部主任,在山西前线指挥对日作战。1938年赴苏联,任中共中央驻共产国际代表。1940年回国后,任中共中央秘书长、中共中央书记处书记。1945年当选为中共中央政治局委员、书记处书记。1950年病逝于北京。

## "两把菜刀闹革命"说的是谁

贺龙(1896—1969年),原名贺文常,字云卿,湖南桑植人,革命家、军事家,中国人民解放军的创始人和主要领导人之一,"中华人民共和国十大元帅"之一。贺龙戎马倥偬半个多世纪,为新中国的成立和建设做出了重要贡献。当年,他是以"两把菜刀闹革命"起家的。

1896年,贺龙生于湖南桑植县洪家关的一户贫苦农家。由于家境贫寒,他念了5年私塾便辍学了。少年时,他以愤世嫉俗和敢于同恶势力斗争而闻名乡里。有一次,村里一个恶霸想试试贺龙的胆量,就乘与他吃饭之时在桌子底下放了一枪,可是年仅7岁的贺龙对这突然的枪响处之泰然,连眼睛都没眨一下。1914年,他参加了孙中山领导的中华革命党,在家乡一带从事反帝反封建斗争。其间曾3次入狱,但仍威武不屈。

1916年,蔡锷组织反袁护国军。20岁的贺龙接受革命党的指示,在家乡组织起了农民队伍,但苦于没有武器进行装备。当时,他听说家乡芭茅溪盐局的税警刚装备了10多支洋枪,事情又有了眉目。因为盐局平日贩盐时剥削坑害百姓,税警更是为虎作伥,人们早就对他们十分憎恨了。

其后,贺龙向别人借了两把菜刀,并带着20多个农民乘夜色闯入盐局。他当时亲手砍死税警队长,缴获了15支步枪、2支手枪和9000斤盐。事后,解放了俘虏,并把盐全部分给了穷苦百姓。正是用这10多支枪,贺龙建立起了武装队伍。从此,"两把菜刀闹革命"的故事就传扬

张家界武陵源贺龙公园贺龙雕像

开来了。而在贺龙的领导下,他的队伍逐渐发展壮大,并在护国、护法战争中屡建战功,发挥了重要作用。

1924—1927年的第一次国内革命战争期间,贺龙率部参加北伐战争。1926年任国民革命军第九军第一师师长。1927年升任国民革命军第二十军军长。在北伐战争中,他的信仰逐渐由三民主义转变为共产主义。1927年"四·一二"反革命政变后,他坚定地站在共产党一边,参与并领导了南昌起义,起义时任总指挥。就在起义部队南下时,他加入了中国共产党。

张家界贺龙墓

同年9月29日至10月3日,毛泽东在江西三湾村领导了"三湾改编"。其间,毛泽东为鼓励起义军还举了贺龙的例子:"贺龙两把菜刀起家,现在当军长,带出了一个军。我们现在不只两把菜刀,我们已经有了两个营的兵力,还怕干不起来吗?"

1928年初,贺龙与周逸群等创建了红二军团和湘鄂西革命根据地。1934年10月,率部与任弼时等带领的红六军团会师于黔川边境,并发起湘西攻势,为长征提供了有利机会。1935年2月到8月,他指挥粉碎了10万国民党军队的"围剿",并开辟了湘鄂川黔边革命根据地。1935年11月开始长征。1936年7月任红二方面军总指挥。

1937年抗战开始后,贺龙任八路军第120师师长。1937年9月取得了雁门伏击战等的胜利。1938年底任冀中军政委员会书记,指挥军队先后四战四捷。其中,他指挥的齐会战斗被视为抗日战争中平原歼灭战的范例。1945—1949年的解放战争时期,贺龙协助彭德怀指挥西北战场部队,并负责陕甘宁和晋绥的财经工作。1949年任西南军政委员会副主席等职,与刘、邓一起领导了解放大西南和建设大西南的工作,贡献卓越。

1955年,贺龙被授予元帅军衔和3个一级勋章,即八一勋章、独立自由勋章和解放勋章。1954年调入中央工作,任国务院副总理、中央军委副主席等职。1956年当选为中央政治局委员。1959年底任国防工业委员会主任。1969年,贺龙在"文革"中被迫害致死。

##  林伯渠祖籍何处

林伯渠(1886—1960年),原名林祖涵,字邃园,号伯渠,祖籍湖南安福(今

林伯渠

临澧县），革命家、教育家，党和国家重要领导人之一，与董必武、徐特立、谢觉哉、吴玉章并称为"中共五老"。

1886年，林伯渠生于安福修梅镇一个普通农家。1902年入湖南西路师范学堂学习。1904年，被选送到日本东京弘文学校公费留学。1905年8月，在东京加入孙中山领导的同盟会。1905年11月，因日本颁布《取缔清韩留学生规则》，他毅然回国。1906年回国后任职于长沙振楚学堂和西路公学。

1907年，林伯渠被派往东三省从事秘密反清活动。1911年黄花岗起义失败后，回湘参加反袁斗争。1913年5月，因遭袁世凯通缉而逃亡日本，并在日本加入了孙中山的中华革命党。后受命回国，任湖南省署秘书兼总务科长等职。1917年参加护法战争，任湖南护法军总司令部参议。

1920年，林伯渠出任孙中山大元帅府参议。1921年加入上海共产主义小组，并在帮助孙中山改组国民党的过程中发挥了重要作用。其后当选为中央执行委员会委员、常务委员，还两任农民部长和武汉国民政府军委会秘书长。1926年任第六军党代表兼政治部主任。1927年参加南昌起义，后赴莫斯科中山大学学习。

1932年，林伯渠学成回国。次年进入中央苏区，任苏维埃中央政府国民经济部长，后任财政部长、总供给部长等职。在此期间，他注重发展农业生产，广泛开展节约运动，保证了革命战争的财政需要。1934年参加长征后到达陕北，先后任中央政府财政部长、陕甘宁边区政府主席，并把边区建设成了抗日根据地的榜样。

1937年8月，洛川会议召开后，林伯渠任八路军驻陕办事处党代表。期间，他广泛团结各阶层抗日人士，为第二次国共合作发挥了重要作用。1944年，在国民参政会上，他提出了成立民主联合政府的主张，得到了各民主党派人士和社会各界的热烈响应。1945年当选为中央政治局委员。

1949年，林伯渠以63岁高龄为筹备新政协热心工作，有时竟一连工作达20小时。当时为勉励自己，他还在日记上写下"为人民服务，为世界工作"10大字，并盖上印章。新中国成立后，他被选为中央人民政府委员会秘书长。其后他同各方面广泛接触，商讨组织政府机关事宜，同时还筹组各种会议，以期团结爱国民主人士、扩大国际统一战线。

1954年，在第一届全国人大会议上，林伯渠当选为人大常委会副委员长。1957—1959年，他先后在广东、上海、内蒙古、山西、宁夏、福建、湖南等多地视察工作。1959年的第二届全国人大会上，继续当选全国人大常务委员会副委员长。1960年5月29日，病逝于北京医院，享年74岁。死后，骨灰安放在八宝山革命公墓，2013年回归故里。

##  刘少奇的故居在哪里

刘少奇故居，位于长沙市宁乡县花明楼炭子冲，占地面积近800平方米，建筑面积300多平方米，是一栋四合院式房子。刘少奇出生后，在此度过了童年和少年时代。1959年，故居被列为省级重点文物保护单位，同时对外开放。"文革"期间被毁坏。1980年，刘少奇平反，故居按原样修葺后对外开放。1982年，邓小平题写了"刘少奇同志故居"匾额。1988年，花明楼刘少奇同志纪念馆建成，故居被列为全国重点文物保护单位。

故居坐东朝西，为土木结构，墙由泥、砖砌成，屋面覆有小青瓦和茅草各一半。门前有一口池塘，屋后是低山。院中有30多间茅瓦房，3个天井。堂屋内陈列有一本清同治十年（1871年）的历书和刘少奇、王光美于1961年在故居的合影。由堂屋向南走，经刘少奇二哥刘云庭的住室，即至刘少奇的住室。室内摆有书、床、太师椅等，1961年刘少奇回故乡调查研究工作时，曾在此居住过一周。

宁乡刘少奇故里

出了刘少奇卧室，就是刘家酒房，这里以前用于储酒和卖酒。由酒房向东，可至刘少奇大哥刘墨卿的住室。刘少奇父母的住室，则与刘墨卿住室并列，里面陈列有床、书桌、梳妆台等。客厅为横堂屋，里面设有八仙桌、条凳等。刘少奇三哥刘作衡的住室紧邻着横堂屋。故居内还专设了书房，用来给刘家子女读书之用。此外，还有烤火房、厨房、碓房及猪栏屋、牛栏屋等杂屋。

##  彭德怀故居有何特色

彭德怀故居，位于湘潭市湘潭县乌石镇，占地面积2490平方米，主体建筑

老湖南的趣闻传说

彭德怀铜像

面积 350 平方米,始建于 1925 年。彭德怀生于 1898 年,并在家乡度过了童年、少年时代。新中国成立后的 1958 年和 1961 年,彭德怀曾两次回家乡作调查,并在故居内住了 35 天。期间,他接待来访干部和群众 2000 余人次,并在此拟起草农村调查报告 5 份,后写出 4 份。

1983 年,故居被列为湖南省级文物保护单位,并正式对外开放;2001 年被国务院列为第五批全国重点文物保护单位,被中共中央宣传部列为"全国百家爱国主义教育示范基地"之一;后来又被确定为国家 AAA 级旅游景区。此外,它与韶山毛泽东故居和宁乡花明楼刘少奇故居邻近,是爱国主义和革命传统教育基地,并构成了伟人纪念地的"金三角"。

故居地处乌石峰下,依山而建,原是 3 间小茅屋。现存建筑为 1927 年彭德怀在湘军任营长时,出资 800 银圆所修建的。故居坐西北朝东南,有房屋 17 间,是砖木结构建筑,穿斗式构架,硬山顶,粉墙青瓦,具有典型的江南特色。它还与彭德怀纪念馆和彭德怀铜像遥相呼应。堂屋门楣上,嵌有祁阳石雕刻的横额门匾,为邓小平亲笔题写。主体一栋 6 间,两边各 3 间,名曰"三华堂",意即得华(彭德怀原名)、金华、荣华 3 兄弟的华厦。

堂屋正中,悬有彭德怀穿元帅服的巨幅彩照。两边的墙上,则陈列着彭德怀的生平年表。东前正房,原为彭德怀大弟彭荣华夫妇的住室,里面陈列有床铺、书桌、衣柜等。西上房原为彭金华夫妇住室。东横屋的墙壁上,挂有彭金华夫妇和彭荣华(彭德怀二弟)夫妇的遗照和简介。1940 年 10 月,彭金华、彭荣华先后被国民党反动派杀害。2 位烈士的遗体合葬在故居后的山丘上,墓碑碑铭为王震题写。西边的 3 间横屋,是"文革"时期埋藏彭德怀"万言书"和部分军事论文手稿的地方。它现为陈列室,里面陈列有图片 60 多张、文物 50 多件。此外,故居里还有西横堂屋、厨房和杂屋。

故居原来的门联为彭德怀亲撰,曰:"为善最乐,见恶必除。"1949 年,当地政府和人民曾建议修复故居,但被彭德怀拒绝,并改门联为"吊民伐罪,继往开来",横批是"为民服务"。故居的槽门两边有彭德怀 1961 年手植的柚子树和橘子树。离槽门外不远处,是彭德怀当年带领乡亲们开的水田和捐资新修的千元塘。东北侧有彭德怀母亲墓,西南山丘上则是彭金华、彭荣华烈士墓。附近还有乌石学校,校名为彭德怀亲题,他还为学校捐赠了数百余册图书。1976 年,彭德怀夫人浦安修根据彭德怀遗愿,资助重建了乌石学校。

## 毛泽东故居位于何处

**毛泽东故居**：位于韶山市韶山乡韶山村上屋场，占地面积566.39平方米，总建筑面积472.92平方米，始建于民国初年。清光绪四年（1878年），毛祖人（毛泽东曾祖父）买下此地，后经过几辈人的努力，到毛顺生（毛泽东父亲）时将草房改为瓦房，并增至13间半。毛泽东于1893年诞生于此，并在此度过童年和少年时代，前后生活了17年。1961年，故居被国务院列为全国重点文物保护单位；1997年被中宣部列为首批全国爱国主义教育基地。

故居坐南朝北，为"凹"字形土木结构建筑，泥砖墙，青瓦顶，是典型的江南农宅。房屋共计18间，进深二间，后有天井和杂屋。东边有小青瓦房13间，建筑面积223平方米，为毛泽东家；西边有茅草房5间，为其邻居家；居中堂屋共用。右厢房第1间，通常作为毛家吃饭餐厅；右厢房第2间，是毛泽东父母的住室；右厢房第3间，是毛泽东的住室兼书房。

1910年秋，毛泽东外出求学。1912年春，他回乡鼓励亲人投身革命。1925年2月至8月，他偕夫人杨开慧回乡开展农民运动时，曾居住于此。期间，他还在住室的阁楼上召开秘密会议，并建立了中共韶山支部，培养、发展毛新梅（毛泽东同族兄弟）等人加入了中国共产党。1927年初，他回乡考察湖南农民运动时，也曾在此召开过调查会。1929年春，故居曾被国民党没收，大部分家具被破坏和劫走。1950年，人民政府将旧居按原貌修复，并对外开放。1959年，毛泽东回乡视察时曾来此省视。1983年，邓小平亲自题写了"毛泽东同志故居"匾额。

故居依山傍水，周围有青翠欲滴的茂林修竹，其前还有一口名曰荷花塘的池塘，及与之相邻的南岸塘，景色优美，俨然一幅田园图画。故居中的陈列物许多是原物，都留有毛泽东及其亲人的痕迹，如毛泽东卧室中的床、书桌和衣柜，毛泽东父亲卧室中的床、衣柜、书桌、长睡椅和摺衣凳，堂屋中的两张方桌、两条板凳和神龛，厨房中的大水缸和碗柜，农具室中的石磨、水车和大木耙等。

此外，毛泽东故居景点群的主要景点还有铜像广场和滴水洞，毛泽东少年时读书的私塾、游泳的池塘等遗址，以及1964年在

毛泽东同志故居毛泽东卧室

**老湖南的趣闻传说**

毛泽东铜像广场毛泽东雕像

距离故居1千米外新建的旧居陈列馆（今韶山毛泽东同志纪念馆）等。

**铜像广场：**铜像广场地处韶山冲的中心，总面积10.28万平方米，总投资6600万元。广场分为瞻仰区、纪念区、集会区、休闲区和农田5大部分。瞻仰区、纪念区和集会区的占地面积，分别为1500、1700和6300平方米。休闲区面积93 300平方米，其中瞻仰大道面积2244平方米，长183米，寓意主席1.83米的身高，宽12.26米，寓意主席的生日为12月26日。农田面积约1.3万平方米。此外，广场内还植有松柏和冬青、山茶、月季等花卉。

毛泽东铜像坐西南朝东北，是按他在1949年开国大典上的形象设计的。铜像基座高4.1米，像高6米，总高10.1米，重3.7吨。基座上有"毛泽东同志"5个大字，为江泽民于1993年题写。

**滴水洞：**与故居相距3千米，是毛泽东别墅。它由一系列建筑组成，如滴水幽壑、虎歇坪、龙头山、滴水洞一号等。在毛氏族谱中，有一首咏滴水洞的诗云："一钩流水一拳山，虎踞龙盘在此间。灵秀聚钟人未识，石桥如锁几重关。"

滴水洞景区的主体建筑，是滴水洞一号楼。它是平房别墅，青砖青瓦，风格朴素大方。1966年6月18—28日，毛主席曾居住于此。因为5月时"文革"已爆发，所以他的这次行程十分神秘，个中原因人们至今也不清楚。现在，一号楼已被辟为陈列室，内中物件为毛泽东主席当年使用过的原物。

策　　划：丁海秀　李荣强
责任编辑：李荣强
部分图片提供：微图网

**图书在版编目(CIP)数据**

老湖南的趣闻传说／《趣闻圣经》编辑部主编. ——北京：旅游教育出版社，2014.3
ISBN 978 – 7 – 5637 – 2885 – 5

Ⅰ.①老… Ⅱ.①趣… Ⅲ.①湖南省—地方史—通俗读物 Ⅳ.①K296.4 – 49

中国版本图书馆 CIP 数据核字(2014)第 024742 号

**老湖南的趣闻传说**

《趣闻圣经》编辑部　主编

| | |
|---|---|
| 出版单位 | 旅游教育出版社 |
| 地　　址 | 北京市朝阳区定福庄南里1号 |
| 邮　　编 | 100024 |
| 发行电话 | (010)65778403 65728372 65767462(传真) |
| 本社网址 | www.tepcb.com |
| E – mail | tepfx@163.com |
| 印刷单位 | 北京嘉业印刷厂 |
| 经销单位 | 新华书店 |
| 开　　本 | 710mm×1000mm　1/16 |
| 印　　张 | 19.25 |
| 字　　数 | 279 千字 |
| 版　　次 | 2014年3月第1版 |
| 印　　次 | 2014年3月第1次印刷 |
| 定　　价 | 39.80 元 |

(图书如有装订差错请与发行部联系)